历史新阅读丛书

三国那些事儿

壹

【群雄并起卷】

吴天牧云 著

中国工人出版社

三国疆域图

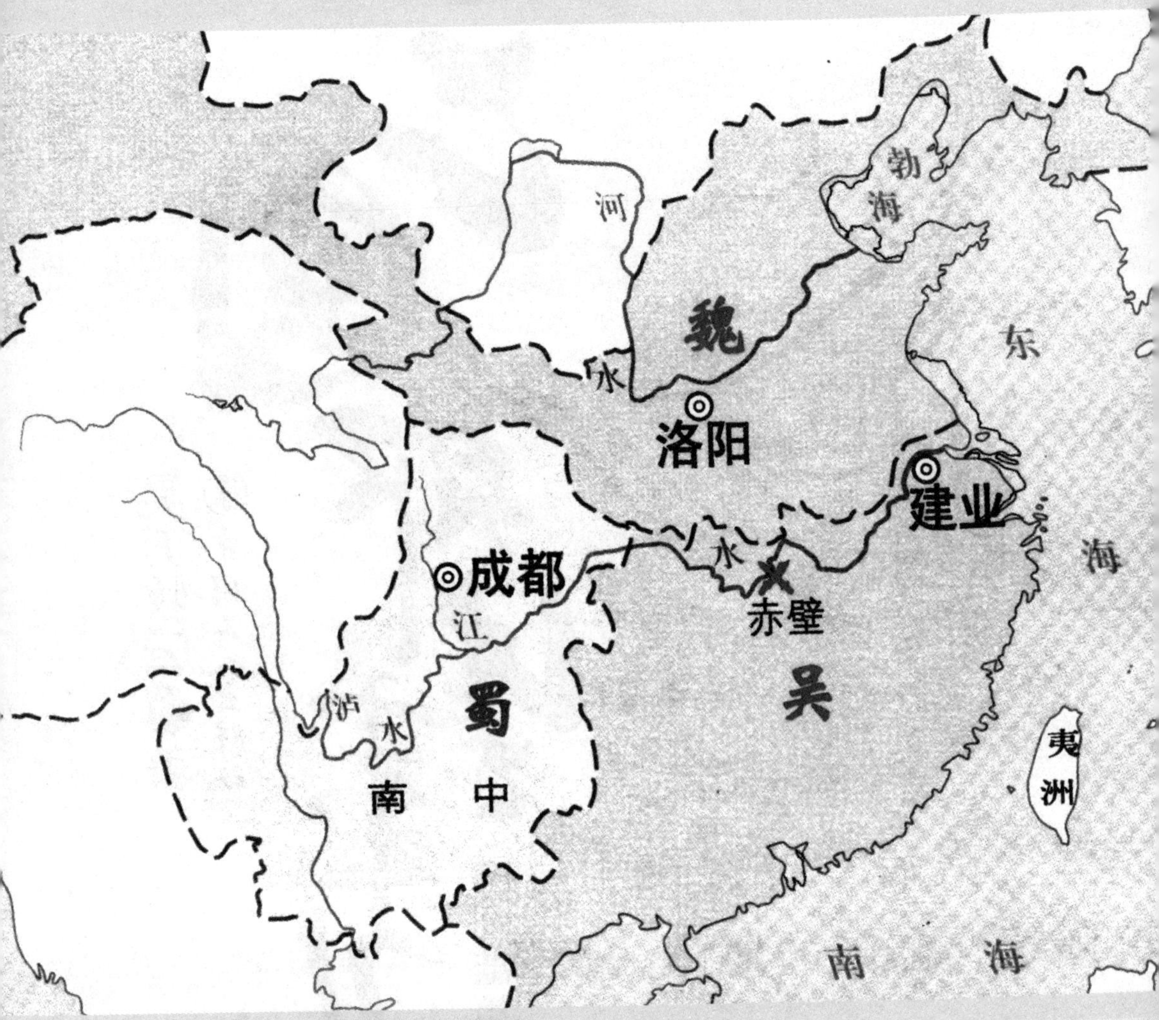

目录

第一章
何进失算

引子

还是从 184 年开始说起。

中平元年，东汉灵帝刘宏在位。此时刘宏已经在皇帝位子上坐了十几年。这已经是第四次改元。改元是需要理由的。他这次改元的理由，是因为这年发生了一件历史性的大事件。

这个历史性事件就是我们常说的“黄巾起义”。

张角为了举行这次起义，做了十多年的前期工作，天天带着徒弟们拉人入伙，中原八人州的每个角落都有他们的铁杆粉丝。前期工作做得顺顺当当，没有遇到一点阻力，又赶上东汉王朝已经连续在几任腐败透顶的皇帝手里经营，从上到下，一致贯彻腐败堕落的方针政策几代人不动摇，宦官和外戚天天不是你杀我，就是我搞定你，把朝政搞得像一锅粥。可以说，张角是抓到了一个历史性的机遇。

但他只长于宣传工作，军事能力却十分有限，虽然在高举起义大旗时，有几十万人跟在他的屁股后面喊打喊杀，声势大得吓人。可朝廷只派何进督促皇甫嵩、朱儁、卢植等几个中郎将统领着几万人，用了不到一年的时间，在一边被宦官陷害、一边去前线打仗的情况下，就把几十万黄巾军摆平。张角、张梁、张宝三大黄巾军巨头全部战死（其中张角是病死的——他到处宣称他的符水什么病都可以治好，可最后却治不好他自己的病）。

刘宏刚开始知道黄巾起义时，吓得不得不听从皇甫嵩的建议，把他多年搜刮来的私房钱从小金库里拿出来充当军费。可黄巾军一玩儿完，他就觉得天下真的太平了，他完全可以够格成为"中兴之主"了。于是在当年的十二月，他决定改元中平。

他以为这一改元，伟大的帝国就可以在他的领导下，跑步进入太平盛世了。

然而，中平之后更不平，另一场惊心动魄的历史大戏又悄然拉开了帷幕。

另一个太监的起落

拉开这出历史大戏的人很多，但主力军应该是两个集团。一个是以何进为首的外戚集团，另一个是以张让为首的宦官集团。

大家都已知道，东汉中后期，刘家有个传统：不是重用宦官，就是把大权交给外戚；一跟外戚拉开距离，就与太监们套上近乎。于是，这两个集团不断地进行争斗。前一阵子的窦武就在跟宦官们的较量中被搞定。现在仍然是宦官们在挥舞着权力大棒。这次当权的宦官不是一个人，而是一个团伙，并且还有个历史性的名词——十常侍。不过，其实十常侍也不是十个人，而是十二个人。首席宦官是张让，二把手叫赵忠。刘宏对这两个人格外信任，先把他们当作亲密战友，然后又到处宣称：张常侍是我父，赵常侍是我母。

就这样，宦官们还能不嚣张么？谁还敢在他们面前说个不字？

刚开始时，何进也不敢。

可是，当黄巾军闹事后，刘宏看到黄巾军的力量实在太强悍了，十常侍实在没能力搞定，因此就又把目光投向了外戚。

何进的妹妹是现任皇后，所以何进是标准的外戚。当然，他成为标准的外戚前，是个标准的屠户。后来他的那个同父异母的妹妹被皇家看中，选入宫中成为贵人，他的运气就来了。你想想，皇帝贵人的哥哥能天天满脸横肉、一身油光地去杀猪么？于是，他被拜郎中。没几天，再迁虎贲中郎将，出为颍川太守。

到了光和三年，他的妹妹何贵人被册封为皇后。妹妹当上皇后，哥哥当然也得跟上。刘宏把这个内兄调进朝廷，拜侍中、将作大匠、河南尹，成为首都的第一把手。

何进在这个时期，大概还有自知之明，知道自己是屠户出身，做人不能太高调，因此从来没有什么远大理想，觉得能当到这么大的官已经不错了，因此还算本分。

可是黄巾事件之后，他的思想就发生了波动，野心也开始膨胀。

当时，朝廷里也没什么人才，刘宏知道黄巾军高喊着打倒他的口号举行武装暴动后，就把与黄巾军对垒的任务交给了何进。

何进靠那几个中郎将搞定了黄巾军之后，突然觉得自己原来很有水平。

但刘宏觉得天下太平之后，就又与十常侍混在一起。虽然何进是大将军，好像是天下最有权势的人。可到了中平五年，刘宏大概觉得还是宦官可靠，便设置了西园八校尉。这八校尉分别是：小黄门蹇硕为上军校尉，虎贲中郎将袁绍为中军校尉，屯骑校尉鲍鸿为下军校尉，议郎曹操为典军校尉，赵融为助军左校尉，冯芳为助军右校尉，谏议大夫夏牟为左校尉，淳于琼为右校尉。一看这个名单就会发现，里面有几个是后来很猛的牛人，比如袁绍、曹操。刘宏规定，八校尉“皆统于蹇硕”。于是，蹇硕的权势就突然大起来，他虽是太监，但身体强壮，据说还通晓军事，所以刘宏特别看好他，让他主管军事，连大将军何进也要照他的指示办事。

你想想，何进能服么？蹇硕不就是一个太监吗？他那么强壮，那么有军事水平，打黄巾军时，他在什么地方？现在却来抢夺胜利果实。

蹇硕很快就知道何进很生气。他现在虽然是何进的顶头上司，虽然刘宏说他可以指挥何进，但他真的能指挥么？何进虽然很差，但何进的手下一点儿不差。他们要是也跟何进一样差，能搞定轰轰烈烈的黄巾军么？所以，他就想着，如何把这个屠户大将军赶出京城，然后再想办法在刘宏心情愉快时说几句坏话，把何进搞定。

恰好这时，西部地区的韩遂又闹事。

蹇硕就对刘宏说：“还是让大将军去平定韩遂吧。他对付这类群体事件最有经验。”

刘宏同意了。

哪知，何进的情报工作做得很好，在第一时间就知道了这个阴谋，在刘宏还没有下文件时就先上了一个奏章，请求派袁绍到徐州和兖州一带调动军队，等这些军队到来之后，再去打韩遂。一看就知道何进这是在搞缓兵之计。

刘宏当然不知道，所以同意了他的这个要求。

蹇硕虽然知道，但却一点儿办法也没有。只得退一步去想，等待下一个机会了。

他可以等，但刘宏却不能等下去了。

刘宏这时虽然还很年轻，不到三十六岁，但这些年来，他不计后果地猛吃猛喝猛泡妞，身体透支得要命，这时已经病得不轻了。他生的儿子也有几个，但最后只剩下两个，一个叫刘辩，一个叫刘协。刘辩是何皇后的儿子，刘协是王美人的儿子。大臣们都知道刘宏身体的垮掉已经不可逆转，说不定哪天就完蛋了，因此都请他赶快把接班人确立下来。现在供他选择的人只有两个。他觉得刘辩太不成熟，一点儿没有威严，相貌跟皇帝有点儿不匹配，就想立刘协。可又怕皇后和何进反对。现在何进拿着枪杆子，他那个屠户脾气一发作，这个乱子肯定不小。所以，他想再等一段时间，说不定会有个好办法来处理这件事。

可好办法还不知道在什么地方，重病就已经打倒了他。

连他都知道，他的人生之路已经没有下一步可走了。他仍然想把位子交给刘协。他最后把刘协交给蹇硕。他以为，蹇硕长得这么粗壮，又是八大校尉之首，当刘协的监护人绝对没有问题。

其实，大家一看就知道，一个皇帝到了临死的时候，居然向一个太监托孤，还会有什么好结果？

中平六年四月（189年），刘宏在向蹇硕交代后事之后，就两腿一伸，死了。

蹇硕这时既是顾命大臣，又是军队最高领导人，觉得干掉何进的机会已经成熟了。他立即部署，准备先杀何进，再立刘协。他派人去找何进，说有要事要商讨一下。

何进这时还不知道，他的那个皇帝妹夫已经变成死人，一接到会议通知，马上就出发。他根本没有想到，蹇硕已经在宫里准备了杀人工具，只等他去送死。

这时，有一个人冒出来，救了何进一命。这个人叫潘隐，现在是蹇硕的司马。但他跟何进老早就有交情，一看到老朋友来了，赶忙对着何进使眼色。何进的智商虽然不怎么高，但从老潘的眼色中还是看得出自己现在已经危险重重，再硬着头皮进去，肯定就会死掉。

他马上掉转车头，抄近道向自己控制的军营狂奔，带着部队进驻官邸，然后说自己有病，不再进宫。

蹇硕一看，知道现在已经对何进没有办法了，而且京城里到处是何进的部队，就连八校尉里最牛的袁绍和曹操都是何进的手下，一点儿也不听自己的命令。尤其是那个曹操，当初刚当上洛阳北部尉时，就一点儿不顾他的面子，把他那个违禁夜行的叔叔蹇图一棍打死。因此，他也不敢做出什么事来，干脆丢掉顾命大臣的权力，把确立接班人的权力上缴给何皇后。

何皇后能立人家的儿子当皇帝么？

她让自己的儿子刘辩继位，当上了大汉王朝的最高领导人。那时刘辩只有十四岁，实际最高领导当然是她了。于是，何进进入了自己事业的顶峰，被任命为“录尚书事”，而后将军袁隗被提拔为太傅，“参录尚书事”，成为他的助手。袁隗是袁绍的叔叔。

何进全面掌权之后，做的第一件事就是要把蹇硕搞定。

其实，当时很多人都很恨十常侍，都想把这个太监集团拿下。袁绍是其中的杰出代表。他那时做事也还算果断，通过自己的渠道，劝何进“诛诸宦官”。

何进这时也急需人才，而且袁家在当时是很有名的世家，人脉很广，所以就把袁家的人当成自己的亲信，大事小事都跟他们商量，不断壮大自己的力量。

蹇硕当然也不是呆鸟，知道何进肯定不会放过他。如果他再不想办法，那就只有坐等人家拿着刀过来砍他的脑袋了。他也开始找自己的同盟军。

他是太监，他的同盟当然也只能是太监。

他首先想到的人就是十常侍。他给十常侍发了一个通知：现在何进兄妹拿着大权，他们最想做的就是要把咱们这些人打翻在地，彻底消灭光。只是现在我还掌管着禁兵，他们才不敢立即动手。所以，现在咱得赶在他们动手之前，先把他们拿下。

他以为，张让看到他的信后，会立即鼓掌通过。

哪知，十常侍虽然跟他是同一个集团，但并不是铁板一块。郭胜跟何进是老乡，小时候经常在一起玩，只是后来何进从事杀猪行当，而他却去当了太监。他当了太监之后，跟何家的感情还保持原来的样子。而且何皇后入宫之后，他利用职务之便，天天在刘宏面前大力赞美何妹妹，使得何妹妹不断地得到提拔，最后成为皇后。所以，他虽然是十常侍的中坚力量，但他更是何氏的亲信。他劝张让别信这个蹇硕。十常侍原本是太监中的老大，本来是说话最算话的一个团队。可这个蹇硕后来突然得到刘宏的信任，被当成头号死党，连继承人都交给他监护，权力大大超过了他们。因此，他们对蹇硕也很生气。他们知道，要是他们帮蹇硕搞定何进，以后这个天下就是蹇硕的天下了。他们长期跟蹇硕共事，知道这个家伙也不是什么好人，如果他一得势，他们以后恐怕只能重新拿起扫把，履行扫地职责了。而何进那家伙虽然也有点儿嚣张，但到底还跟郭胜是好朋友，得势之后，也许还能对他们好点儿，而且他们这次出卖蹇硕，对何进来说是立下了汗马功劳，以后何进只会感激他们。

十常侍这么一想，觉得还是出卖蹇硕最合算。于是他们把蹇硕的亲笔信送给了何进。

何进本来还在推敲动手的时间，现在得到十常侍的全力支持，又知道蹇硕就要动手，当然就不能再等下去了。这时，蹇硕已经孤立得连根枯草也无法依靠了。何进只发了一道命令，叫黄门令过去，执行逮捕蹇硕的任务。蹇硕正傻乎乎地等着十常侍的回话，哪知道却等来了何进的刀斧手。他连个反抗的动作也没有来得及做，脑袋就被砍了下来。他手下的部队被何进全部改编，成了大将军的直属部队。

搞定蹇硕之后，何进又决定向另一个集团开刀。当然，如果这个集团是十常侍，那倒还可以为他的人气加点儿分。可这个集团跟宦官无关，而是与董太后相关的。

外戚跟外戚的斗争

董太后本来是没有资格成为太后的。她原来是刘宏老爸刘苌的夫人。刘宏意外地成为皇帝，于是她也意外地成为太后。不过，刘宏刚当上皇帝时，汉桓帝的老婆窦氏是太后。董氏只能当慎园贵人。为什么是慎园贵人？原来，汉桓帝没有儿子，刘宏是大家从宗室中找来继承皇位的。刘宏当上皇帝后，按惯例，就追赠他那个已经死去的老爸为“孝仁皇”（比“帝”低一格），其陵为慎陵，所以他的老妈只能称慎园贵人。后来，窦家在与宦官们的争斗中全面垮台，窦太后也被软禁在云台，刘宏才把他的老妈带到首都，封为孝仁皇后，这才开始享受太后的待遇。

刘宏在把他老妈带来的同时，还顺便任命董贵人的哥哥董宠为执金吾，侄儿董重为五官中郎将。

这个董太后跟她的儿子一样，都很有经济头脑。就是她出主意，让刘宏把官位明码标价当街拍卖的——当然，拿公务员职位当商品，也不是她的专利，以前那个窦太后也干过。只是窦太后比较清醒，只把那些没什么实权的荣誉性的职位当商品。而刘宏却把所有的职位都拿来公开透明地出售——司徒这样的岗位，他居然拿来摆地摊。那个崔烈最后花掉五百万，把这个相当于宰相级别的职位拿到手。在崔烈就职典礼那天，刘宏亲自到场，发表重要讲话。可他的重要讲话才一结束，就在现场后悔：“悔不小靳，可至千万。”当崔烈一脸得意地在儿子面前摆国家一级公务员的谱时，他儿子却一脸的不屑，有什么好显摆的？“论者嫌其铜臭”。意思是说，人家现在个个都嫌你全身是铜臭——这就是铜臭一词的来历。

你想想，能给皇帝儿子出这样的金点子，这个董太后当然也不是什么好货色。她对钱很敏感，也更知道这个社会，想要有钱，就必须先有权。因此，她很反对立那个刘辩当皇帝。如果刘辩不当皇帝，那个何氏就不能成为太后，她就可以成为大汉王朝的头号操盘手。

当然，董太后不是一个人在奋斗，她的侄儿董重现在是骠骑将军，手里同样有兵有枪。所以她一点儿不怕何进。

十常侍是什么人？他们立马知道这两个外戚集团已经进入摩擦时期。这两家一发生摩擦，对他们来说，是一个历史性的机会。他们经过研究，决定跟董家结成同盟，共同打压何进。

董太后本来就仗着有个骠骑将军董重，这时又得到十常侍力挺，胆子就更大了，插手政事的步子就更快了。可何太后却一点儿不给她面子。只要她一出手，何太后就出来干扰。她最后愤怒起来，大骂："你这么嚣张，还不是仗着何进？我叫董重把何进的头砍下来，跟砍一个西瓜没什么两样。"这话很快就传到何太后那里。

何太后不生气还是何太后么？她在第一时间就把这话跟何进说了。

何进马上就组织力量，制造了一个罪名，然后写了个奏章，让三公一起签名，说董太后跟中常侍夏恽一起贪污腐败，收受了大量的金钱，严重违法乱纪。现在可以按过去的方针办：藩后不得留京师；请迁宫本国。也就是说藩国的王后不能留在首都，请她马上回到原籍——这是老规矩。

这个奏章最后被送到何太后那里。何太后当然圈了"同意"两个字。何进接着带领部队包围骠骑将军府，把董重也抓了起来——看看谁砍谁的头容易得像砍西瓜一样？当然，何进还是假惺惺地把厚道表现了一下，并没有把董重的头像西瓜一样砍下来，只是撤销他的一切职务。可董重却受不了这个打击，觉得活下去没意思了，干脆自杀了事。董太后也天天郁闷，最后也突然死掉。《三国演义》里说，是何太后派人免费给她赠送了一包毒药，把她毒死了。但史书只说她是"暴崩"——反正她就是在这个敏感时期死去，好像哪种死法都合理。

何进虽然是屠户出身，长得一脸横肉，一副不怕死的相貌，其实他很怕死。他搞定蹇硕和董家之后，晚上睡觉之前，把这个时期发生的事作了一个阶段性总结，觉得这个世界太不太平了。一个宦官都想搞阴谋诡计拿下他的脑袋。现在蹇硕是死了，暴露的敌人看不见了，可还没有暴露的敌人在哪呢？他们肯定又在哪个看不见的角落搞什么阴谋啊。他这么一想，就不敢出门，说自己病了，暂时不能上班。他怕到什么程度？连汉灵帝刘宏的葬礼也不参加，更没有送这个妹夫到墓地。

在何进害怕得不敢露面的时候，袁绍却勇敢得很，觉得何进现在手上有的是势力，完全可以搞定宦官集团。如果搞定十常侍，不但可以巩固权力，也是一件世代传颂的大事。

何进一听，觉得也有道理。可何进这时做事却讲起规矩来，现在是太后临朝，太后才是最后拍板的人，因此何进就去找他的这个太后妹妹，把自己的想法跟她讲了，要求把宦官全部从权力部门退下来，只让他们老老实实地当后宫的工作人员。可他的这个妹妹却不同意。她长期以来靠宦官的力量，从一个草根逐步成长为母仪天下的第一夫人，现在又是以太后的身份成为当朝实际最高领导人。她觉得宦官们可靠得很，为什么要撤掉他们？他们又没有子孙，怕他们干什么？连几个宦官都怕成这样，还当什么大将军？

何进一听，马上就没有什么话说了。不过，他还是想干掉那几个宦官中的冒尖人物。他觉得只有这样做，他才安全，以后才可以不用提心吊胆地进出皇宫，不用怕谁躲在什么地方拿刀砍他。

袁绍仍然认为，只有坚决彻底地打掉这些阉党，这个社会才太平。如果只动几个人，以后的麻烦仍然无穷无尽。从袁绍现在的表现看，他还算不错。

何进虽然把袁绍当成自己的第一亲信，觉得他的话也是百分之百的有道理。可他就是下不了决心。几个人天天商量着如何处理宦官这件事——可这些事能天天在那里一边喝酒一边商量么？

从这个现象看，何进不失败，天下就没有失败一词了，只是看他最后是如何失败而已。

最后事态的发展越来越雷人。连何家阵营中的中坚力量也成为何进的反对派。反对得最为强烈的是何太后的老妈舞阳君以及何进的弟弟何苗。这两个人当何进的反对派，并不是看出何进消灭宦官集团将会对政局产生什么影响，而是因为长期得到宦官们的钱财，怕这些宦官一被搞定，他们以后的财源就会断掉，保住宦官就是保住发财之路，因此不断地到何太后面前帮宦官们讲好话。最后还板起大义灭亲的嘴脸，说何进现在大搞独裁主义，天天搞定持不同政见者，培养自己的力量。这对国家的危害太大了。这顶帽子一戴，何进就是个彻头彻尾的野心家，就是从头到脚都已坏掉了的权臣，叫人拉下去开铡都不算过分了。

何太后当然不会拿何进去“开铡”，但她却认为她老妈和这个弟弟的话很有道理——总之，不能杀宦官。

如果何进这时不再理何太后，直接带人过去把宦官们抓起来，估计什么事也没有。可他对宦官们向来都害怕，认为这些家伙能在权力中心活跃到现在，肯定有他们的力量，要是搞不好就会吃大亏。他一天到晚心里老是不平静，有时觉得一定要拿下宦官，有时又觉得拿不下他们。于是，事情就在这种矛盾中一拖再拖。

袁绍这时一点儿不寂寞，他的思维系统越来越活跃，看到何进那么郁闷，立马就猜出了他的所思所想，便又出了个主意。

这个主意好像很对，但却是一个直接引发后面乱世的主意。

他对何进说，既然大将军这么没有把握，咱就干脆把各地的牛人和部队都开到首都周围，造成威胁，让太后怕起来。太后一怕，肯定会批准咱的方案。

何进一听，猛拍大腿，这个主意太牛了。

可陈琳却反对。陈琳认为，现在的何进既是外戚，又拿着大权，想干什么都成。为什么要花精力去玩儿这种欺诈的行为？而且，那几个宦官算什么，只要大将军一个文件就可以把他们搞定，还用得着这么去请外援？你以为外援进来了就什么都好？只怕那些外来部队进了首都之后，看清形势，马上就开始争夺权力，到时谁也收拾不了，只会造成更大的乱子。

何进不听。何进的另一个手下曹操听到这事后，就笑了：“宦官是什么？不就是一群后宫的打杂人员，老早就存在了。如果皇上只让他们做勤杂工作，什么事都不会有。只是近来皇上爱把手中的权力跟他们分享，才让事情发展到这个程度。现在要收拾他们，派几个人去把首要人员捕获归案，简单得要命。现在倒好，对付几个家伙，居然要动用全国的军队，越搞越复杂。我敢保证何进一定以失败而告终。”

何进和袁绍却一点儿不认为他们的这个做法是个失败的做法。他们觉得自己现在英明得很，文件一发出，千军万马就隆重地来到京城，威风得要命。他们调来有关资料，发现现在地方上力量最强的是董卓。

两人马上达成共识，叫董卓进京，而且把所有的人马都带进来。

董卓的幸运

大家都认识这个董卓吧？

他是凉州人，不但四肢发达，勇武有力，而且还能在马上左右驰射，箭法准得要命。他虽然长得很野蛮，但智商却一点儿不低，在西凉那里很会混。那个地方是很多少数民族杂居的地方，他居然能把那些少数民族变成他的人。那几个少数民族的首领都把他当成带头大哥，时不时赶着牛羊过来送给他。他很有心计，知道光靠这几个地方少数民族的首领，是成不了气候的，因此又找了个机会当上公务员，从军司马做起，很快就成州刺史、太守，最后当上了中郎将。

这家伙混世界的水平很高，但打仗的水平却很差。在讨伐黄巾军时，由于卢植被宦官集团拿下，他曾替代卢植去当前线指挥官，在跟张角对垒时，居然被已经让卢植困得要死的张角打得大败，把刚到手的中郎将丢了。中平二年，韩遂又起来闹事。大家觉得董卓是那边的人，熟悉那里的情况，因此就又任命董卓为中郎将，跟张温一起去对付韩遂和边章。

那时张温是司空，拜车骑将军，董卓也被提拔为破虏将军，跟“荡寇将军周慎并统于温”。这几个人虽然都头顶着将军的帽子，其实军事能力都是半桶水。

张温那时手下的部队有十多万，在美阳驻扎。韩遂的部队也开到美阳。双方在那里接触了一次，结果政府打了个败仗。到了十一月，董卓跟鲍鸿等联合起来，向边章和韩遂开战，终于把这两个造反人士打得大败，给张温捡回一个面子。边章和韩遂狂奔到榆中。

张温很高兴，命令周慎带着三万人追击韩遂和边章，一定要再次把他们打败。

本来，这个胜利是不难取得的，可周慎实在是个不宜当战场指挥官的人。他自己没有什么水平，却又听不进有水平的人的建议。当时，他的手下有个猛人，这个猛人后来也踏踏实实地牛了好几年。这个牛人就是孙坚。孙坚当时是他的司马——也就是负责军事的参谋人员。他建议周慎派他带一万人过去截断敌人的粮道，只要把敌人的这条生命线搞定了，他们就没有什么战斗力了，他们就必然得退回老家当缩头乌龟。那时各部再合兵一处，把他们直接往死里打。这个建议绝对是好建议，是可以取得彻底胜利的建议。

可周慎却看不出。

他听了孙坚的建议之后，觉得孙坚也太天真了吧？韩遂他们是一群天天打仗的人啊。他们难道不知道粮道的重要性——你小子都知道，凭什么他们不知道？他们既然知道了，你能成功么？还是脚踏实地去战斗吧，别老想投机取巧了。于是下令大军把敌人全面包围，然后猛攻。

韩遂他们真的知道粮道的重要性。他们很快地分兵出去，反而将周慎部队的粮道截断。

周慎接到情报后，士兵们还没有发慌，他就先乱套了，紧急下令突围，而且要求大家放下包袱，轻装狂奔，最后所有的军用物资也全部丢下，成了韩遂、边章的战利品。

张温接到败报后，觉得还是用董卓好，于是又叫董卓带三万部队去跟韩遂他们玩。

董卓这次虽然没有被截断粮道，可自带的粮食数量不多，他又不敢速战速决，硬是在那里跟敌人遥遥相对，看谁比谁有耐力。董卓肯定是有耐力的，可士兵们却没有了。因为过不了几天，后勤部门就要宣布断炊了。

董卓知道，没有粮草肯定要被敌人消灭光。他的军事能力跟周慎差不多，但心理素质却比老周强悍得多。他并没有向周慎学习，一听说断炊就叫大家毫无秩序地乱跑，而是玩儿了个小诡计。他先划定撤军线路，然后在准备渡过的河里筑起堤堰，对外说是要捕鱼，改善子弟兵们的生活。最后，他利用堤堰作掩护，带着部队悄悄地退了下来。

敌人不久就发现董卓夹着尾巴逃跑了，就发疯追击。哪知，董卓很缺德，他在自己的部队过河之后，就把堤堰决开，河里的水已深得要命。那些追兵跑到河边时，只得猛地刹车，不能再前进一步。

这一次，董卓没有取得一点儿成绩，但他却嚣张得很，就是不把张温当一回事。当张温用皇帝的诏书通知他过来再部署工作时，他硬是拖着时间没有去，而且根本不说明理由。

张温很生气，当场狠狠地批评了他一顿。可董卓却一点儿不在乎，好像张温批评的是别人，跟他没有一点儿关系。有时，董卓也争辩几句，口气硬得像花岗岩。

当时孙坚也在场，看到董卓这个态度，心里也很生气，就在张温的耳朵旁边讲了几句悄悄话，建议当场把董卓干掉。如果孙坚的这个建议得到采纳，以后的历史必定改写。

可张温到底不是一个有改写历史气魄的人物。他摇摇头，说：不能这么做啊。董卓在这一带很有威望，咱要是杀了他，以后找个向导都难。哪还能打什么胜仗？现在咱还得依靠他。

孙坚说：你现在统率着大军，哪还用依靠这个董卓？孙坚接着列举了董卓的三大罪状，每个罪状都可以判董卓死刑。

张温虽然也知道董卓该杀，但心肠就是硬不起来，觉得现在杀董卓就是时机不对。他叫孙坚先回去，这事以后再说。

不久，朝廷把张温调回去了。

而韩遂和边章又发生了一场火并事件，韩遂把长期与他合作的边章干掉，联合马腾出来闹事，让王国当他们的带头大哥，并包围了陈仓。

朝廷便派左将军皇甫嵩带兵出征。董卓又被提拔为前将军，接受皇甫嵩的指挥。

董卓刚得到提拔，心情很好，觉得不好好表现一下，实在对不起刚拿到手里的那个公章，就说：咱这次的任务是救陈仓，现在咱赶快前进。他以为王国是乌合之众，人家只要杀上去，就完全可以把他们一锤砸烂。

如果按董卓的这个建议，再加上皇甫嵩的军事能力，估计也可能成功。但皇甫嵩却高明多了，他想以最低的成本换取最大的效益。他当场否决了董卓的意见，说：靠拼着牛力去取得胜利，不如不用打仗就大获全胜。陈仓虽然很小，但城防工事的质量却很过硬。王国的兵马虽然强悍，但一时也不会攻进陈仓。如果他们要强攻，过不了多久就会累死累活，全面疲软下去。那时，咱全力进攻，砍他们的脑袋就跟砍豆腐一样容易。现在一点儿不用急。

于是，就在那里等。王国继续攻。攻了八十多天，广大指战员们最后都叫苦叫累起来。王国一看，全军指战员除了他还很有活力之外，别的人都已经疲劳得只想睡大觉，而陈仓的城墙还是原来的老样子，知道这么打下去，就跟牛耕田一样——结果只有牛死没有田坏——便下令撤了。

皇甫嵩抓住了这个敌人收拾攻城工具退回去的时刻，立即下令追击。

这时，董卓又出来说话。他上次提建议时，看到皇甫嵩搬出孙子那套“不战而屈人之兵”的理论，这时也把兵法挂在嘴头儿，说：老大，不可追击啊。兵法说“穷寇莫追”，你难道真的忘记了？你可以忘记，但我不会忘记。现在我本着认真负责的态度提醒你，请你按兵法上讲的办事啊。

皇甫嵩说：你这话好像很对。但你要弄清什么是穷寇。现在他们急于逃回去，个个抢着道路狂奔，跟一群赶街的群众没什么差别，哪是什么“穷寇”？咱们冲上去，就可以随便砍他们了。他知道董卓就那个水平，所以一来就不对他抱什么希望，只是自己带着部队追杀上去，而让董卓跟在屁股后面。

结果皇甫嵩追着王国的部队一路砍杀，没有碰到什么强硬的抵抗，大获全胜，取得斩首一万多人的成绩。如果是别人，对皇甫嵩的这次战斗肯定佩服得要命，可董卓看到自己跟人家的能力差距这么大，心里就恨了起来，把皇甫嵩当成自己的仇人看待。

最倒霉的是那个王国，打了败仗之后，韩遂和马腾他们就翻脸不认人，当场把他从盟主座位上赶了下来。于是，这群原来很会折腾的叛军，也开始了自相残杀的活动，把造反事业引向了低潮。

韩遂他们的事业进入低潮，但董卓的事业却得到很大的发展。

本来，大家都知道董卓的人品绝对巨坏，只是想利用他来对付西凉的那些叛军，等那些叛军的事业已经下滑的时候，就想拿下他的兵权。刘宏曾下文把他上调中央任少府。可董卓却聪明得很。他知道当少府是大大地提拔了，可那只是级别上的提拔，身边除了一群工作人员外，连个带刀的警卫人员都没有，哪比他现在当这个前将军？于是，他马上就编了几个理由，拒绝了刘宏的提拔。

刘宏虽然不是好皇帝，但智商绝对不低，对董卓一直不放心。他在重病的时候，仍然记得这个坏家伙，又任董卓为并州牧，命令他把所有军队交给皇甫嵩。这家伙的身体病了，但思想系统没有病，还知道皇甫嵩是个人才，让他来对付董卓，估计董卓就没有搞头了。董卓的军事能力搞不过皇甫嵩，如果放在战场上，恐怕大家一交手，董卓能逃出去活下来，就已经命大了。可在内部搞阶级斗争，跟自己人搞阴谋诡计方面，刘宏和皇甫嵩就显得嫩多了。

董卓对战场的形势判断得一点儿不准确，但他对朝廷目前的局势看得很透，知道刘宏虽然是皇帝，但现在朝廷已经虚弱得像个刚刚经历难产的妇女，这些命令他不听，朝廷也没有办法。因此就上书说，现在他跟手下这些子弟兵都已经有了深厚的感情。子弟兵们实在离不开他（其实是他离不开），个个愿意为他去死，所以，他必须带这些部队到并州去，继续保卫帝国的边疆。

任何人一看这封信，就知道董卓实在太嚣张了，已经嚣张到利用手中的部队来威胁皇帝了。

皇甫嵩的侄儿向叔叔建议直接把董卓搞定。理由很简单，现在天下最精锐的部队就在皇甫嵩和董卓手中，而董卓对朝廷又是这种态度，这是什么态度？这是拥兵自重、等待时机搞乱天下的态度啊。现在连皇帝的命令他都敢不听，以后更会什么事都能做出的。现在下手还可以挽救国家啊。

这个建议绝对没有错。

可皇甫嵩却不接受。他不接受的原因并不是认为董卓不该杀，或者他没有收拾董卓的能力，而是因为程序不合法——没有受到朝廷的授权，不能乱杀大臣。从这方面来讲，皇甫嵩是个遵纪守法的好公民。但他这么遵纪守法，对大汉王朝是没有什么好处的。他只是把董卓的这些行为以及对国家的危害向刘宏进行了详细的汇报，希望刘宏看过之后，叫他出兵把董卓搞定。

刘宏更没有什么魄力，看了皇甫嵩的奏章，只是又给董卓写了一封信，狠狠地批评了董卓一顿，希望他改正错误。可董卓能改正么？他要是能改正，他还是董卓么？

他仍然把部队驻扎在河东，坐等时局的变化。

结果局势越来越对董卓有利。最后，何进还看上了董卓，让他带兵过来救驾。

董卓是个抓住时机的高手，一看到何进的命令，两眼立刻光芒万丈，下令部队出发。

在何进出台这个政策时，很多人都反对，甚至觉得跟他再共事下去，会完蛋的，因此有几个铁杆手下都选择了跳槽。如果何进的脑子稍为清醒一点，这时就会叫停这个引兵入京的举措。可他从来就没有清醒过，因此仍然坚定不移地把这个既定方针贯彻下去。

何进的几个得力助手王匡、鲍信等都老早就回到山东，做征兵工作，还叫东郡太守桥瑁派丁原带几千人突然现身河内，高喊打倒宦官的口号，火烧孟津，干得有声有色。

董卓这时还讲点儿策略，一边带部队上路，一边还上书，愤怒声讨宦官，请他进京把那些祸国殃民的阉党统统抓起来，向全国人民作个交代。

何太后不同意。她的不同意，并不是因为董卓人品不好，怕他进京后出现麻烦，而是仍然把宦官们当成难得的人才，要保护起来，不允许谁动这些宦官们。

何苗也直接去找何进，把宦官对何家的大恩大德又重复了几遍，请大将军跟宦官们握手言和。

何进一听这话，心头又软了下来。这时，董卓带着那批打倒宦官的部队已经开到渑池，“不灭宦官，绝不收兵”的口号天天响彻云霄。

何进听多了家里的反对意见，心里又不踏实起来，就又派谏议大夫种劭拿着诏书去叫停董卓前进的步伐。董卓却不把诏书当一回事，看过之后，丢在一边，叫部队继续跑步前进，一直进入河南。

种劭劝他马上退兵。

董卓这时怀疑洛阳已发生了政变之类的事件，就叫部下举着刀对着种劭说：“你再乱讲话，就砍死你。”

种劭却一点儿不怕被砍死，当场用皇帝的名义严厉地批评他们。董卓的部下都来自边远的少数民族地区，平时只听说过皇帝，从来不知皇帝长什么样，这时听到种劭以皇帝的名义来骂他们，便慌了起来，个个提着兵器离开现场。

种劭上去跟董卓来了个面对面，然后骂董卓有什么理由不把皇帝放在眼里？董卓的脸皮虽然很厚，但被他这么当众大骂，又找不到什么理由，只得闭着嘴，什么话也不说，最后不得不退回夕阳亭。

最后都不能活

袁绍看到何进放慢了脚步，就急了起来，对何进说:“咱们跟宦官集团的矛盾已经公开透明，不可调和。现在是到了必须迅速解决的时候了。如果再拖下去，咱就跟窦家没什么两样了。”他建议跟宦官们彻底摊牌是没有错的，但错就错在方法太过离谱。

这段时间以来，何进的跟随者越来越少，只有袁家人紧跟到现在，因此对袁绍的话还是很重视的。听袁绍这么一说，觉得真的很有道理，就叫情报工作人员去看看宦官们到底有什么动静，然后又去催董卓他们赶快进军。

何进现在的脑子比这个局势还乱。他叫董卓他们天天上书，书里全是严重威胁的词语，让人一打开奏章，就能闻到血腥味儿。

何太后天天看这些奏章，终于有点儿害怕起来，知道再保宦官就保不住自己了。于是把大大小小的宦官都集中起来，统一免去他们的职务，先回家反省。只留一部分政治过硬、何进也信得过的人在宫中工作。

那些宦官这时知道事情真的闹大了，知道他们的命运还真的捏在何进的手中了，再不去巴结他，只有死路一条了。他们知道，他们这些人平时仗着皇帝给的权力很嚣张，人家也很生他们的气，如果就这么回去，手里除了钱之外，什么也没有，被人家直接跑上门来打死的可能性实在太大了，就都跑到何进那里，跪在何进的面前，不断地求情。

何进看到他平时做梦都怕的人这时全都在他面前整整齐齐地跪着，向他进行流泪式的检讨，心里很满足，就叫他们各回各的地盘去，重新做人。

袁绍一看，就知道坏了，赶忙劝何进把他们一个不留地处理干净，否则以后的麻烦会更大。何进不听，他又继续劝；何进继续不听，他还劝，何进还是不采纳。

袁绍知道再劝下去也没有用了。他跑回自己的办公室，冒用何进的名义，叫各地的官员马上逮捕那些太监的亲属。

到了这时，宦官们好像已经是死路一条了。可他们的活路仍然有。

张让的活路就在他的家里。

他养子的儿媳妇原来就是何太后的妹妹。太监最拿手的本事就是能把架子下放到跟地平线平行的位置，然后不管对谁都可以猛磕头。张让也是这样，他见到他的儿媳妇时，什么话也不说，直接就很熟练地跪下来，然后又熟练地流下泪水，先是承认自己犯下的滔天罪行，但考虑到自己为太后服务这么多年，对太后的感情已经很深很深，现在就要离开首都了，还想再见太后一次，请儿媳妇帮帮这个忙。

这位儿媳又跑去找她的老妈，请老妈帮自己的太监公公这个忙。舞阳君又跑到宫里，对着太后女儿，唠叨了一遍十常侍的好处，说就这么赶他们出宫实在有点儿过分了。

何太后本来就对这些太监充满了好感，这时听老妈的这一套女人之见的理论，当场就拍板，前几天的文件无效，诸常侍可以回到宫中，履行他们的职责。

何进一看，这才知道，当时不把他们全部逮捕，果然不对。他赶忙跑进宫中面见妹妹，要求把十常侍全部搞定。

何进此前由于怕死的原因，一直请病假在家，这时却突然在宫中出现。这是个非常时期，宦官们刚刚死里逃生了一次，神经都处在高度紧张的状态，密切注意着何进的举动。张让和段珪看到何进进来，心中立即拉响了红色警报："何进长期不到朝中上班，也不参加先帝的追悼会，说是自己病了。现在他突然到来，看走路的动作健康得很。看来他是要向窦武学习，想拿咱们开刀了。"于是，偷偷派个小太监过去听何进跟太后的对话。果然听到何进正强烈要求把他们全部变成尸体。

两人马上向太监们发出紧急通知，叫他们都拿好兵器，从侧门进去，然后埋伏在殿下，等何进出来。

何进以为自己把太监搞到这个地步，太监们肯定都吓得胆子还没有修复好，现在这个天下是自己的天下，安全系数高得很，哪知那几个太监正埋伏在那里等着他过去。

太监们等何进出来之后，又跑过去跟他说，太后有事，又请大将军进去。

何进根本没有想到别的事，马上就跟着那个太监进去。

何进才在宫里坐好，张让他们就提着兵器进来，一起指着何进大骂，说如果没有他们，他那个妹妹能当太后么？刘宏老早就想把她废了。现在倒好，自己当了权，就想把他们杀死。这样做也太不厚道了吧？何进不厚道，他们同样不厚道。最后，渠穆拔起宝剑直接就砍了何进的头。平庸的何进就这样结束了他极不平凡的一生。他靠妹妹发迹，因妹夫早死，更因黄巾事件成为实际的最高领导人，但因为水平太过于有限，在与十常侍的斗争中，拿不定主意——本来只派几个人进去，逐个抓捕，就可以解决的太监，他硬是过高地估计了对方的实力，最后居然动用全国武力来对付，举起了千斤大锤，虽然把十常侍锤得不剩渣，但也把大汉政权砸得稀巴烂，连他自己以及曾经辉煌一时的何氏家族也全部被砸死。在这个关键的时刻，他只要拿出他原来的屠户的魄力，这个历史就会是另一个样子。可他到底不是一个有着扳正历史方向盘的政治家。于是，他注定只是个历史人物，一个为三国时代打下坚实基础的历史人物。

张让知道，何进手下还有一帮比何进更想杀他们的人，虽然杀了何进，但他们仍然不太平，因此就赶紧写好诏书，进行一次人事变动，让自己信得过的人到关键部门掌权。

尚书接到这个诏书后，觉得有点儿不对头，这么大的人事任免，怎么没听大将军提过？他对太监们说："请大将军出来共同商议才对啊。大将军要是不同意，这个文件就等于零。"

那个中黄门一听，也不想一想，就头脑简单地把何进的头扔给尚书，尚书一看：这是什么东西啊？

中黄门说："何进谋反，已经被处死了。这就是他的脑袋。不信可以再详细验收。"他以为何进一死，什么事就没有了，他们有权有势的幸福生活又可以开始了。

这时，何进的两个部下吴匡、张璋正在皇宫外，听说何进已被砍了的消息，什么也不说，带着部队就要冲进宫中。可太监们已经把宫门关了。

这几个太监害人的水平还不错，但自保的能力却很低，以为关了宫门就万事大吉了。

这时，袁术也带了自己的部下来到，看到宫门紧闭，就叫士兵们用刀劈砍宫门，很快就把宫门砍开。

那些太监还不知道死到临头，个个拿着兵器在那里摆开战斗的姿势。

可这些人打仗的能力却差得要命，看到人家大喊大叫着冲进来，也不知道大刀如何挥舞才符合砍杀的规则，最后只是摆着一系列的姿势，可摆开之后才知道，这些姿势全是送死的姿势。

这时天已经黑了下来，士兵们觉得光线不够用，杀太监实在不过瘾。袁术一声令下，为了方便杀敌，决定纵火。于是，大家放火烧南宫的青锁门。然后大声叫喊："交出张让！交出十常侍。"

张让他们看到这个架势，这才知道杀何进很容易，但人家杀他们更加容易。砍何进的脑袋是个历史性的错误。如果何进还活着，他们完全可以利用他们跟太后的交情，让他只有搞定他们的想法而没有搞定他们的行动。现在好了，何进一死，他手下的那些人就无法无天，什么也不管，只红着眼要杀他们。他们能对付这些人吗？

这些宦官们手中只有太后那张牌，这时他们只好又跑到何太后那里："报告太后，大将军的手下谋反，都打进宫里来了，咱们赶快逃跑。"就带着何太后、小皇帝刘辩、陈留王刘协以及其他官员从天桥阁道向北宫逃去。

卢植举着长矛站在阁道的窗口下，大声骂着宦官们。段珪本来正抓着何太后，被卢植一骂，就松了手。何太后这时倒很机灵，忙从窗口跳下，脱离了宦官们的掌握。

这时，袁绍和他的叔叔袁隗也跑了过来，用一张假冒的圣旨，把张让他们刚拟任命的到要害部门的几个亲信都叫了过来，然后叫士兵们拉下去砍了。

袁绍又带着部队跟何苗一起，驻扎在朱雀门下，把正到处寻找活路的赵忠等一批人拿住，当场手起刀落。

不一会儿，吴匡他们过来，看到何苗，就生起气来：你本来是大将军的弟弟，可硬是不跟大将军一条心，天天配合宦官做牵制大将军的工作，现在大将军被太监们砍了脑袋，肯定是你这个吃里扒外的家伙跟他们勾结的结果。于是他们对广大士兵说："杀死大将军的就是车骑将军何苗啊。咱们要为大将军报仇吗？"

何进的所有部下都大声说："当然要报仇啊。"

在这样的形势下，何苗的声音微弱得要命，谁也不会听他的申辩。

最后，他被愤怒的吴匡砍死。

袁绍对宦官愤怒的程度是最高的。他下令关起宫门来，一个太监也不许放走，然后叫士兵们在里面大砍大杀——只要是太监的，不管年纪大小，不管职务高低，一律不能活下来。据有关部门事后统计，这一次屠杀太监事件，共杀了两千多人，其中有一部分人因为没有长胡须，也被当成太监砍了脑袋。

张让和段珪这时困在宫中，看到外面的部队越攻越急，喊杀声越来越近，看来宫门真的挡不住他们了。他们知道，在这里死守，最后只能死掉，于是带着刘辩和刘协徒步溜出宫门。

当时，他们的身边也没有几个跟班的。到小平津时已经是半夜了。

卢植和闵贡两人来到黄河岸边。这时宦官们个个已经怕得想死，缩做一团，形成一个真正的弱势群体。闵贡站在黄河边大骂张让他们。张让他们一句也不敢顶嘴。最后，闵贡觉得光骂不过瘾，就对他们大声说："你们如果还不快快去死，我就要动手了。"

张让他们还在那里不动。闵贡就挥起手中剑，但听得咔嚓连声，几个跟他近一点儿的宦官都被砍死。

张让一看，知道他们那一套求情功夫肯定不灵了，就跑过去对刘辩拜了拜，说："陛下，我们现在要死了。你多多保重！"随着几声跳水的扑通声接连响起，十常侍的故事就宣布结束了。

十常侍的故事是划上了句号，但一个更精彩的故事又隆重登场了。

第二章
董卓进京

废立，又是废立

对于十常侍，大家都觉得可恨，都认为他们早就该死，但仍然有人在心里感激他们。当然最感激他们的估计是董卓了。

当十常侍高呼口号跳下那永远洗不清的黄河时，董卓正带着他的部队在显阳苑。开始时，他看到城里火光冲天，马上就意识到，城里发生了他最希望发生的事，于是就叫大家加快脚步。

在差不多天亮的时候，董卓带着他的部队来到城西。这时有人报告说，皇帝在北边。原来在十常侍都投黄河之后，刘辩、刘协便跟着闵贡往回赶，准备回宫。半路又有几个大臣过来，队伍才不那么单薄。

董卓一听，真是好机遇。现在皇帝就要控制在自己的手中了，只要找到这个皇帝，天下就是他老董说了算了。他马上带着大臣们去迎接皇帝。

刘辩突然看到前面这么多军队，就吓得哭了起来。

大臣们都对董卓说："有诏却兵。"

如果往时，那几个大臣这句酸酸的话会很有作用，董卓会乖乖地退兵。可现在董卓还能退兵么？他能把这几个狂奔了大半夜、要多狼狈有多狼狈的大臣的话当话么？他大声说：“你们领着全国最高的工资，最后却让皇上流落到这个地步。你们不能为国家出力，却只会叫我退兵。我就是不退兵。”

那几个刚才还牛哄哄的大臣，只得闭嘴。

董卓过去跟皇帝说话。可皇帝硬是没有一点儿皇帝的气质，还吓得语无伦次。董卓问他这几天的事，他说来说去，就是说不清。董卓没有办法，又去问刘协。刘协的胆子倒不错，把事情经过说得清清楚楚。

董卓一看，就觉得刘协比刘辩有水平多了。他也知道刘协和刘辩的底细。原来刘宏生了几个儿子之后，都一个接一个地死去，心里就怕了起来。因此，在刘辩刚生出来时，不敢留在皇宫里，而是送到道人史子眇家里寄养，并称“史侯”；而把刘协送到董太后那里抚养，称为“董侯”。

董卓认为自己跟董太后都姓董，算起来是一家人，因此马上就觉得刘辩是个废材，而觉得刘协很可爱亲切，当时就有了要让刘辩下课，让刘协当皇帝的念头。董卓实在很自信，认为，从这个早上起，他就是国家实际最高领导人了——尽管现在他的官位只是并州牧，一个地方的第一把手而已。

当天，他们回到宫中。刘辩他们被十常侍胁迫逃跑时，把皇帝的六个大公章都丢了。这时回来一找，却只找到五个，那个最重要的传国玉玺却死也找不到了。

董卓控制了刘辩之后，就开始了自己的人事布局，天天开展拉人踢人的工作。

骑都尉鲍信本来接受何进的命令到泰山郡募兵，这时正好完成任务回来。他一看到这个样子就知道，这个天下马上就要变成董家的天下了，以后他们都得看董卓那张老脸吃饭了。而且董卓的那张脸，没一寸不布满杀气。天天在这张脸的领导下，能活得轻松么？他去找袁绍，说：“看董卓这个样子，没几天就会图谋不轨。如果咱们不早作准备，以后就会被他搞定。现在他刚进京，部队还疲劳，情况也不熟悉，咱正好趁这个机会搞个突然袭击，肯定能把他拿下。”

在三国时代，鲍信算不得什么人物，但他的这个建议却确实是个好建议。如果跟他合作的人很牛很果断，那么他们真的可以改写一下历史。

可他的合作者却是袁绍。

袁绍在当何进的助手时，天天都有新鲜的点子，天天只恨大将军优柔寡断，浪费他的金点子。可轮到他拿主意时，也不比何进高明多少。他听了鲍信的话，觉得鲍信的建议很不错，但他看到董卓那个身体，属于重量级，就不敢动手。

鲍信知道袁绍就这个本事了，便不再说什么，马上带着他的部队回去了。

其实，董卓现在也心虚得要命，因为他手里只有三千部队，如果人家真的要搞定他，这三千人有什么用。他在战场上是菜鸟，但这时却老练得很，很快就想出忽悠那些准备做他反对党的人的办法来：半夜叫部队偷偷出城，天亮后又敲锣打鼓、军容整齐地进城。连续这样几天来回，大家都以为，现在西凉兵在京城的队伍已经非常庞大了，谁要是跟他过不去，谁就是在找死。

当然，董卓也知道，这个骗局只能骗人家几天，过不了多久，人家就会识破他的把戏。因此，只有增强实力才是硬道理。他发现何苗和何进的部队还没有哪个家伙去改编，便把这两支部队都招了进来，变成董字号部队。接着，他又瞄上了丁原的力量。所以就想把丁原也搞定。

他很快就找到了搞定丁原的突破口。

这个突破口就是吕布。

吕布是五原人，据说他的老妈怀了他十二个月才生产。那时他的老妈正在织布，肚子疼痛后，只得躺在布上，当场生了这个小男孩儿。因为生在布上，所以他老爸为他取名吕布。

吕布从小就“膂力过人”，尤其是骑术无双，被称为“飞将”。后来投到并州刺史丁原的帐下。丁原看到小吕真是一条好汉，先让他当了骑都尉，没几天，又提拔他当了主簿，“大见亲待”——《三国演义》里说，他是丁原的义子，虽然有点夸张，但还是有一点根据的。

丁原也是何进的死党之一，在接到何进的通知时，最先带兵来到首都，坚决拥护何进消灭宦官的主张。丁原当然也带了吕布出来。

根据后来陈寿先生的总结，吕布虽然肌肉超级发达，是当时最猛的男人之一，但他却有个很让人看不起的弱点：轻狡反复，唯利是图。这个弱点，丁原没有发现，但董卓很快就发现了。

董卓发现吕布的这些弱点之后，马上派人去找吕布，吕布把董卓和丁原一比较，马上就得出结论，丁原只是一个地方牛人，而董卓现在是天下第一牛人。跟董卓肯定没有错。于是，他爽快地答应了。董卓阴险地说，想要跟他的话，吕布必须砍下丁原的人头。董卓的这一招确实很毒很缺德。丁原打死也不相信，吕布会来要他的性命。但吕布确实是要了他的性命，把他的脑袋砍下来，丢在新领导董卓的面前。

董卓顺便就把丁原的人马全部收编。这时，董卓的部队才真正多了起来，每天仗着这些部队，威风凛凛地在大家面前摆谱。

他对吕布非常满意，当场任命吕布当他的骑都尉，而且“甚爱信之，誓为父子”。

董卓这时兵力增强，终于开始提拔自己当更大的官了。他现在还是并州牧，洛阳城里官比他大的人实在太多了。如果他仍然只当个并州牧，实在有点儿丢脸。于是，他说，现在天天下雨，没完没了，对老百姓一点儿不方便。这是司空的失职，应该把司空换掉。于是现任司空刘弘就被免掉了所有职务。然后他就当上了司空。

当上司空后，他立即就着手撤换皇帝的工作。他知道，现在朝廷中比较有名望的是袁氏家族。袁家的官最大的是那个袁隗，但最生猛最活跃的却是袁绍。因此，他认为只要把袁绍搞定，其他人就不会说什么。于是，他对袁绍说：“现在天下乱成这个样子，咱们更需要一个有能力的人来当国家元首。否则，个个像灵帝那样，这个国家还成国家么？现在我认为，董侯比史侯聪明多了。当然，现在看他还只是有点儿小聪明，还不知道他以后会怎么样。如果他也跟这个史侯或者他的老爸一个样，那么刘家就没有资格留在历史舞台了。”从董卓的这个话来看，就知道他是个成不了大气候的人。他才进京几天？连京城的街道都没有熟悉，脚跟还没有站稳就说出这样的话来——要把大汉从历史上抹掉——虽然东汉几个皇帝都不成材，弄得天下大乱，但他董卓的名声历来就很差，向来没有被谁看好。如果让他来代替刘家，还不如让刘家继续的好。

这才几天，野心就膨胀得这么明显，比起后来的曹操，实在差得太远了。光从这个方面看，他也注定只能是一个为三国时代打基础的历史人物。如果他这时收住心神，着眼长远，先培育自己的力量，继续高喊拥护刘氏的口号，把刘家的无形资产利用到最后一刻，然后再变更皇帝，这个天下变成董家天下，也未可知。可他没有这个能耐。一来就迫不及待地把他这个远大理想暴露出来。

所有的人都不会接受。

袁绍这时更是愤青一个，他虽然很怕董卓，但听到这话时，愤青气就发作起来，大声说：“汉家君天下四百许年，恩泽深渥，兆民戴之。今上富于春秋，未有不善宣于天下。公欲废嫡立庶，恐众不从公议也！”他连换人都不同意，哪同意董取代刘家？

董卓想不到袁绍会来这么一堆硬话，也生气起来，“按剑叱绍”说：“现在这个天下，是我说了算的天下。我想让谁当皇帝谁就当皇帝。你想跟我作对，你以为我的大刀是不能杀人的？”

袁绍这时也不计后果了，当场拔出佩刀来，大声说：“天下有的是英雄。你这个老家伙算老几。”然后对在座的行了个礼，就气冲冲地出去了。

董卓一见，也有点儿发呆了。如果依他往时的脾气，早就让人把袁绍拉下去废了。可他突然想到，他才到首都没几天，脸还没有混熟，袁家是世家，人脉深广得很，还是暂时不得罪的好。

袁绍发了一通愤青牛脾气回到家之后，脑袋一冷静，也觉得怕起来，便把那个司隶校尉的大印挂在东门，自己骑上快马，逃离洛阳，回到袁家的根据地冀州。

你们反对吧

董卓见袁绍跑了，觉得这个家伙跑得很好，否则，还不知道怎么处理他呢。但却一点儿没有想到，袁绍这一跑，后来他的麻烦大得要命。

董卓并没有想得那么远，他现在只想着尽快把刘辩废掉，让那个“董侯”上位。他觉得这事对巩固他的权力、树立他威猛霸气的伟大形象太重要了——连皇帝都可以更换，他还有什么不能做出来？以后谁看到他，谁不怕他？到时他再把刘协也废掉，估计人家也不敢有反对意见了。

在袁绍走后的下一个月，即昭宁元年的九月，董卓召开了一次朝廷大会，宣布了他的决定："现在大家已经看出来，现任皇帝太低能，一点儿治国安邦的水平也没有。所以，我决定向伊尹和霍光学习，撤销他的职务，由刘协继位。大家有什么意见？请发表。"

大家当然有意见，但谁敢发表？一发表意见，人头立马就会滚到地上，反正现在废的是刘家的人，立的也是刘家的人，为什么要去多这个嘴？

董卓看到大家都低下脑袋，觉得自己真牛，这个伊尹和霍光真好，做了这个榜样，让自己有法可依。他又再一次把霍光搬上来："当年霍光做决定后，就叫田延年拿剑站在旁边，谁不服就砍谁。现在我也像霍光一样，谁敢反对，我就砍谁。"

在座的人都相信他这话绝对不是说着玩儿的，所以没人敢作声。

但还是有人反对。

卢植。

卢植现在是尚书。他的性格就是直，也读过很多书，是当时有名的学问大师，后来有名的牛人刘备以及中等牛人公孙瓒都是他的得意门生。他对伊尹和霍光的故事比董卓熟悉多了，现在看到董卓拿这两位历史大佬来当借口，心里就不服，当场出来反驳："以前，太甲和昌邑王都罪行滔天，完全符合退位的必备条件，伊、霍两人这才启动废立程序。现在皇上年纪轻轻的，还没上位几天，一点儿错误也没有出现过，哪能跟太甲他们相比？"

董卓事前以为，只要他把话丢出去，就不会听到反对的声音，连个预案也没准备，哪料到卢植却站出来说话，而且说得很有道理，搞得他找不到一点儿理由来驳斥，最后只得愤怒起来，然后带着一腔愤怒离开现场。

他大叫："一定要杀了这个卢植。"

但很多人都为卢植求情，说卢植现在名望很大，要是拿下他的脑袋，全国人民就会对董卓有看法，这对董卓很不利。董卓这时觉得自己还是增加点儿人气好，于是就收住了大刀。但还是将卢植的所有职务都免去。

卢植知道这个社会已不适合他这样的人混下去了，更知道董卓是不会放过他的。他要是再在洛阳待下去，是标准地在等死，于是连夜卷起包袱，逃到上谷过起草根生活。

董卓当然不会因为卢植的反对而叫停他的这项工作，他派人把废立的方案拿去给袁绍的叔叔袁隗看。袁隗虽然不愿意，但他骨头的硬度远远比不上他的侄儿，看过之后，立马签个同意。他现在是太傅，目前是级别最高的人。

他一同意，董卓就又牛起来了。

接下来，他把全体在京的大臣都集中起来，然后带着他们到崇德殿那里，要求太后下诏。这个诏书对于太后来说，是要命的诏书。因为这是让她废掉儿子的诏书。

但她不能不下。这个诏书跟以往的诏书一样，都是别人事先拟好，拿来给她签字。但不同的是，以往的诏书，她可以拿起笔来，在那里画圈修改，然后让人家再按她的意思重抄一遍，她过目之后才签的字。她签字时，脸上全是权力的满足感。可这个诏书却让她想当场大哭："皇帝在丧，无人子之心，威仪不类人君，今废为弘农王，立陈留王协为帝。"就这几个字，简洁得很，但却把她的儿子批得一文不值，然后让他立即下课，腾出位子给刘协。

她在皇宫里混的时间已经很长，知道皇宫里的游戏规则：你当皇帝时，说什么话都是你的对。一旦从皇帝的位子上被赶下来，等待你的只有死路一条。

她签完字之后，终于放声大哭。

这时，袁隗按董卓的布置，上来从刘辩的身上取出皇帝的公章，交给刘协，算是完成了权力的交接仪式，然后把刘辩从座位上扶下来，再让刘辩转身面对刘协称臣。所有手续就这样完成了。

于是，刘协当上皇帝，就是历史上的汉献帝。

董卓把刘辩拉下马之后，下一步就是把何太后拉下来——因为按惯例，皇帝太小，就得太后临朝，什么都得她说了算。董卓当然不允许有这个情况出现。不允许这个情况出现的办法就是先把何太后废掉，使这个时代成为一个没有太后的时代。

现在董卓要搞定一个人已经容易得很。他立刻找到了一条足以让何太后丢掉太后一职的罪状："太后踧迫永乐宫，至令忧死，逆妇姑之礼。"说何太后以前利用职权逼死董太后，违背了儿媳孝敬公婆的礼制，这样的人还能当太后么？

当然不能当了。

于是，迁太后于永安宫。这就等于剥夺了何太后的政治权利终身。

但董卓仍然觉得不爽。在他宣布改元永汉、大赦天下之后，又派人拿着一杯毒酒过去，对何太后说："吃也得吃，不吃也得吃。"

何太后到了这个时候，还有什么办法？她也许会想到，如果以前她的老爸不用做屠户赚的那些钱去贿赂选美的人，她就根本不会进宫，根本不会成为皇后，更加不会成为太后，也就不会有今天。可能现在她还在哪个农家小院里平凡地生活着，跟一群子孙玩着，给孙子讲讲她从她婆婆、奶奶那里听来的故事。

但她进宫了，参与了一系列的宫中争斗，最终就走到这个地步。

董卓把这些政坛障碍物都清理之后，便让刘协任命他为相国，而且享受"赞拜不名，入朝不趋，剑履上殿"的待遇——来上班的时候，不用跟皇帝打招呼，上殿时不用像人家那样用"趋步"走路，而且还可以带着兵器雄赳赳、气昂昂地进来。这是人臣中的最高特权，表明在这个世界上，他说话最算话，皇帝的话也只是屁话。

在确立了自己的核心地位之后，董卓才开始整顿官场。他虽然嚣张得很，恨不得把天下所有对他有意见的人全部杀光，但这时还得装模作样，拉点儿人气，便听从了周毖和伍琼的建议，提拔了一批跟他从来没瓜葛的人员。这些人员都是当时的清流，在人气排行榜上都很靠前。这些人本来不想加入董卓集团，但都很了解董卓的人品，知道要是不前去报到，他就会派人拿着刀来找。在这一拨人事任免中，董卓居然没有把一个亲信放在要害部门。

董卓仍然生袁绍的气，到处张贴布告，要通缉这个愤青。周毖和伍琼又劝董卓，说董相国搞废立这样的事，高瞻远瞩得很，一般人哪里有这个政治眼光？就袁绍那个水平，他跟相国根本就不是一个档次的。说了些出格的话，得罪了相国，现在也只是关在家里，怕得要命，并没有做出什么事来。如果相国再逼下去，他急起来，组织大家起来造反——他家的人脉很广，还是有一定的号召力的。到时大家不明真相，都站在他那一边，乱子就大了。对这种人还是拉拢的好。不如让他当个地方一把手，骗他高高兴兴地去当官，这种花花公子只会腐败，不会做出别的事来。

董卓一听，也对。反正以现在的能力，他的命令还只是在首都这里有效，就是把这个通缉令再提升几个级别，也不会抓到袁绍的。于是他就下文让袁绍当上了渤海太守。

另外一个牛人，这时也得到董卓的看重。

曹操的愤青生涯

这个牛人就是曹操。

说起曹操，估计大多中国人都知道他。

他的出身很复杂。当然这个复杂不是他造成的，而是他的老爸造成的。

他的老爸叫曹嵩，是十常侍老前辈之一，也是中常侍曹腾的养子。至于曹嵩原来是谁的后代，他的档案基本模糊。史书上也只是这么一句“莫能审其生出本末”来搪塞了事。当然在这一句之后，外加一句“或云夏侯氏子也”——据说是夏侯氏的儿子。我估计，本来，曹操肯定知道他真正的祖宗是谁的，但估计那家人也是个贴近地平线的草根家庭，因此干脆不争辩不澄清，别人爱怎么说就怎么说。

曹操小时候绝对不是个好好学习的好学生，年纪还很小就显得很机警，会耍权术，而且还到处去行侠仗义，“飞鹰走狗，游荡无度”，一点儿不干正经事，大家对他一点儿不看好。他那时顽皮到什么程度？他居然敢像小偷一样，溜进张让的卧室里，去现场看看太监的夜生活。他胆子很大，但小偷业务却不精通，才到房里就被张让发现。张让拉响了警报。他立即被围困在那里。张让大叫要把这小子捉拿归案。曹操并不慌张，当场“舞手戟于庭”。那些家丁一看，原来是个武林高手，谁也不敢上前动手。最后曹操“踰垣而出”，潇洒得很。

他的叔父也很讨厌他，经常在曹嵩前面告他的状。他很恨他的这个叔叔，就想了个办法摆平他的叔叔。有一次，他在半路上碰到他的叔叔，马上就把预谋已久的动作做了出来。这个动作很简单，就是把脸一歪，做成个面瘫的模样。他叔叔一见，问他为什么做这个鬼脸？他说，这不是鬼脸啊，我是中风了啊。

他叔叔是个老实人，脑子一点儿弯不会拐，也不想想，年纪轻轻的，哪有中风的事？他就跑过去对他的哥哥也就是曹操的老爸曹嵩说：“快快去看阿瞒啊。他中风了，脸歪得连我都差点儿不认识他了。”

曹嵩一听，也有点儿紧张起来，马上叫人去把曹操找来。他一看，阿瞒的脸好好的，还是原来的那个样子，一点儿不像中风的样子。曹嵩也不想一下自己这个儿子，特长就是调皮捣蛋，装个中风那是小意思，于是很老实地问儿子：“你叔叔说你中风了，现在就好了？”

曹操要的就是这个效果，看到老爸果然上了自己的当，马上按既定台词说：“我本来并不中风。只是叔叔看我不顺眼，我才中风了。”你看，他这话说得还真有艺术。

曹嵩虽然是太尉，但思维系统远不如曹操发达，马上认为是自己的弟弟看儿子不顺眼，故意搬弄是非，从此就不再听这个弟弟的话。曹操那个叔叔后来还去告曹操的状。可曹嵩已经不再相信。于是，叔叔终于闭嘴，曹操越玩儿越疯。你想想，这样的孩子，谁会看好他的前途？

但却有人看好。

这个人就是乔玄。乔玄当时是太尉。太尉是军队领导人之一。但乔玄的特长却不是带兵打仗，而是以看相出名的。他很有包装天才。他看到曹操，在曹操的脸上扫描了一遍后，说：“天下将乱，非命世之才不能济也，能安之者，其在君乎！”当即就把他当成全国人民的大救星。

当时名士已经开始吃香。乔玄当时不但是太尉，也是大名士。他的话在当时是很有分量的。这个大名士在给曹操作了那个评语之后，还觉得不到位，便继续免费为曹操打广告。他大声地对当时还一脸粉嫩的曹操说：“吾见天下名士多矣，未有若君者也！君善自持。吾老矣！愿以妻子为托。”意思是说：我看天下名士已经很多了，都有点儿麻木了，但从没有看到像你这样的人物啊。你一定要好好努力。我现在已经老得不成样子了，哪天死了，你就帮忙照看我的家小啊。

这话实在太够分量了。名士的话向来传得飞快，不久，这个够份量的话就传遍中原。于是，曹操的人气立即大涨。他的人气一涨，马上就被领导看中，二十岁就“举孝廉为郎，除洛阳北部尉，迁顿丘令，征拜议郎”。

可乔玄仍然觉得不够，便又给曹操出了个主意，叫曹操去找许劭。许劭也是当时的大名士，更是当时的看相第一高手。许劭跟他的哥哥许靖还在南阳开了个沙龙，专门品评天下的人。据说他们评得很客观公正，而且他们还有个规矩，根据这些人士的所作所为，逐月更改评语和排列顺序，还起了个名称月旦评，其权威性很高。所以，附近的那些官员，都怕他们的板砖，个个都小心做人。

乔玄对曹操说："你现在的人气虽然很高，但名气仍然不够大。所以，你必须去找许劭，让他再帮你造势，效果肯定不一样。"

曹操一听，马上去找许劭。

曹操那时很愤青，一见到许劭，什么话也不说，直接就问："许劭，你看看我的相貌。我是个什么样的人？"

许劭当时正红得要命，一看到曹操这么对待他，又觉得曹操是个宦官的后代，根本不愿跟他对话，就闭着嘴不说话。

曹操一看，也在心里骂起来，你算什么人物？不就是靠清谈赚来一点名气，就看不起人来了？他心里一发狠，看是你厉害还是他曹操厉害。他当场就把许劭抓了起来，一脸杀气地威胁了他一把。

许劭虽然清高得要命，但也怕死。他看曹操来了这一手，急忙改变态度，说愿跟曹操合作，不就是一个评语嘛。看你的相貌，就这几个字了：治世之能臣，乱世之奸雄。

曹操一听，许劭的水平就是高。于是，他大喜而去！

曹操刚当北部尉，就开始把自己当"治世之能臣"。洛阳北部尉的职责就是负责首都北部的治安。他的前任肯定什么事也不管。他一上任，就咬着牙在这个起点上做出自己的事业来。他做了十多根五色棒，放在办公室门口两旁，高调宣布："有犯禁者，皆棒杀之。"人家一见，都认为他是在作秀。这是洛阳城啊，全国的首都，这里的大小官员多得把他全家人的指头用光也数不过来。现在违法的人，都是这些人。他一个小小的北部尉敢动他们么？

但曹操说，他就是敢动。

他动的第一个人就是蹇图。

如果光从职务和级别上看，蹇图算不得高级干部。可他的那个侄儿却是个猛人。他的侄儿叫蹇硕，是宦官集团中的牛人，现在是皇帝的红人，连那些将军们都不敢得罪他。蹇图历来仗着自己有个太监侄儿，根本不把谁放在眼里，虽然知道曹操新出台了这个规定，但根本没把它当一回事。当时的治安条例规定，禁止夜行。可蹇图硬要夜行，曹操那时年轻，亲自带着几个下属夜巡，看到蹇图在街上晃悠，立马就把他抓了起来。蹇图一看，心想：真的抓我？告诉你，我叫蹇图。你不认识，再告诉你，我是蹇硕的叔叔。可曹操却像听不见一样。

蹇图还在大声说："我是蹇图啊！"

曹操大声说："告诉你，我要打的就是你。"

当场就叫下属们用五色棒把这个家伙从大喊大叫打到彻底断气。

大家一看，曹操原来不是作秀，是真的谁都敢打。于是，"京师敛迹，无敢犯者"。

蹇硕当然很生气。但人家可是依法办事，而且办得很得人心，要是一把搞定曹操，全国人民是不答应的。因此，也就闭着嘴不说什么。当然，不说什么，绝对不等于就让曹操继续"以法治国"下去。不光他这么认为，很多人也都这么认为。于是，大家天天都讲曹操有水平，应该提拔。这么多人都讲应该提拔了，那就提拔吧。再不提拔曹操，就会被人家骂死了。于是，曹操就被提拔为"顿丘令"，跑到顿丘当一把手了。

曹操那时还很天真，以为自己真的干得好，被组织看重了，信心就爆棚起来，在朝廷里出现争斗之时，居然也敢直接给刘宏写信，要求刘宏这样那样。幸亏那时他只是一个县长，在刘宏眼里根本不是什么东西，所以也不把他怎么样。他的几封愤青气十足的信一点儿回音都没有，他这才知道，这个社会已经"不可匡正"，就不再说什么了。

在黄巾起义时，大家又觉得他是个人才，就让他当上了"骑都尉"，带着部队到前线去。

曹操一去就跟皇甫嵩配合，把黄巾军最嚣张的波才打了个满世界跑，彻底扭转了战场的形势。

黄巾起义之后，他当了济南相。济南的辖区有十多个县。他到任之后，还真的把自己的水平展示了一回。那时济南的官员们个个都有门路可走，个个都巴结上朝中的权贵，从不把谁放在眼里。谁到这里当一把手，他们没有意见，但得听他们的话，照他们的指示办事。否则，就做不了几天。可他们听说曹操来了，便都自动地夹起尾巴——一个连蹇硕的叔叔都敢打死的人，还怕他们的那些后台么？于是都排队来巴结曹操。

可曹操硬是不吃这一套，仍然整理了这些人的材料，上奏朝廷，把该免官的全部免官。那些人一看，这小子不吃这一套，便都卷起包袱跑到外地去了。

曹操当然不能跨省追捕。但他仍然在他的地盘里做主。把一群腐败分子赶走之后，他又在济南开展了一场声势浩大的破除迷信的严打活动。这个地方原来并不怎么迷信，但因为那个城阳景王刘章有功于汉朝，于是，大家就给他立祠。这个祠也就相当于现在的一块纪念碑。可那时的人面对这种事时，头脑就复杂起来。个个都觉得刘章祠灵验得很，于是大家都争着到处修建他的祠堂。搞得山东半岛到处是刘章祠，而济南又在这方面做得最为突出——据有关部门统计，济南有六百多座刘章祠。那时的生意人和官员们，一有时间就跑到刘章祠那里求老刘保护他们生意兴隆、财源茂盛、升官发财。穷人们一见，认为原来他们积极来这里烧香磕头，才有今天啊。于是，只要手里有几个钱立马也跑过来拜刘章。虽然有几任官员下文禁止过，但到头只是禁而不止。

曹操到了之后，也不下什么文件，直接叫人把那些刘章祠统统推倒。没有祠堂，看你们还到哪个地方烧香跪拜？“遂除奸邪鬼神之事，世之淫祀由此遂绝”。当时，“郡界肃然”。

后来，上级领导又把他提拔一格，任命为东郡太守。但他看透了这个社会，发现这个官场除了他一人在反腐败之外，别的人都在腐败。他怕他再搞下去，人家就要反他来了，那时麻烦就大了，就不接受那张任命书，书面的理由是：身体有病，需要回家休息去了。

其实他回家之后的这段时间里，倒是很认真学习，没事时打打猎，过着隐居的生活。

两年后，他又被任为典军校尉。

不久董卓进京，袁绍跟董卓闹矛盾后跑出去。董卓拿袁绍没有办法，就任命袁绍为勃海太守。

董卓任命袁绍之后，也给曹操发了一张委任状，任命他为骁骑校尉。

曹操一眼就把董卓这家伙看穿了，知道这样的人最后不失败，天下就没有失败这一个概念了，哪会与这样的人混在一起。他看到这个委任状后，就改名换姓，跑了。罗贯中在描述这件事时，说曹操拿了一把刀，想去把董卓一刀杀掉，后来碰到吕布，就害怕起来，把刀丢给吕布，然后拼命狂跑。其实，他根本没有干过这件事。

但他逃跑却是真的。而且董卓也真的很生气，到处通缉他。他跑到中牟县时，被一个亭长抓住。这时中牟县的县令已经接到董卓的通缉令。那个功曹一看到他，就知道他就是画像中的曹操。

这个功曹官并不大，算起来是当时最基层的领导干部了，但眼光不错，知道曹操是个人才，更知道这个天下就要大乱。大乱天下，需要曹操这样的人才。因此，他去向县令报告时，就把这个意思跟县太爷讲了。

这个县太爷也很开明，听功曹这么一说，便什么话也不说，手一挥，就把曹操放了过去。演义里说是陈宫放了曹操，其实这事跟陈宫真的无关。

不过，在这期间还出现过一件事，就是曹操砍死吕伯奢一事。这件事的细节，罗贯中写得很饱满，也很精彩，写得让全国人民从此就恨上了曹操。其实这件事是否真的发生过，还有很多疑点。首先，演义里的情节肯定是不对头的。因为演义里的故事是这样展开的：曹操被陈宫释放之后，就来到吕老伯家，因为疑心老吕家要拿他去发财，就把他们一家不分男女老少，全都一并处理了。最后在明知吕家是在准备杀猪招待他之后，仍然把吕伯奢也一剑杀死。陈宫对他的这个行为很鄙视也很生气，骂了他一顿，他反而说出了他那句最有名的语录：宁教我负天下人，不教天下人负我。

陈宫最后离他而去。

这个片断很精彩，但细一分析，就知道这个精彩的片断经不得推敲。首先我们从演义里得知，吕伯奢的家在成皋，而陈宫释放曹操的地点是在中牟县。从地图上看，成皋就在离洛阳东面不远的地方。曹操确实是从东门逃走的。他只要一出旋门关，就一脚踏上成皋的地界。再向东走很久才到中牟县。曹操不会先跑到中牟县被陈宫抓了一回，然后又折回成皋杀吕老伯吧？要知道，那时他可是在疯狂逃命，是要远离洛阳，哪会在这两个地方之间折腾？

《三国志》里并没有记录曹操杀了吕家的这个行动。但裴注的《三国志》里却写有这件事，情节跟罗贯中差不了多少——只是少了陈宫的故事，其他的基本没有出入。只是那句名言却是他在知道自己杀错人之后，心里充满了悔意——既而凄怆曰："宁我负人，毋人负我！"《三国志·魏书》为什么没有记载这段故事？估计又是"为尊者讳"的心理在作怪。所以，曹操当时杀人是有的，说过那句名言也是有的，后悔也是有的，但陈宫在旁当观众是没有的。

曹操从中牟县安全逃回后，来到了他的老家陈留。他知道，现在如果还像以前那样说自己病了，那么董卓的人没几天就会冲过来，把他抓住杀了。他一到家，马上就把家里那些财产全部拍卖，然后把拍卖所得都拿来征兵。没几天就征到五千人。曹操的个人事业就此起步。

这时，全国各地的牛人们都站了起来，个个一脸愤慨，大喊大叫，要打倒董卓。

韩馥的转变

袁绍那时在渤海。他刚当渤海的太守，比任何人都想起兵讨董。可那个冀州牧韩馥觉悟低，硬是跟董卓在政治上保持高度一致，怕袁绍煽动不明真相的人搞群体事件，就派人去监视他。袁绍只得在那里干着急，一点儿也动弹不得。

倒是东郡太守桥瑁最先憋不住，拍着脑袋想出了一个办法，这个办法很陈旧，就是做了份假的朝廷三公的"告各州郡同胞书"，先是控诉了董卓的滔天罪行、倒行逆施，又号召大家都团结起来，跟董卓进行坚决的斗争。

桥瑁在三国时代，根本排不上号，很多读者对他是一点儿不了解，甚至根本不知道三国里有他这么一个人，但他的这个行动，却成为倒董运动的导火索，直接引爆了各路人马起来打倒董卓的战争。

韩馥也接到了这个"告各州郡同胞书"。他虽然紧跟董卓，天天表示听董太师的话，照董太师的指示办事，可看到这些文字后，心里就有点儿波动起来，要是大家真的都起来跟董卓摊牌，结果如何，还真不好把握。这是关键时刻，要是在这个时候站错队表错态，就什么都不用说了。到底跟董卓好，还是站在大家的立场好？

他想了很久，觉得好像跟谁都好，又觉得跟谁都危险。于是就叫手下过来开个会，对局势进行一次全面的评估。最后，大家都认为，跟董卓绝对没有什么前途，还是要起兵。但不要当带头大哥，让人家做出头鸟，在人家宣布起来之后，才响应号召。而且，现在各州的势力都比冀州弱，真的干成功了，算起功劳来，还是他的功劳最大。一看他们的这个决议，就知道，这帮人都不是办大事的人。到了这个时候，都决定加入倒董阵营了，而且明明是各州中最有实力的集团，却怕当带头人，还想从中投机一把。在和平年代，搞点投机，那是很有搞头的；但乱世年代，只有把英雄本色展示出来，才能抢到胜利的果实。

韩馥立马解除了对袁绍的监视，还派人给他写了一封信，深入细致地描述了董卓的罪恶，表示对董卓这样的人，不打他就不倒。因此，坚决支持袁绍起兵。

第三章
诸侯们的愤怒

迁都是最好的退却

汉献帝初平元年（190 年）过完春节之后，关东那些董卓的反对党终于结成统一战线，集体高举打倒董卓的大旗，宣布与董卓斗争到底。

旗帜举了起来，还得选出一个带头人。这个带头人不是谁都可以当的，是按照传统的论资排辈原则来选的，而且这个原则不仅要看他这一代，还要看其祖宗三代的资格。于是，谁的资格也比不过袁绍。

袁绍就这样成为倒董同盟的盟主。袁绍觉得当了盟主，如果还是渤海太守这个职务，级别跟别人一样，以后发布命令的底气就会明显不足。于是，他就任命自己为车骑将军。当时，参加这个同盟的有河内郡太守王匡、冀州牧韩馥、豫州刺史孔伷、兖州刺史刘岱、陈留郡太守张邈、张邈的弟弟广陵郡太守张超、东郡太守桥瑁、山阳郡太守袁遗、济北国相鲍信、曹操本部人马、后将军袁术，另外还有孙坚和张杨，总共十四路人马。罗贯中在演义里说成是十八路，把孔融、陶谦、马腾、公孙瓒等也划进去，还把倡议者套到曹操头上，完全是小说家言。真实情况是十八减四。

不过，当时还是有人希望曹操出来当挑头人的，这个人就是鲍信。鲍信没多大的水平，但却能看出曹操的水平比袁绍高多了。他当面对曹操说："现在咱们这个队伍里，最有水平的是你。如果不让你来当老大，咱们再怎么强大，最后也会被人家玩儿完的。"

在关东诸侯大喊着向洛阳进军、打倒董卓时，董卓当然不会在那里坐等大家杀过来。他先来个大赦——这年头，对犯人来说确实很幸运，刚刚大赦一次，现在又向大家宣布所有犯人都无罪。不过，其他人都可以赦，唯独刘辩不能有活路——他又派人给刘辩送了一杯毒药，叫他喝下去。

这两件事做完之后，董卓觉得心头很爽。可才爽了没几秒钟，他又得把注意力转到山东，袁绍他们正大喊大叫举着大刀向反对派的头上砍来。董卓近来的事业很辉煌，心情也是超级愉快，觉得这个天下已经是自己的天下，如果叫谁死，谁就不能活。可他也知道自己的军事能力很差，在战场上，常常以不胜而告终。

他召开了个大会，会议的主题是"发大军讨山东"——这话说得很大气，好像主动权都牢牢地掌握在他的手里，其实他的心里很虚。

郑泰首先发言，劝他还是不要紧急征兵为好，就等下去，那些诸侯本来就心不齐，只要天天挂免战牌，他们没事干，就会自己跟自己干起来。

董卓认为郑泰的意见很正确，说如果现在才征兵，不但工作量大、难度高，而且新兵也不好立即投放战场。

后来，他想来想去，认为洛阳真不是好地方，四面全是平原，人家从哪里都可以打进来，哪比得上长安？更要命的是，自己刚从西部来，环境一点儿也不熟悉，还不如回长安去。于是，他又开了个大会，讨论迁都，把首都从洛阳迁回长安。

大家当然有意见，但大家更知道，这个时代是意见最多的时代，可又是最不能表达意见的时代。因此，大家只能把意见留在肚子里，什么话也不说。只有杨彪和黄琬两人说迁都弊大于利。

董卓一听就不高兴，觉得再让这几个有不同政见的人留在朝廷上，他就不爽。可一时也找不到理由把他们拿下，就随便找了个借口撤了两人的职务。

伍琼和周毖前些天劝董卓任用了一大批人，董卓全部采纳。这时看到董卓要迁都，虽然杨彪那伙人由于反对被撤了职，但仍然以为董卓对他们的话还是会听的，于是去见董卓，表达了坚决反对迁都的意见。

董卓一见两人就已经不爽，又看到他们成为反对迁都的人，脾气就更加火爆起来，大骂两人。当场叫有关部门把两人逮捕，然后再把他们处斩。

终于没有人反对了。

于是，董卓带着刘协迁都。

董卓一拍脑袋，知道自己这么一回去，估计以后再也不会到洛阳了。于是一边迁都一边把洛阳城中有钱的人都抓了起来，统统砍杀，没收个人全部财产，还强迫全体洛阳人都跟着他迁往长安。当时洛阳有几百万人，个个都得背着包袱向西而去，而且都是徒步行走。他嫌这些人走得太慢，便叫部队在后面举着兵器赶着大家，谁走在后面，谁就被大刀砍死。一时间，弄得“积尸盈路”。他又觉得，自己反正不会再当洛阳居民了，留下这么多好的房子给袁绍他们，也太便宜他们了。于是就下令，把所有的建筑物一概放火烧光。一声令下之后，洛阳地区“二百里内，室屋荡尽，无复鸡犬”。曾经繁华的首都几乎变成了无人区。

他没收了大量富人的财宝之后，又把吕布叫来，说活人的财产咱收完了，但死人的不动产还没收。

吕布说，死人还有什么不动产？

董卓一听就笑了，说这个地方埋了很多皇家贵族，这些皇家贵族的坟墓里埋了很多无价之宝。他们留在地下也没有什么用，还是挖出来好啊。

吕布一听，眼睛立刻大亮，组织了一个挖墓葬工程兵队伍，然后“发诸帝陵及公卿以下冢墓”。只要外表豪华的坟墓都统统挖出来，里面就是一个铜钱也不能放过。

董卓这个家伙在战场上做不出什么名堂，但造假作秀却很有一套。他怕人家说他不敢跟袁绍他们硬碰硬，这才迁都回去的——迁都其实是等于夹着尾巴逃跑，因此就派部队到阳城。那天正好阳城赶集，来赶集的群众很多。董卓的部队一窝蜂向集市上冲过去，看到男的就都砍下脑袋，看到女的就都赶上车，再把男人们的头都挂在车上，然后大家唱着歌一路回去，说是把袁绍他们打了个满地找牙，这些脑袋全是叛军的头。董卓一看，这些子弟兵果然有水平，于是把那些女人全都配给广大士兵。

董卓以为，只要把首都迁到了长安，那就等于到了自己的老巢，因此心情很好。然而他也发现，自己手下的人才还真不多，没几个人能处理大事。很多人一看人家送过来的上报文件就头晕。于是，他就大力提拔王允，让王允负责处理这些事务。王允果然很有水平，把这些事务处理得很好。其他大臣也很服王允，开始团结在他的周围。

董卓一看，觉得自己真会选拔人才。但他哪里知道，自己培养的却是个定时炸弹。王允这人很阴险，在面向董卓时，脸上全是老实忠诚的笑容。董卓当然没有想到这是个隐藏着祸心的笑容，对他放心得很。

董卓对王允很满意，但对袁家很不爽。尽管袁隗当初对他撤换皇帝一事举双手表示赞同，但因为现在他的侄儿袁绍成为反对派的挑头人，所以，他一想到袁隗那张老脸，就觉得不爽，最后大手一挥，把袁家老少五十多人全部杀光。

孙坚起家

在董卓大砍大杀异己人士时，袁绍那些诸侯部队也不是铁板一块。这些人都知道乱世已经来了。乱世对于草根们来说，是个灾难；但对这些手里拿刀拿枪，手下有杀人不眨眼的武将，又有专门生产阴谋诡计的谋士的人来说，乱世是他们历史性的机会。

孙坚就是靠这个机会把他的事业做强做大起来的。他不但胆子大，而且也很会炒作。他先从自己的姓做文章，说他是孙武的后代，然后又编造了一个故事，说他们的祖坟上“有光怪，云气五色，上属于天，蔓延数里”。这样的故事如果在现在，大家会觉得很雷人，可当时的人非常相信，一听说之后，个个认定，孙家以后一定会发达。于是他又编造了第二个故事。这个故事更加没有根据，但更加让人相信：他老妈怀上他时，梦见肠子从肚里漏出来，而且还像蛇一样，自觉地把吕门绕了一圈。她去问人家，这是什么兆头？人家说，是好兆头。

孙策后来果然长得又帅又猛，而且胆子大得要命。十七岁时，跟他的老爸一起乘船去钱塘，半路碰到一群已经完成任务归来的海盗，正在岸上分赃。船里的那些商人个个都怕得想跳到水里。可孙坚却说，一点儿不可怕，他一个人就可以把他们全都打跑。

没人相信他，连他的老爸都说："非尔所图也。"

孙策，他就是要搞定他们。他把船靠了上去，然后拔出刀来，冲上岸去，他一边冲，一边向四处招手。

那些海盗最大的特点就是警惕，看到他一个人冲上来，心里就万分不相信，除非是疯子才敢一个人冲上来送死。他们怎么看孙坚也不是个疯子。那么，孙坚肯定不是一个人在战斗，肯定还有很多同伙在包抄过来，他四处招手，就是在招呼其他人围攻上来。他们立即大叫风紧扯呼，什么也不要，便抱头跑路，四处狂奔。孙坚还追上去，砍了一个根本没有抵抗意识的海盗，然后把那颗满脸横肉的头带了回来。孙坚根本不用打架就大获全胜，真的达到了孙武"不战而屈人之兵"的境界，如果你还不相信他是孙武的后代，那就只能说明你脑子有问题。

孙坚的名气马上就狂涨起来，郡领导听说之后，觉得这样的人才不用，人家会说他没有看人的眼光，因此马上派人找到他，任他为"假尉"——当然，这个"假"不是"假冒伪劣"的"假"，而是代理的意思，也就是说让他代理郡校尉这个职务。

孙坚就这样从最基层干起，做了几个地方的父母官，转来转去，职务却没有提高多少。直到黄巾事件之后，他才开始发迹。

那时，朱儁被派去跟黄巾军对垒。他知道孙坚是个打仗的人才，马上就破格提拔他当佐军司马，也就是军事参谋。孙坚一看，就知道机会来了。他当然不甘心只去当人家的下属，帮人家去冲锋陷阵，流血流汗之后，自己只剩下那几句没有实质意义的表扬，等年纪一大，生活就没有来源了。如果手里没有自己的武装，立多少功、戴多大的功勋章都没用。他马上到处征兵。孙坚这些年来，很会做人，因此，他一出面招兵，大家都跑过来跟他去战斗。他手下马上就有了上千人，跟朱儁开到前线去，打了几个胜仗，尤其是宛城之战，他第一个登上城头，立下了大功。朱儁很厚道，一点儿没有隐瞒孙坚的功劳，把他的成绩详细地向上级进行了汇报，又提拔他当了别部司马。

后来，韩遂、边章他们大搞群体事件，孙坚又被调到西部，跟董卓一起与韩遂作战。他那时是周慎的部下，曾向周慎建议截断敌人的粮道，可周慎不是朱儁，觉得他的建议没有用，反被敌人断了粮道，最后差点儿全军覆没。

后来，他再建议张温砍死董卓，免得日后作乱。张温说这个问题太大了，需要朝廷认可才行，不能乱来。西部归来之后，孙坚被任命为议郎——一看就知道是个闲职。

孙坚当然不愿领这个议郎的工资到退休。

没几天，机会来了。这个机会是区星为他创造的。

区星当然算不得什么人物。他是长沙一带的黄巾军头目。黄巾军最大的特点就是没有个统一指挥的人，基本是谁的地盘谁做主。因此，很快就被各个击破，最后全部崩盘。可大盘虽然崩溃，个别地方仍然在小打小闹。区星觉得他现在手下人员很多，完全可以再出来闹事了。于是，他就起来闹事，今天攻这里，明天又打那里，长沙一带居然没有人能够摆平他。

于是，有关部门的领导就对孙坚说："你去当长沙太守，但要搞定区星。"

孙坚当然高兴，马上就出发。区星只有作乱搞事的水平，却没有打硬仗的水平，玩儿那几个地方官很顺利，可一碰上孙坚，立马就完了。孙坚只用了一个月的功夫，就把区星的势力搞定，而且他越玩儿越牛，还跨界过去，把桂阳和零陵的黄巾军也搞垮，一下子名声大起，成为南方第一牛人，为后来的发展奠定了坚实的基础。

当然，孙坚并不因此就满足了。他把黄巾军搞定之后，并没有安静下来，而是盯上了周边几个同事的势力，打响了东汉末年军阀兼并的第一枪。

孙坚最先瞄准的目标是他的上级领导荆州刺史王睿。他跟王睿共过事，两人合作搞定零陵、桂阳的黄巾军。本来两人的合作还算成功，也应该愉快。可王睿是个读书人，觉得孙坚没读过什么书，讲话和动作都显得没有文化，就看不起他。但他哪知孙坚更看不起他。孙坚清楚地知道，在这个时代要混下去，并不靠你能说，而是看你的手里有没有武装力量。他看到王睿那个不屑的眼色时，心里就打起了自己的算盘：哪天让你知道我的厉害。

这个“哪天”很快就到来了。

正好袁绍他们到处发帖，号召大家联合起来打倒董卓。孙坚本来就恨不得吃掉董卓，更知道这是个能无限壮大自己实力的机会，因此在第一时间就起来响应袁绍的号召，并迅速地带兵出发。

大家看到孙坚这么积极，都以为他不等盟军过来就会直接打到洛阳去了。

哪知，他却没有直接去跟董卓打，而是先把荆州一带划归为自己的版图。

王睿确实不宜当领导。他的当官水平不高，在乱世混世界的水平更有限，跟官场上的很多人一样，看不起手下人。他不光看不起孙坚，也看不起另一个手下曹寅，而且看不起的程度更高。在大家要起兵讨董的时候，王睿的脑袋突然发热，高调放话：先杀曹寅，再去讨董。

曹寅知道后，当然害怕起来。他知道到这个时候，他不搞定王睿，王睿必搞定他无疑。可他又觉得自己的力量真的搞不定人家。于是，他想到了孙坚。最好让孙坚去跟王睿较量一番，不管谁赢谁输，他都是大赢家。于是，他想出一个办法，伪造了一份案行使者、光禄大夫温毅的檄文，上面罗列了王睿的诸多罪行，每个罪行都可以把王睿判处死刑。然后把这篇檄文送给孙坚，要求孙坚执行拿下王睿的任务。

孙坚一看就笑了。他文化不高，但却知道这是曹寅的诡计，可他不说。他带着部队，也带着这个檄文向荆州开过去。

王睿当然不知道孙坚和曹寅要整死他，还在城楼上喝酒，听说城外来了一大批部队，一看，原来是孙坚的部队。他跟往常一样，看到是孙字招牌，就露出鄙视的目光：“我还以为是谁，原来是孙坚。问一问他，来这里做什么？”

孙坚这时却狡猾得很，说：“子弟兵们长期打仗，生活太苦了。想来要求刺史大人补助点儿生活费。”

王睿一听，早就料到他就是这个货色。什么事都想贪点儿便宜。自己向来不跟没有文化的人一般见识，就满足他一次吧。于是叫大家打开库房，让战士们去领点儿军用物资。

可等部队进城之后，他看到孙坚出现在他的面前，就问：“你还来干什么？难道你也缺吃缺穿的？也想进仓库？”

孙坚的脸一冷，说：“我是另有任务的。”

王睿一脸的呆鸟相，说：“你还有什么任务？我可没有给你布置过什么任务啊。”

孙坚说：“这个任务你当然不会布置给我的，是朝廷使者布置给我的。”

王睿一听，便问：“什么任务？”

孙坚说：“取你的脑袋。”

王睿一看孙坚的脸色，一点儿不像开玩笑，立马就知道自己真的麻烦了，但他仍然问：“我犯了什么罪？杀人总得有个法律依据啊。”

孙坚这时的回答简洁得很：“坐无所知。”就是说他犯了无所知的罪。谁一听到这个罪名，谁都发晕。无所知其实跟没有罪也差不多，可现在他说你该杀，你就该死。

王睿一点儿不想死，他还想跟袁绍他们一起去讨伐董卓，还想继续过着腐败的刺史生活。可他转眼一看，身边已经围着一群孙坚的肌肉发达的士兵，个个都拿着雪亮大刀，跟孙坚一样满脸横肉地看着他。他才知道自己的文化程度再高，也玩儿不过没有文化的孙坚。

最后他说：“我死！”

孙坚说：看在老领导的面子上，让老领导自由选择死的方式。

王睿把所有自杀的方式都盘点了一遍，最后选择了最豪华的方式结束了他的生命：吞金。

王睿一翘辫子，最高兴的似乎是那个曹寅。他觉得自己的阴谋终于得逞，不但保住了老命，还搞死了王睿，而且还是借了孙坚的手杀了王睿——自己报了仇，却让孙坚去背了这个杀上级领导的黑锅，自己在一边偷笑。

其实真正高兴的是孙坚。他本来手下没多少武装，一杀王睿，不但把他的部队都收编起来，而且还拿到了很多的军用物资。孙策看着自己的部队突然浩浩荡荡起来，马上就知道，与其辛辛苦苦派人去做征兵征粮工作，一天累死累活，也招不到几个壮丁、挑不回来几斤粮，不如看到哪个太守长得比较猥琐，就直接大刀砍过去，把那颗脑袋砍下来，那个太守手下的力量就全变成自己的力量。

孙策马上把与他一水之隔的那几个郡的一把手在脑子里过了一遍，认为，南阳太守张咨完全具备被他砍掉的条件。

孙坚这时觉得自己力量雄厚，可以完全鄙视一下张咨。他直接给张咨下了个文件，要求张咨给他的大军提供军用物资。孙坚虽然到处把野蛮行径做得很到位，但绝对不是蛮干的人。他在搞定王睿之后，就向袁绍、袁术他们进行工作汇报，说现在他的手下已经有几万人马，只当个太守，太不匹配了吧？

袁绍他们对他搞定王睿的事，并不认为孙坚是在“窝里斗”，是彻头彻尾的分裂主义，是典型的军阀作风，反而也认为他手下有那么多部队，只当个太守，还真的委屈了他。于是，几个人就一致同意，提拔他当了个“假中郎将”——就是代理中郎将的意思。

孙坚知道张咨是个软蛋，以为用这个职务就可以吓倒他，让他乖乖地把粮草送过来。

哪知，张咨虽然没有水平，但他有个特点，就是一碰到难题，马上就开会，把高层下属都请来，然后让大家讨论，是不是一字不改地执行孙坚的命令？

张咨的下属们个个牛得要命，一看孙坚的文件就都气得要吐血，说，孙坚算什么人？不也就是一个太守？而且他当太守的时间要比张太守还短得多。他有什么资格给咱们下命令？

张咨看到大家都说不能给孙坚送粮草，就认为真的不该给孙坚送粮草。

孙坚一看，这才知道，这个时代是暴力时代。当然，如果现在他大手一挥，带着部队杀上去，把张咨打得全军覆没，那是完全可以做到的。可他现在能这么做么？把人家打得全军覆没之后，不但他的人气大跌，而且所设想的利益也一点儿拿不到。他现在并不只是想消灭张咨，而是想把张咨的力量划到自己的名下，把张咨的部队变成孙家军。所以，也只能杀张咨一个人，别的人都得留着，让他们当自己的手下。

孙坚一拍脑袋，又想到了一个金点子，带着一批牛肉和酒，去拜访张咨，说前几天手下的人无知，在他不知道的情况下，给张太守发了什么文件，实在太对不起了。大家都是同事，都是兄弟，做事还用发什么文件。

然后就亲切交谈，大吃大喝，让大家把这次会见当成是同志加兄弟的见面会。

于是，张咨的警惕性彻底丧失了。他真的以为孙坚只会杀王睿，不会杀别人了。他大吃大喝之后，觉得孙坚这么有礼貌，路过南阳时，还带肉带酒过来请自己吃饭，自己要是不回请一次，也显得太没有文化了。于是，他又叫手下准备了一份更加丰厚的礼物去回访孙坚。

这正是孙坚预期的效果。

他当然不看张咨带来的南阳特产，而是看中了张咨那颗一点儿不发达的脑袋。

孙坚这时很高兴，他并没有直接就砍掉张咨的头，而是设了个宴会，跟张咨再次大喝。大喝特喝到一半，他的主簿按照事先的布置进来报告："前移南阳 ，而道路不治，军资不具，请收主簿推问意故。"

张咨这时虽然喝得差不多了，但脑袋还没有彻底发晕，一听这个话，立马意识到自己的处境已经非常危险，就站起来想逃离现场。

可现在他还能逃离么？

他站起来的时候就发现，周边已经站满了人，这些人没有一个是面带微笑的，都是满脸横肉的士兵，个个拿着兵器，正用恶狠狠的目光盯着他。

张咨只得又坐了下来。

他的屁股一沾板凳，那个主簿又跑了进来，大声说："南阳太守稽停义兵，使贼不时讨，请收出按军法从事。"

孙坚说，请移交军事法庭！

一想就知道，这个军事法庭是孙坚的军事法庭，张咨还没有到来，就已经做好了判决书。这时听到孙坚的命令，刀斧手就大步走来，抓起张咨，押赴刑场，执行死刑。

张咨被执行死刑之后，南阳郡里的那些官员立马就老实起来，知道不听孙坚的话、不照孙坚的指示办事，就只剩条死路了。

于是，南阳成了孙坚的后勤保障基地，只要他一发话，南阳的物资就一批接着一批地送到他的军营中，南阳的官员个个都成为拥军支前的模范。

孙坚带着部队来到鲁阳，跟袁术的部队会师。

看过《三国演义》的人都知道袁术是个什么人。他跟他的异母哥哥一样，整天恃自己是个世家子弟，以为根正苗红就可以天下无敌。孙坚当然知道他的这个性格，一来就把南阳让给了袁术。

袁术天天看别人不顺眼，总觉得人家的几代祖宗都比不过袁家，同时更是个目光并不比老鼠长多少的人，一看到孙坚主动把南阳这块地皮交给自己，立马高兴得什么都忘记了，觉得孙坚真是好，便上表任命孙坚为代理破虏将军兼豫州刺史。

孙坚的职务一下就狂涨起来，底气也足了许多。当然他知道，现在这个社会，职务并不起什么作用，实力才决定一切。可有时级别还是有用的——比如袁家兄弟，如果不是那“四世三公”的家世，现在这个盟主能让他们来做么？

曹操生气的后果

各路诸侯都会集在一起，声势浩大，天天把打倒董卓的口号喊得响彻云霄。而当时董卓就驻守在雒阳。他虽然有点儿怕山东诸侯，老早就把首都异地安置到长安了，但他仍然驻守在那里，要跟这些诸侯碰一碰——别以为老子真的那么好欺负。

于是，又轮到袁绍他们害怕了。

这支由十几家诸侯联合起来的同盟，虽然个个都恨董卓恨得要死，也知道现在他们如果不团结起来，跟董卓死磕到底，董卓也会把他们一个个搞定。可一面对董卓的大军时，又都害怕起来，怕自己上前线拼死拼活时，别的诸侯部队只拿着兵器在那里围观，然后在无聊时喊几声口号表示声援一下，做的全是各自保存实力的工作，那自己就惨了。于是，都只在那里光喊不练，似乎这样就可以把董卓喊死。

曹操看到这个场面，心里就有点儿气愤，大声对大家说：“我们起兵的目的就是为了消灭董卓。现在大家都已经集中起来，正是可以对董卓一战的时候。董卓也被咱们的势头吓得迁都，连洛阳的房子都烧了。这是咱们一举搞定他的最佳时机，是一战可以平定天下的时候啊。”

可没谁听他的。

曹操后来虽然被当成老奸巨猾的模范人物，但这时却很有血性，看到大家只在那里微笑地看着他，却没有一个人响应，心里就愤怒起来，转头过去，回到自己的军营里，带着自己的部队就向西而去，大叫要攻占这个地方。那个张邈很够意思，也派出个小分队支援一下曹操。

曹操的部队在荥阳碰上了徐荣。双方当然谁也不服谁。不服的结果就是开打。开打的结果是，曹操大败，而且败得很没有面子。他本人被一支流矢射中，连战马也受了伤，让他直接变成步兵——而且还是受伤了的步兵。你想想，在大败的战场上，一个受伤的步兵会有什么下场？

这时，曹洪出现了。

曹洪是他的堂弟。曹洪看到曹操已到了最危险的时候，马上就把自己的马让给曹操。

曹操这时还很讲风格说："我怎么能够骑你的马？你自己快逃命吧，不要管我了。"

可曹洪更讲义气，一脸严肃地说："天下可以没有曹洪这号人，但不可以没有你啊。"这句话充满了"顾全大局""舍小家为大家"的高尚情操。

曹操终于听了曹洪的话，翻身上了马。而曹洪则拿着大刀拼命狂奔在马的后面。

幸亏那时是黑夜，徐荣并没有看到这个场面。而且徐荣也不是个有胆量的人。他看到曹操的部队就那么几个人，居然跟他拼了一天才败退下去，肯定是一支战斗力很强的部队，所以，在取得战场上的胜利之后，他不敢向酸枣进攻。在曹操狂奔撤离战场时，他也高唱凯歌回去了。

曹操带着失败，带着箭伤回到酸枣。大家谁也不去慰劳他，好像他并没有去打仗回来一样，好像这不是反董的最前线，好像他们来这里并不是要打倒董卓，令曹操非常气愤。

他当场批评了他们一通。可谁也不说话——你有力量就尽量吼吧，我们不生气。

他又对大家提出了一个向董卓进攻的作战计划，说只要按照这个计划执行，保证可以拿下董卓那颗脑袋。他的计划是：请袁绍率领河内诸军进逼孟津，而驻扎酸枣的各位将领则据守成皋，占领敖仓，封锁轘辕、太谷，控制全部险要地区；请袁术率领南阳军进驻丹水、析县，攻入武关，以威胁三辅地区。各部队全都高筑营垒，坚守不战，多布置疑兵，显示出天下大军汇集的形势，然后名正言顺地讨征叛逆，可以很快平定局势。

这作战计划当然很好，可谁也不愿去执行。个个在心里说，只有蠢材才会拿自己的力量去跟董卓拼命。你跟董卓拼了一场，现在怎么样？不但打了败仗，而且连个同情也拿不到——血的教训就在眼前啊。

曹操看到大家继续麻木地喝酒，就知道跟这些人是没有什么好商量了。现在想实现自己的远大理想，只有靠自己了。可他已经没有什么力量了。他就跟自己最得力的助手夏侯惇一起去扬州，开展征兵工作，征到新兵一千多，在河内驻扎，不再去跟那伙人多嘴了。

过了不久，聚集在酸枣的那一群人突然发现，整天吃喝有些无聊，而且也发现他们部队的粮草也已经被吃得差不多了。于是，大家再猛吃一餐，各自回各自的地盘。

而董卓那边觉得相持了这么久，也有点疲软起来。这家伙打也不敢打，退又不好意思退，就想了个缓兵之计，派了个代表团去找袁绍，说大家本来都是大汉王朝的子民，为什么一定要拼个你死我活？只要他们不再跟他作对，他马上让皇帝把他们大大提拔一下。

袁绍这家伙在进攻董卓的时候很犹豫，半步都不敢向前，但反对董卓的意志却坚强得很，一听说那个和平代表团前来，已到河内，就立刻派人向王匡下令：把这个代表团成员都抓起来，统统砍掉。

大家继续相持。

最后董卓终于沉不住气，决定要跟这些人打一仗，否则老是这么大眼瞪小眼下去，人会郁闷而死的。

本来，诸侯中有本领能打仗的人并不多，如果董卓做个全面调查，对各路诸侯做个科学的分析，再进行一次精确的评估，按目前诸侯们的态势，找个软蛋猛揍一顿，取得一场胜利也不是没有可能的。

可他偏偏选中了一个高手。

这个高手就是孙坚。

孙坚那时正跟手下在鲁阳城东边野外的平地上大吃大喝，突然看到城外大队骑兵狂奔过来，弄得尘土满天。

其他人还以为是哪家兄弟部队在进行实战演习，继续高举着酒碗，嚷着大家一起来，大碗喝酒。

孙坚却一眼就看出，那是敌人杀上来了。要是再大碗喝下去，他的脑袋都得被人家砍掉了。

但他并不慌乱，一边继续喝酒，一边命令部队迅速集结，说是喝够了再去打仗。

部队终于集结完毕，他这才站起身来，带着大家大模大样地进城。董卓部队的指挥官如果是个果断的人，这时完全可以把孙坚及手下全部拿下，哪知却因为看到孙坚这么一点儿不在乎的样子，又看到他的部队军容很整齐，步调很一致，也怕了起来，就收住了前进的脚步，在那里发呆。发呆之后，又排着阵列退了回去。

董卓白跑了一趟之后，觉得还是那个王匡好欺负一点儿。王匡这时也和孙坚一样，都已经进入麻痹状态，一点儿也不警惕，只是努力吃喝。可他却没有孙坚那种应急的本事，被董卓狠狠地收拾了一场。

都是私心作怪

董卓本来就不是块打仗的料，胜了一场，马上就见好即收。大家就又进入相持阶段。

关东诸侯们这时觉得大家集中在这里这么久了，没做出个事来，真的有点儿丢脸。现在能做出什么大事呢？去打董卓当然是大事业。可谁敢带这个头儿？那就另找资源吧。

废立皇帝也是个很好的项目。

这个创意就是袁绍提出来的。他认为，现在董卓之所以这么嚣张有势力，完全是因为手里控制着皇帝。皇帝虽然只是个小孩儿，但却是天下最大的政治资源。因为皇帝控制在人家手里，他现在的职务也很难再往上升了，他任命的所有官员都得在前面加个“假”字，太让人不爽了。不如自己再任命个皇帝，以后这个天下就是自己说了算了。

于是，他对大家说，现在皇帝年纪太小，受董卓的控制，迁到长安了，不知道是否还活着。所以，最好再找个人来当皇帝。

谁当这个皇帝最好呢？

袁绍说，刘虞！

刘虞现在是幽州牧。这个官虽然很大，可他却是个没什么性格的人。袁绍看中的就是他没有性格，领导没有性格，以后他的性格才好发挥。

很多人都支持——这些人本来就是这样，只要不直接触及他们的利益，能让他们继续猛吃猛喝，谁当皇帝都不关他们的事。

但还是有人反对。

第一个反对的人就是曹操。这时曹操身上的忠诚度还很浓重，一听袁绍的话，马上就站起来反驳，说现在皇帝才几岁？他犯了什么错误？他什么错误也没有啊，为什么要免掉他的所有职务？他们要是做这个决策，他坚决不同意。他们去北边迎接刘虞，他还是继续向西！

第二个反对的人是袁绍做梦也想不到的人。这个人就是袁术。

袁术反对的出发点跟曹操不同。他现在已经不满足于"四世三公"这个招牌了。他觉得自己完全有能力突破袁家前辈的纪录，把皇帝的位子拿来坐坐，让屁股爽一爽。他心里这个算盘一打，就认为，如果让个成年人当皇帝，自己的远大理想就无法实现了，所以还是让什么都不懂的小孩儿当皇帝才最好。到时自己想怎么欺负就怎样欺负。于是他也表示坚决反对。

袁绍还以为这个老弟头脑在发晕，居然不支持哥哥的工作，就给袁术写了一封信，语重心长地说了一番。可袁术却不理会他的意图，继续坚持自己的原则不动摇，还写了一封回信，以反袁绍的论调大力地驳斥了一通，表示自己对现任皇帝忠心到底，也决心与董卓血拼到底。

袁绍这时果断得很，不再理会这两个反对的声音，派了一个代表团跑过去找刘虞，向刘虞表达了他们美好的愿望。

哪知，刘虞却不吃他这一套。刘虞虽然很平庸，但这时却很明白，知道现在自己去当皇帝，肯定没有什么好果子吃，当场就果断地拒绝了。

袁绍他们看到刘虞的态度真的很坚决，就退了一步，说让他来全面主持朝廷工作，代表皇帝发放一些委任状。可刘虞仍然不干。他说，要是再这么搞下去，他就向北方逃走，去匈奴算了。

袁绍他们只得作罢。

这是初平二年，即191年之事。

这年的二月，董卓又把自己的职务提升为“太师”。这应该是除了皇帝之外最大的职务了——如果再提拔下去，他就只能当皇帝了。

可是孙坚并不因为董卓的职务大了就被他吓住了。他仍然去找董卓打仗。他跟董卓共事过，知道他逃跑很有一套，玩儿官场也有一套，但打仗却只会打败仗，所以一点儿不怕他。董卓才当太师没几天，孙坚就带着部队移驻梁县以东。哪知，却被徐荣打了个大败。

孙坚这次败得很惨，他一不小心带着全军进入徐荣的埋伏圈，被人家四处乱砍，弄得几乎全军覆没。他只带着十几个死党拼命突围。他平时老爱戴着那方红色头巾，敌人一看，都高喊着红头巾的孙坚在那里，大家杀过去。孙坚一看，敌人都高举着雪亮军刀向自己围过来，这才知道，自己这时成了敌人的目标，吸引的是砍向他的大刀。他马上脱下那方红巾，递给祖茂。

祖茂马上就把红巾放到自己的头上。

徐荣部队那些子弟兵的眼睛一点儿不雪亮，并没有看到这个细节，仍然疯狂地追着红头巾，孙坚这才得以逃命。最后只苦了祖茂。他戴了红头巾之后，立马成为徐荣部队的重点攻击目标。不过，他的脑子很好用，看到敌人包围过来，知道再把头巾戴在头上，自己必死无疑，就偷偷地把红巾取了下来，挂在一根柱子上，然后跑到草丛中躲了起来。徐荣手下那一帮人围过来，一直到柱子边才知道上了当，只得骂骂咧咧地跑开了。《三国演义》里写到这一段时，把祖茂写得很高尚，并说他最后被华雄砍掉了。

孙坚仍然不信邪，又收集残部进到阳人城。

董卓原来也知道孙坚是块硬骨头，很能打仗。这时看到很能打仗的孙坚居然被徐荣打得差点儿稀巴烂，就认为可以继续打下去，先把这块硬骨头彻底粉碎。于是，就拿出他的王牌，派胡轸带步兵、骑兵五千人过去，趁孙坚的部队正沉浸在失败的气氛中，再猛砸他一下，使十八减四路变成十八减五路诸侯。董卓还任吕布为骑督，做胡轸的得力助手——可见董卓是很重视这一战的。

董卓认为，他的这个阵容绝对是黄金搭档，搞定孙坚那是没有什么悬念的。

可他却不知道，吕布和胡轸早就闹了意见，一看到对方，就希望对方最好被孙坚黑了。

偏偏胡轸又是个自信得没有谱的人，同时又是个性急的人，才带着大军出发，就大声宣告："今此行也，要当斩一青绶，乃整齐耳。"

吕布一听到这话，就生气得要死。

这话是什么意思？"青绶"就是佩系官印的青色丝带，也可以用来借指使用这种丝带官印的官员。

根据《汉书·百官公卿表》的记载："凡吏秩比二千石以上，皆银印青绶"，也就是说俸禄二千石以上的官员才有资格佩戴这种青绶官印。吕布这时的职务是中郎将，正是"秩比二千石"。因此，胡轸那句"要当斩一青绶"就是要杀掉吕布的意思。

至于胡轸为什么要这么急着杀掉吕布，原因也很简单。

大家知道，董卓的核心力量就是凉州部队。这个胡轸正是凉州集团的高层之一，而吕布是并州集团的猛男。虽然吕布跟董卓的关系很铁，据说形同父子。可凉州派向来把并州部队当成杂牌军。近段时间以来，董卓部队的军纪很差。凉州派一致认为，是因为并州集团插足进来，成了害群之马，并带坏了凉州部队。所以，要想恢复军纪，只有把这些杂牌部队除掉。所以胡轸就说，这次出征，先把这支杂牌部队的领导人吕布搞定，以后部队就纯洁了，就军容整齐了，就成为威武之师了。

吕布他们听到这话时，能不生气么？能等着被胡轸杀死么？吕布的成长过程就是做掉自己人的过程，而且做掉的都是自己的领导。现在胡轸居然要跟他玩这个。

有了这个心态，这仗还能打得赢么？而且，凉州派露出这个心思后，吕布那颗本来就没有多少忠诚的心不寒才怪。胡轸这话一出口，不但为这次失败埋下伏笔，也为以后吕布造反打下了坚实的基础。

吕布是个十足的猛男，按照猛男的逻辑，一听到这话就会立马提着兵器去找胡轸算账。可吕布这时却沉得住气，硬是不跟胡轸直接对垒，而是打定主意上战场时狠狠地黑胡轸一把。

胡轸这时还不知道吕布要打他的黑枪。他们带着部队来到广城，离阳人已经不远。按照原定计划，部队跑了这么多的路，个个都已经累得不成样子了，所以应该休息一宿，明天再战。

可吕布却不同意，大声说，阳人城里的敌人早就跑了，现在阳人是一座空城，咱不用打就可以占领。阳人城比这个地方大得多，要是到那里睡一觉，一定舒服死了。否则，敌人若进去死守，咱要拿下，就得流血流汗了。

别人还没有相信，胡轸就先相信了。他觉得孙坚没有什么了不起，都能被徐荣打败的人，他为什么不能打得更败？孙坚一听到他打过来，肯定吓得跑路了。于是，命令大军继续前进。

哪知，孙坚仍然在阳人，一点儿不怕胡轸，早把部队布置得好好的。胡轸部队几次冲锋，都被他成功打退。后来，胡轸知道这个夜晚是进不了阳人了，只得叫大家停止进攻，先扎下营寨，休息一晚再说。

士兵们一听，都骂起来，本来在广成好好的，还可以在屋子里睡着。现在倒好，先是打了个败仗，然后再在野外睡硬地皮，天气又冷得要命，这不是要把他们玩儿死么？

如果能在这个冷地皮上睡到天亮，也还不错。可吕布却不让他们继续睡下去。他们才刚刚脱下军装，吕布的第二个阴招又来了。

他这一招其实也很简单，只是对大家说，孙坚又过来偷袭了。

大家猛地记起，由于太累，连个简易的工事都没有修好，就都倒下睡觉。这可是敌人偷袭的最佳时机啊。于是，大家爬起来就跑。

孙坚本来并没有偷袭的计划。他正在城头上密切观察敌人的动静，看到敌人突然乱了起来，士兵们都在大喊大叫着四处乱逃。他知道，出击的时候到了，就下令部队冲杀出去。

胡轸当然也跑。他虽然脑子不灵活，但逃跑的水平还算不错，居然没有被孙坚砍掉。不过，那个华雄却没有这么幸运了。他累得有点儿发蒙，逃跑的方向不对，最后撞上了敌人的刀口，被人家乱刀砍死，连个仇人也不知道是谁——后来，罗贯中说是关羽杀死的，而且把华雄的本事吹得差点儿就打遍天下无敌手，最后被关羽一刀结束。为了使这一刀神乎其神，罗贯中还设计了个“温酒斩华雄”的情节，让后来的人们看到这里时，都想为关羽大声尖叫。胜的人固然伟大，死的人也轰轰烈烈。其实，华雄这次死得很窝囊，而关羽根本不在现场，连后排围观的观众都不是。

华雄死得窝囊，胡轸也败得没有道理。可孙坚却胜得很有面子。

这些诸侯自从结成反董联盟以来，跟董卓接触了几次，都没讨到便宜，这次孙坚却在劣势中取得了完胜，使得他的人气立马狂涨。

如果大家趁着这个伟大胜利，结束吃喝大会战，把精力都投入到反董战争中，以武力灭掉董卓也不是梦。

但结果是，不但没有人出来配合孙坚，而且有人还向吕布学习，硬是跟孙坚过不去。

这个人就是袁术。

袁术本来跟孙坚是好同事。可现在袁术已经不是过去那个袁术了。现在的袁术一心想当皇帝。如果其他人有这个志向，肯定会隐藏得很严密，做事也一点儿不露声色，然后看好方向行事。可袁术没有这个水平，看到谁得势就觉得谁不顺眼，看谁不顺眼就想在背后踢谁一脚。现在孙坚取得了反董以来首场大胜，人气高得不行，袁术的心里马上就五味杂陈起来，觉得孙坚是他最大的威胁，就想着如何给孙坚好看一下，看他的这个胜利能走几步。

按照联盟的安排，袁术是后勤部长，所有参战部队的口粮都由他供应。这可是个肥缺，是袁绍坚持让他干的——光从这点来看，就知道袁家兄弟的私心很重。其实，那些成就大业的人私心更严重，但人家做得好像公而忘私；而袁家兄弟却做得很露骨，显得太肤浅了。历史早已多次证明，太肤浅的人最后只能失败。

袁术看到孙坚胜利了，就决定拖一下孙坚的后腿，让他的胜利到此为止。

第四章
孙坚死，董卓也死

孙权进长安

袁术接到孙坚大胜的消息后，马上就开了个小会议，问大家如何看待这场胜利。有个手下人说："如果孙坚攻下了洛阳，事业马上就会做大做强起来，咱就拿他一点儿办法没有了。这样，虽然打倒了董卓，可又来了个孙坚。孙坚比董卓更难对付啊。"

袁术一听，这话太正确了。立即下令，不再给孙坚提供粮草，看他能带着一群饿着肚皮的江东子弟兵去夺取更大的胜利么？他再怎么牛，也得依靠物质作基础啊。

孙坚这时正信心满满，要一仗把洛阳搞定。哪知，后勤人员过来报告："主公，没有多少粮食了。要是袁术再不提供粮草，咱的炊事班就得放长假了。"

孙坚一听，几乎要骂起来。他做事很果断，知道袁术是什么人，如果只打个报告送上去，袁术一定会研究到他的士兵饿死一大半了还没有研究出结果来，因此也不睡觉，连夜狂奔到袁术那里，大叫袁术开门。

袁术虽然天天做着皇帝梦，但胆子却不大，一看到孙坚那张脸，心就先虚了几分。

孙坚却一点儿不给他面子，在他面前大讲了一番形势，最后说："我本来跟董卓没一点儿恩怨。董卓要抓要杀的是你们袁家。现在我带着江东子弟兵在前线打拼，一来是为国家为人民，二来就是为你们袁家报仇。现在倒好，你居然不给我发放粮草，想把我饿死在前线。你到底是什么居心？你再这么与我为敌下去，我就走人，让你去跟董卓打。"

袁术被孙坚大喊大叫了一场，也不敢再说什么，当场把粮草运到孙坚的军营里。

估计董卓也知道孙坚跟袁术吵了一场，现在正在闹情绪，便立即开展对孙坚的策反工作。他派李锐去见孙坚。李锐来到孙坚面前，代表董卓对孙坚说："我们主公觉得你很有本事，想跟你结成亲家。现在你可以把儿子的名单列出来，然后把想做哪一州的刺史、太守也开列出来，我们主公立即请皇上下任命书。"

董卓以为开出了这个条件，孙坚一定会高兴得要死。

可孙坚仍然不舒服，他的不舒服是看董卓不舒服，只要这个老鬼还当权，还在朝廷作威作福，他就不舒服。因此当场把李锐大骂一通，让他回去告诉董卓，他孙坚现在工作的重中之重不是让儿子娶董家的美女、当刺史，而是要把董家灭三族。然后继续进军，直达大谷。这里离洛阳只有九十里路。

董卓听了李锐的报告，也生气起来：我好好跟你合作你不干，你以为我真的怕了你？便带着大军来与孙坚交战。

结果再次证明董卓不是打仗的料儿。双方一接触就被孙坚大败。

董卓只得退到渑池，集结兵力固守，不敢再惹孙坚。

孙坚顺利进入洛阳。之后，就向吕布挑战，又把吕布打得满地找牙。

孙坚这时还很有正义感，看到洛阳被董卓破坏得不成样子，就命令部队修复皇家陵园和宗庙，表现得很忠君爱国。

董卓本来就已经决定撤出洛阳，早把洛阳变成一片废墟，现在被孙坚占领过去，他是一点儿不心疼的——连人都被他赶到长安去了，孙坚还能有什么收获？

可孙坚仍然有收获。

这个收获就是那枚传国玉玺。

据说孙坚的部队驻扎城南时，发现官井上早晨冒着五色气，弄得“举军惊怪”，都不敢到那个井里打水，怕有鬼神在那里。孙坚一看，立即派人下井，看看到底是什么东西在下面。

下去的人不一会儿就出来，手里拿着一枚大印，上面刻着“受命于天，既寿永昌”八个字，形状大小为“方圆四寸，上镌五龙交纽，傍缺一角”。

孙坚一看，这不是传说中的传国玉玺么？这个东西落在他的手里，这是什么兆头？这不是孙家要当皇帝的兆头么？他的心态马上复杂起来了，把那颗大印收了起来。然后继续进兵，向董卓进逼。

董卓知道自己要是再出战，那就太蠢了，分派几个死党把守那几处要害，然后就回长安而去。

董卓虽然在战场上被孙坚收拾得没有一点儿脾气，可他一到长安，马上就又牛起来，对大家说，他现在想当尚父。尚父不是职务，而是一个待遇。这个待遇历史上只有姜太公享受过。但蔡邕反对他，理由是太师虽然德高望重，但还是不能跟姜尚比。因为，现在山东诸侯都还在那里大喊大叫，说要消灭董卓，得先把这些人都搞定，再当尚父，那才让人没话说。

董卓的脸皮虽然超厚，可听到这话时，也觉得脸面也有些发烧，就暂停了这个想法。

董卓自己的道德水平低得要命，看谁不顺眼就大力打击报复，甚至拉下去处死。可他却要求天下所有人遵守社会公德，做遵纪守法的好人。

他来到长安没几天，就把司隶校尉刘嚣叫来，让他去查一查，哪个公民有“为子不孝、为臣不忠、为吏不清、为弟不顺”的行为，都抓起来，然后从重从严处理，然后没收全部财产，开展了一场全民性的整风运动。

于是，长安城中，“更相诬引，冤死者以千数。百姓嚣嚣，道路以目”。

袁绍对韩馥的花招

董卓在长安大搞群众运动时，那十几路讨董诸侯也个个都为自己的前途作打算起来。

第一个显露这个心态的就是袁绍。

当然，袁绍那个脑袋是没有很多长远打算的，他觉得能当这个盟主也很好。可他的手下逢纪认为这样下去会大大不利。他对袁绍说："主公是盟主，可现在手下没什么兵，也没个根据地，天天靠人家供应军用物品。这个盟主的命运掌握在别人手里。这不是办法啊。最好赶紧占领一个州当根据地，以后就好发展了。"

袁绍一听，太正确了，但实施很难啊。他想把冀州划到自己的名下，可又觉得没有这个实力，对逢纪说："冀州是个好地方。可现在我手下的部队没吃没喝，个个饿得要命。而韩馥的兵强悍得很，咱们干不过他啊。"

逢纪说："韩馥部队的军容虽然比咱整齐，可韩馥却很蠢。咱不能干掉他，但可以搞个阴谋诡计，把他搞定。咱先派人请公孙瓒派兵打冀州。韩馥是个怕死的家伙，听说人家的大军打过来，肯定怕得要命。他一怕，咱的机会就来了。咱马上派个口才好的人过去，让他乖乖把冀州让给主公。"

袁绍当场同意了这个方案，立即给公孙瓒写信，请他过来攻打韩馥。

公孙瓒也知道老韩是个容易欺负的人，接到袁绍的信后就笑了。他虽然知道韩馥是个软蛋，但还是玩儿了个阴谋，说是准备去讨伐董卓——反正现在董卓是个筐，什么都可以往里面装。然后带着部队向冀州开过来。韩馥一看这个架势，就知道公孙瓒要打董卓是假的，要攻打冀州才是真的。

韩馥这时的表现还不差，见公孙瓒的部队开了过来，也带着冀州兵马过去。但他打仗的水平也太差了，才一接触就被公孙瓒打了个大败。

袁绍早就做好准备，带着他的部队回到延津，然后派了一个包括高干、辛评、荀谌、郭图在内的代表团去面见韩馥，开展劝说活动。

按说吃了一次败仗，冀州的实力并没有受到致命的损失，完全还可以打下去的。可韩馥打了这个败仗，心情就紧张起来，觉得实在无法再打下去了。袁绍代表团那几个家伙又对他威胁一通，问他跟袁绍比一比，他哪点比得过袁绍？比如：你家是四世三公么？你打仗的水平比得过袁绍么？你有本事当联军的盟主么？

韩馥流着汗说，都比不过啊。

于是，这伙人又进一步威胁说，现在袁绍的部队已经开过来了，他虽然没有公开说开过来的意图是什么，可他什么都可以干出来啊。比如说，跟公孙瓒联合起来，夹击冀州。这样，你能挡得住么？

韩馥说挡不住啊。

那几个人就说，挡不住，就让位啊，让袁绍来跟公孙瓒硬碰硬，你就在旁边围观。这样既有让贤的好名声，生命财产也安全了。

韩馥一听，这个办法就是好。

韩馥的几个死党听说他的这个决定后，都跑过来劝他万万不能这样。袁绍算什么人？他的部队口粮都没有了，一日三餐全靠咱来保障。咱只要停他几天粮食，他的部队就会饿死。现在咱冀州有粮有钱有部队，为什么要怕他？

韩馥对他们说："我本来就是袁家的部下。现在袁绍的水平又比我高，我再去当他的部下，有什么不对？告诉你们，我现在的这个行为，就是传说中的让贤行为。古人说过了，只要有这个行为的人就是高尚的人。你们不要再反对了。"

另外几个在外地带兵的人听说后，也急忙带着部队回来。这些部队有一万多人，军容整齐，步调一致地在夜里经过袁绍的驻地，显得威风凛凛。袁绍看到后很不爽。他们见到韩馥之后，把袁绍部队的情况向韩馥进行了详细的汇报：袁绍部队的后勤部门已经放假了，士兵们已经开始丢下兵器去找饭吃了。这样的部队还能打仗么？如果主公改变决定，我们愿跟他们对垒，不出十天，袁家军就会被我们打败。

韩馥仍然不把他们的话当话，大声说："我决定了。你们不必说了。"

他这时果断得很，人家还没有进城接收，他就先离开州牧，跑到原宦官赵忠的老屋那里住着，派他儿子拿着州牧的公章去交给袁绍，请袁绍务必在第一时间内进城，为冀州人民当好州牧。

袁绍当然高兴得要死，带着部队来到邺城。韩馥的很多手下知道，只要袁绍一当权，韩馥的市场就等于零，纷纷办好跳槽手续，离开韩馥。只有原先不反对韩馥的那几个死党耿武、闵纯还把自己当成韩家的手下，拿着刀拦住那些要离开韩氏的人。但一个也拦不住。

袁绍到达后，先将这两个人抓起来处死——从这个行为看，我们就知道，袁绍也不是个合格的老大，如果是曹操，他肯定大力表彰一下这两个人的行为，收买一次人心，让他手下人的忠诚度又升高几个百分点。可袁绍只会杀人。

袁绍拿下冀州后，立即任命韩馥为奋威将军。

韩馥刚看到这个委任状，着实很兴奋，以为自己投降投得太正确了，袁绍一进来就提拔了他，让他当上这个将军。可他一回到家就觉得这个奋威一点不威。因为除了个奋威将军的大印外，他不但连一个士兵都不能领导，连一个跟班也没有，只能在家里“奋威”一下。

他这才知道自己真的很蠢。

袁绍把韩馥晾在一边，但对韩馥手下的那几个人田丰、沮授、审配等人却十分重用，让他们跟逢纪、许攸、荀谌等当自己的主要谋士。

袁绍就这样成为冀州的老大，开局很不错。

韩馥自交了大权之后，在发现自己是天下最蠢的人之后，就更加害怕起来。本来袁绍封他一个空头的将军，并没有再逼他一步的打算。可那个朱汉却以为自己的机会来了。朱汉原来是韩馥的部下，但韩馥却看他不起，每次人事变动，都没有他的份儿，他就郁闷起来。但那时韩馥是冀州的老大，在冀州境内想杀谁就可以杀谁。因此，朱汉的郁闷也只能在心里压着。这时袁绍进来，他以为袁绍一定在寻找机会杀死韩馥——现在没有马上杀死，是因为还找不到借口。于是，他就自己带着几个兵冲到韩馥的家里，要杀死韩馥。韩馥跑到楼上去躲着。朱汉抓到韩馥的长子，当场就打断了他的双脚。

朱汉以为自己这么一来，袁绍肯定高兴得要死，袁绍高兴得要死之后，就会立即提拔重用他。哪知，袁绍不但没有高兴得要死，反而愤怒得要死，立即派人去把朱汉抓起来，当场一刀搞定——让他知道，在冀州地皮上，只有他袁绍才有权利杀人。

韩馥这时更加怕了，向袁绍请求离开这个地方。袁绍当然答应。韩馥就跑到张邈那里，当张邈的客人，混口饭吃。没几天，袁绍派了个使者去见张邈。那个使者跟张邈小声地说了什么。韩馥正好在场，他努力想听他们说什么，却什么也听不见。他就以为袁绍的使者正要求张邈搞定他。他就一肚子绝望地站了起来，“以书刀自杀”。书刀就是用来刮削简牍的刀。

你想想，作为盟主的袁绍都玩儿这个花招，一切为自己作打算，这联盟还能有什么前途？

鲍信对曹操说：“袁绍堂堂盟主，却这么利用职权，夺人之地，害人之命。这家伙的事业要是做大做强了，恐怕比董卓还要难对付。我们现在没有力量去跟他叫板，阻止他的发展。但我们也可以去壮大自己的力量，等待形势的变化。”

曹操说你这个意见对，不过现在还没有机会。

机会是说来就来。这个机会是一群乱匪制造出来的。当时，黑山、于毒、白绕、眭固等十余万人进攻东郡。现任东郡太守叫王肱，看到十多万人喊杀连天地冲来过，就大叫支持不下去了。

曹操说，你支持不下去了，那我就过去了。他带着自己的部队进入东郡，然后在濮阳与白绕作战。白绕当然不是曹操的对手，被他打了个大败。

曹操把胜利的消息向袁绍进行了汇报。袁绍就让曹操当了东郡太守。曹操本来也跟袁绍一样，手下只有几个兵，但连一块地皮没有。直到这时才有了立足之地。

这个头一开，其他的诸侯也都纷纷大力向曹操学习，个个都去努力壮大自己的力量，早把倒董大业丢到历史的垃圾箱里了。最后闹得袁绍和袁术也不一条心了。

刘备的出场

这时，只有孙坚还在坚持倒董政策不动摇，继续去找董卓的部队打仗。袁术就利用他去当炮灰，打完了这边又打那边，天天都在战场上打滚。

本来，孙坚的职务是豫州刺史。他现在到前线去打仗了，豫州刺史就空着。袁绍知道后，立马派自己的手下周昂去当豫州的一把手，用武力夺取了孙坚的阳人城。

孙坚知道后，当场就跳了起来，大骂之后就带兵返回，找周昂算账。周昂当然不是对手，被打得跑回老家。

袁术知道后，也不高兴了。孙坚这时还算是他的人，袁绍居然一点儿不给他面子，竟然派周昂在孙坚的背后踢他一脚。于是，他请公孙瓒的弟弟公孙越过来跟孙坚一起夹击周昂。

本来，周昂已经被孙坚打得差不多了，按说现在彻底消灭周昂已经没什么阻力了。哪知，公孙越就是倒霉，一仗还没有打完，一支流矢就把他射死。

公孙瓒可不是袁绍和袁术，不把兄弟当兄弟，他很疼他的弟弟，听说弟弟死后，马上大叫："余弟死，祸起于绍。"把责任都推到袁绍那里，并"出军屯磐河"，罗列了袁绍一大堆罪状，把袁绍定位成一个人人可诛之的祸国殃民的反动派。然后向袁绍的部队发动进攻。

袁绍这时刚刚拿下冀州，脚跟还没有完全站稳，再加上杀了些不该杀的人，所以人心还没有归附。那些人看到公孙瓒打了过来，便都纷纷出来响应，个个都高喊打倒袁绍的口号。

袁绍也慌了起来，连夜想了个瓦解敌人的办法：亲自把长期带在身上的渤海太守的印绶移交给公孙瓒的弟弟公孙范，然后派他去当渤海太守。他以为这样一来，公孙瓒就不再跟他为难，就可以结成同盟了。

哪知，公孙范一点儿不为所动，当上渤海太守之后，立即调转枪口，带着部队去支持他的哥哥。

袁绍这才知道，自己的这个办法实在是天下最臭的办法。可这时才知道有什么用？

公孙瓒的力量大了起来之后，也不把朝廷放在眼里了，直接就下文任命自己领土上的各级官员。他任命严纲为冀州刺史、单经为兖州刺史，又任命田楷为青州刺史。

他叫他的同学刘备跟田楷一起去青州。

于是，三国的另一个特大牛人刘备出场。

虽然后来刘备很牛，但这时他一点儿不牛。他现在不牛的原因很简单——起点太低，资金太短缺。

据说他是中山靖王刘胜的子孙——当然是不是真的如此，谁也不知道，他想说他是谁的子孙，你也没有办法反驳他。不过，他小时候家里很穷是连他自己也承认的事实。

在他还很小的时候，他的老爸就死掉了，他就跟他的老妈一起，靠"贩履织席为业"。这样的生活当然一点儿不幸福。

不过，他的生活不幸福，但理想远大得很。据说他家东南面有一棵大桑树，足足有五丈高，远远望去，那棵树“童童如小车盖”。大家一看，都觉得奇怪，有人甚至说，这家以后一定会出贵人。刘备还很小的时候就跟其他小孩儿在那里玩耍。每次玩耍，他都在树下坐得稳稳的，说以后长大了就坐这样的车——能坐这个模样的车的人，只有皇帝。他的叔叔知道后，马上把他找来，说他如果再说这些话，他们家所有的人都会没命的。

刘备在大桑树下玩儿到十五岁才去读书。那时他的家里穷，他跟他的另一个族兄弟刘德然一起去读书。刘德然的老爸常常给他点儿钱。弄得德然的老妈很不爽。但德然的老爸却认为，刘备以后肯定会有出息，一定会为刘家争光。

刘备跟很多小学生一样，虽然理想很远大，但却不愿做一个好学生。他那时一点儿不好好学习，而是喜狗马、音乐、美衣服。不过，他的老师卢植却是当时有名的大儒，他和公孙瓒是同年级的同学。他虽然不努力学习，不愿当一个好学生，但对公孙瓒却能“以兄事之”。

不但刘备房子前那棵树长得奇怪，刘备自己也长得有点儿另类：“身长七尺五寸，垂手下膝，目能自顾其耳。”那双手一垂下，居然能超过膝盖——估计身上任何一个地方都可以触及；而且耳朵也是超大，眼睛向两边一斜，就能看到那个肥大的耳垂。他的性格绝对不是罗贯中笔下描述的动不动就让泪水浪奔浪流起来，而是“少语言，善下人，喜怒不形于色”。只要他认为你是英雄豪杰，他就跟你交朋友，大家也愿意跟在他的屁股后面。连中山首富张世平、苏双都从他的相貌中看好他，给了他很多钱。

那时正好黄巾起事，朝廷鼓励民间武装起来与张角他们做斗争。刘备就利用这笔钱组织了一支队伍——《三国演义》里说是张飞花了他祖祖辈辈杀猪的积蓄来招兵，恐怕也是为丰富广大群众的精神生活而虚构出来的。

另外，关于关羽和张飞，他们之前就已经跟刘备认识。在刘备组织民团的时候，他们就成为刘备的得力助手，帮他打打杀杀。根据陈寿提供的资料，他们也没有真的跟刘备在张飞的桃园里举行仪式，结拜成异姓兄弟。陈寿只是说，他们很尊敬刘备，帮助刘备带兵。刘备对他们很够意思。够意思到什么地步？与二人“寝则同床，恩若兄弟”——估计罗贯中就是受这句话的启发，把情节夸张了一下，演义成“桃源三结义”的经典故事。不过，关、张两人也够意思，“稠人广坐，侍立终日”——不管在什么场合，不管刘备在凳子上坐多久，他们始终站在他的后面，一动不动。这个比起兄弟来，还要兄弟。

刘备知道凭自己这个民团力量是做不出什么大事业来的——如果就带着这支业余队去打仗，恐怕不用几分钟就会被人家搞定，因此，就带着他们投到校尉邹靖那里，先当邹靖的部下。打了几仗，还真的取得了一点儿成绩，被任命为安喜尉——是最低级别的武官，算是混进公务员的队伍了——《三国演义》说他是在挑草鞋进城时，看到那张征兵布告后，马上落下那两行招牌泪水，然后张飞突然一声吼，把他吼得差点儿丢下担子逃跑。后来发现张飞原来也是个有志青年，两人就去喝酒，然后关羽又出现，共同打造了那个“桃园结义”的经典情节。

在刘备当这个安喜尉没几天就发生了鞭打督邮的事件。这个事件通过罗贯中的渲染，弄得很著名。其实，事实完全不是罗贯中笔下的那个样子。除了督邮被打的事是一样之外，其他情节完全是另一码事，而执行鞭打任务的更不是张飞，而是刘备。

事实的经过是这样的：

那个倒霉的督邮例行公事到各县检查工作，看看这些地方官都干了些什么。刘备这时很想巴结一下这个上级派来的督查领导小组的组长，想让他回去多给自己讲好话，就去拜访他。哪知，这个督邮很牛，说自己正午休，什么人也不见。

刘备看到这个情形，以为督邮肯定对他没有好感，估计回去之后就要在领导面前说他坏话，心里就气愤起来。他回去把几个手下叫来，然后带着他们冲进督邮的驻地，大叫：“我接到太守的命令，就地逮捕督邮。”

这时，那个督邮正在睡得很舒服，刘备冲上前去，“就床缚之”，然后把他押送到边界，把自己的那颗公章挂到督邮的脖子上，再把他捆在树上，取来鞭子狠狠地抽了他两百多下。刘备这时越打越气，最后大叫要先杀了他。

督邮吓得拼命求饶。刘备后来觉得杀了这样的人也没有什么意思，就放了他。这个督邮此前下来检查工作，风光得很，比刘备大得多的官员都天天拍他的马屁，各地特产拿了一堆又一堆。哪知到这个地方，检查工作还没有展开，就被刘备打成这样，不但身体差点儿稀巴烂，而且连脑袋也差点儿被砍下来，实在是倒霉到了极点。

他倒霉，刘备也倒霉。因为他刚当了几天的公务员也就没有了。

不过，另一个机会又来了。何进为了对付宦官，又出台了一个政策，让大家去各地招兵，声讨宦官。毌丘毅到丹阳募兵，刘备见他的人员不多，就说：“我陪你下去。”就成了毌丘毅的跟班。两人在下邳被土匪袭击了一下，他拼命战斗，又立了一次功劳，被任命为下密丞。没几天，发现这个下密丞也没什么前途，就辞官不干。不久，又被任命为高唐尉，再提拔为高唐令，算是当上了县太爷。可这个县太爷的公章还没拿几天，就被当地的土匪狠狠地打击了一番，连立足的地方也没有，带着剩下的几个死党跑去投靠老同学公孙瓒。

公孙瓒对老同学还是很热情的，让他当了个别部司马。这时，刘备又认识了一个猛人。这个猛人就是后来有名的赵云。

当时赵云也带着一支部队过来投靠公孙瓒。刘备那一双眼睛是最能发现人才的，一看到赵云，就知道他是个人才，马上就想办法拉拢起来。他现在既没钱，也没有批发官帽的权力，拉拢人才唯一的本钱就是感情。他又把那个“恩若兄弟”的一招用到赵云的身上。赵云立即感动得一塌糊涂，把刘备当成自己唯一的老板。

在刘备当田楷的副手去青州时，赵云也被刘备带了过去，理由是帮他带那几个骑兵。公孙瓒那双眼睛看美女看金钱很有水平，但面对人才时，根本没有看出赵云不但长得帅，而且本事也不一般，看到刘备跟他要赵云，想也不想就签了个同意——反正手下这种级别的武官多得很，老同学就是多要几个也不在乎。

刘备到青州后，工作很努力，没过多久，就当了平原令，再过几天又当上了平原相，终于成为一个中级领导干部，开始有了一点儿政治资本。刘备在平原相任上，还发生了一件事。平原有个叫刘平的普通公民，硬是看刘备不顺眼，觉得他的耳朵太难看了，那双手也太长了。于是，派了人过去，要把刘备消灭掉。

那个人可能长得很有人才相，刘备一看就喜欢上了，天天请他喝酒，把那一套“恩若兄弟”的功夫又运用了一次。此人觉得刘备真是个好人，好人就不应该被杀死，于是就一五一十地把自己这次的任务全盘告诉了刘备，然后就离开了。刘备不但捡了一条命回来，还造就了一段佳话。

刘备这时也初步有了一块地，算是有了一个生存权。

当时，袁绍、曹操也不是最牛的人，他们手里的资本都还单薄得很，脚跟也刚刚立得住。

孙坚之死与玉玺无关

真的大户倒是袁术。

本来袁术的力量之前也不算雄厚，但孙坚把南阳交给他之后，他的势力立马就强大起来。南阳当时是个大郡，“户口数百万”。如果他能好好经营，把自己打造成全国最牛诸侯，进而成为全国最牛的人是完全有可能的。可这家伙光有远大理想，就是脑子不够用。他拿到这个大地方，控制这么个巨大的资源后，并没有像人家那样，小心治理，把综合基础打牢，而是首先想办法享受一下当大地方官的幸福生活。他想，要是增加一下赋税，那么钱财就会滚滚而来啊。

于是，他立即作税制改革，凡是南阳的纳税人，都得按他规定的数量交税，弄得大家的生活越来越苦。最后，导致“百姓苦之，稍稍离散”。在人民大量逃离南阳时，他还一点儿不在乎，继续牛气哄哄。没几天，他跟袁绍的关系越来越恶化。本来，袁术跟袁绍都是袁逢的儿子，可因为不是同一个老妈生的，因此出身就有了差距。袁术是大奶生的，而袁绍却是丫环生的，家庭地位比袁术低了不止一个档次。后来，他们的老爸还把袁绍过继给他们的伯父，让袁绍成了袁术的堂兄，使得袁绍的地位又往下低了一格——成了一个既是庶出，又是旁支的袁家人。因此，袁术长期以来就看不起袁绍。后来，虽然两人都以官二代的身份进入仕途，但袁绍又比袁术差了一档。袁绍直接为尚书郎，让人一看就知道是靠老头儿的门路，而袁术却是举孝廉出来的。那时的举孝廉跟现在的公推差不多，你在地方有名声有水平才有这个资格。有了这几个因素，袁术就觉得自己完全有资格全面鄙视袁绍了。

两人各自专门组织人员，大肆攻击对方。而且还想办法如何搞死对方，在全国人民面前上演了一场兄弟对骂的大戏，让广大围观的群众看到，兄弟为敌也精彩。

随着两袁的分裂，另一个牛人也倒了大霉。

这个牛人就是孙坚。

袁家兄弟大吵大闹请外援，让大家都站好立场。于是，公孙瓒和孙坚成了袁术派；而刘表等多数人都站在袁绍一边，弄得袁术成了少数派，心情很不爽，最后公开说："绍非袁氏子。"说袁绍本来跟袁氏没有一点血缘关系，大大地把袁绍刺激了一下。

这还不够，他又叫孙坚去搞定刘表。

按照双方的武力指数以及战争经验值来看，刘表远远不是孙坚的对手。

开局的战斗果然跟大家的意料一个样。

刘表派黄祖出来迎战孙坚，两人大战几场，黄祖保持着不胜的纪录。但孙坚的部队没几天就把襄阳包围了几圈。

刘表没有办法，就派黄祖半夜偷偷出城，到各地去组织力量来跟孙坚作最后的决战。黄祖带着部队返回襄阳时，孙坚出来迎战，又把黄祖打了个大败。黄祖无路可逃就拼命往岘山里狂奔。如果孙坚让他逃走，什么事也没有。

可孙坚就是不想让黄祖跑掉，看到这家伙逃到山里，就带着几个跟班追过去。他主观地认为，黄祖被他这么连接地狠扁几场，现在还有什么力气？看他还能跑得多远？拿下黄祖的人头，也可以把刘表吓得尿裤子了。

孙坚做这个美梦时，正是半夜时分。他在月光下冲进山里，大叫活捉黄祖。其实他现在只看见月亮，没有看到黄祖。

黄祖虽然被孙坚多次打得没有脾气，但还没有怕到一看到孙坚就只知狂逃的地步。他还记得不断地回头看，看看孙坚到底追到什么地方。后来他发现孙坚带来的兵很少，就稀稀拉拉的几个人，心情就活泛起来："好啊。孙坚的老命就到今天止步了。"他叫手下在山路边埋伏下来，等孙坚牛哄哄地过来时，就没头没脑地放箭，把箭放完了就胜利完成任务。

这个作战计划很简单。大家一听就明白。

作为刘表手下的首席大将，黄祖的作战计划没有哪一次是成功的，但这个最简单的计划却成功了。

那些执行伏击任务的士兵们在草丛中准备好弓箭之后，看到孙坚在月光下大喊大叫而来。指挥员一声“放箭”，大家都朝月光下的孙坚射过去。

孙坚就是打死也想不到黄祖居然会来这个阴招，他哪里能挡得住，当场就被射死——孙坚就这样死去。这时是初平四年正月初七，孙坚三十七岁。

黄祖看到孙坚死翘翘之后，马上让士兵们把孙坚的尸体抬走，回到襄阳城中，庆祝伟大的胜利。

黄祖的这一箭对后来历史的发展起到了极为重要的作用。如果没有这一箭，孙坚彻底打败刘表拿下荆州是没有一点儿问题的。如果孙坚这时就拥有荆州这块黄金地段，以孙氏父子的水平，其势力就会得到飞速的发展。如此一来，曹操就难以经略中原，刘备更不能进行西部大开发。估计曹操也根本无法取得官渡之战的伟大胜利。

当然，这只是假设，历史向来杜绝假设。历史就是历史。

孙坚阵营因为孙坚的光荣牺牲，攻势立马就疲软下来。他们这时只想着如何才能把孙坚的尸体要回来，然后再作打算。

刘表虽然被孙坚打得只剩下最后一口气，但人还真算厚道。这时他侥幸把孙坚搞定，并没有像别人那样把他的尸体挂在街头示众。等孙家代表进来谈判，要求领回孙坚的尸体时，他也一口答应。

孙坚生有五个儿子：孙策、孙权、孙翊、孙匡、孙朗。按照惯例，孙坚死后，由长子孙策继承他的政治遗产，成为江东第二代领导人。从此，江东进入了孙策时代。

孙坚被刘表搞定，袁术的另一个外援公孙瓒的表现也十分难看。

本来，公孙瓒的势力比袁绍要大得多，时刻准备着向袁绍发动军事行动。

袁绍最后觉得这家伙实在太烦人了，决定跟他拼个你死我活。

双方在界桥以南二十里处摆开战场。当时，公孙瓒的首发是严纲，而袁绍的先锋是麹义。

那时，公孙瓒的参战部队有三万大军，而袁绍命令麹义带着八百精兵为前锋，另外在其两翼各埋伏一千名弓箭手。

公孙瓒看到对方的兵力就笑了。他这时不但兵力远比对方多，而且还带了手下最精锐的“白马义从”。“白马义从”这四个字有点儿不好懂，说白了就是公孙瓒的警卫部队。那时公孙瓒的地盘与北方少数民族接壤，经常跟这些少数民族武装发生肢体冲突。据说公孙瓒善使双头铁矛，常常第一个冲进敌人的阵地，大砍大杀。他不但是一个十足的猛男，而且还爱摆酷，喜欢跨着白马——因此，人家都叫他“白马将军”。他身边的卫士骑的马也全是白色。后来，他把这支白马卫队的编制不断扩大，命名为“白马义从”，是当时有名的精锐部队。

这时，他看到对方就那几个士兵，虽然军容不算差，但比起他的“白马义从”来，那根本不是一个档次。

如果按常理来看，公孙瓒这一仗取胜是很有把握的。可公孙瓒虽然久经沙场，胜仗败仗都打了很多，也知道骄兵必败的大道理。可现在他硬是骄傲起来，硬是看不起袁绍——他的眼里现在只有麴义那八百不怕死的骑兵部队，却没有看到他两边埋伏着的二千射手。

他下令部队向前冲过去，大部队这么一冲过去，不把敌人砍完，也能把敌人踩死——“瓒见其兵少，便放骑欲陵蹈之”。

可麴义看到公孙瓒的大军冲杀过来时，仍然一动不动，只是用盾牌拼命抵挡射来的弓箭。直到敌人的部队离他们只有十多步的时候，麴义大手一挥，那些埋伏的弓箭手突然集体站起来，向公孙瓒的部队猛射。

公孙瓒的部队正信心满满地要大力屠杀一下袁绍的先锋部队，哪提防人家原来还留有一手，看到利箭如雨飞来，这才知道原来上了人家的当，中了传说中的埋伏。本来，这支埋伏部队也没有多少，如果公孙瓒是个优秀的战场指挥官，碰到这个突发事件，镇定一下，就可以把袁绍的把戏看穿。然后以最快的速度对战场形势进行评估，就会看出，他们仍然占优势。这样就可以组织反击，最后胜利也不是没有可能的。可公孙瓒一看中了埋伏，也跟他的士兵们一样，都慌乱起来。

比他更慌乱的是他重用的首席大将严纲。严纲慌乱得连逃跑的力气都没有，最后成为麴义的刀下之鬼。

于是，公孙瓒的所有指战员都发狂后退。麴义带着他的八百子弟兵冲上去，大刀长矛一齐上，对公孙瓒的败兵进行一次大屠杀，一直狂追二十多里。公孙瓒觉得再这样下去就难看了，就组织部队反击。可到了这个时候，士兵们的斗志早就归零，个个心里面想得最多的就是“逃命”二字，一点儿抗打击能力也没有了，又被打了个大败。

麹义一直冲到公孙瓒的指挥部前，“拔其牙门”——即拔掉了门前的大旗。公孙瓒的部队看到大旗已倒，更加狂溃。

这时，还发生了一个本来可以彻底逆转的事件。

袁绍看到公孙瓒大败后，也带着部队赶过去，想帮麹义一点儿忙。可他带的部队是步兵，喊杀声虽然很隆重，但脚底却跑不过骑兵。在麹义已经在公孙瓒营前“拔其牙门”时，他才跑到离界桥十里的地方。而这时，公孙瓒的另一支两千多人的骑兵部队出现了。这些骑兵看到这股敌人数量并不多，便把他们死死地围住，猛烈地进攻。

袁绍的部队立马处于下风。

不过，这时袁绍的表现却十分出色。在部队被人家打得就差撒开脚丫子四处乱跑时，他的手下也劝他赶快躲到空墙里，他居然没有听他们的话，反而挺身而出，叫大家只有拼命，才有活路。士兵们看到他这么不怕死，也恢复了斗志，跟公孙瓒的骑兵们死磕，终于挡住了敌人的进攻，赢得了时间。

而公孙瓒的这股来历不明的骑兵，也不知道敌人的最高长官袁绍就在里边，因此进攻也不是十分卖力。否则，袁绍的后果将会很严重。

从这个事例来看，孙子“知彼知己”的论著是多么的重要。

不久，麹义返回，把那支不“知彼知己”的敌人打散，救出了已到最危险时刻的袁绍。公孙瓒经过这场失败，就这样走向衰落。

诛董卓

在关东诸侯互相对练得你死我活的时候，按说正是董卓搞定这些人的最佳时机。董卓虽然很会抓住机会，但他会抓住的只是那些小机会，属于纯粹的机会主义者，却不善于抓住历史性的机会。

在那些诸侯大力发展内讧事业时，董卓松了一口气。他看到那些人不再来惹麻烦了，心里很爽。心里很爽的董卓这时更没有一点儿进取心了。他集中精力经营他的董家天下，把他家的人都往要害部门塞，连他小妾刚生下的一个儿子也都封了侯。这个小儿子一天到晚拿着侯爵专用的金印和紫色绶带当玩具，不是乱丢乱扔，就是在上面又尿又拉。

董卓自己的各种用品及生活规格，都按皇帝的标准。大臣们都不是到朝廷那里上班，而是都到他的家里接受他的指示。

他虽然天天威风得要命，可也很怕死。他怕哪天谁看他不顺眼，派个人来搞定他，那可一点儿不值得，因此他就修建了一个规模巨大的堡坞。据说，这个建筑物的墙有七丈高，厚也有七丈——就是让你挖进去，估计没有几天工夫是不行的，而且这类工程的质量是绝对讲究的。

他在工程竣工验收后，就把大量的粮食存放在里，然后笑着对自己说："如果事业再发展，老子就可以雄踞天下；如果真的把事业搞烂了，在这里也可以有养老保障了。"他一共在里面存放了足够他吃喝三十年的东西。

按说这么怕死，就应该小心做人。可董卓越怕死，就越想把人家杀死，因此每天除了想着如何安度晚年，如何把皇帝拉下马之外，就是想杀人。他以为，只要他努力屠杀别人，就可以把想杀他的人全部杀死。他天天盯着人家脸上的表情，听着手下那些人的说话，如果觉得那些话跟他不保持高度一致，那张脸也不是跟他保持高度一致的脸，就立马叫来刀斧手，把这个人当场砍死。

大家看到董卓这样变态，心里除怕之外，也开始生气了。

于是，王允出场了。

王允自从被董卓带到长安后，虽然天天讲董卓的好话，把自己装扮成董卓最忠诚的卫士。其实，他在心里一直把自己当成董卓最坚强的反对党。他知道董卓这样的人虽然现在威风得没有谱，但这么残暴的人注定会成为人民公敌，注定会走向一条死路。

他所做的，就是等机会。

这些机会就是董卓自己制造出来的。

王允认为机会就要来了。大臣们几乎都害怕董卓，都恨不得把董卓打死。

就连董卓认为自己最铁的下属也都想生吃了他的肉。

吕布虽然不是董卓凉州派的人，但因为长得帅，生得猛，武力指数高，董卓就让他天天跟在自己的身边，当他的头号保镖。他为了让吕布死心塌地成为他的人，还动不动就在大家的面前表示他跟吕布虽然一个姓董，一个姓吕，但他们的关系不是董与吕的关系，而是“誓为父子”的关系。让那些反对派们想一想，你们再想搞定我，得先过吕布这一关啊。

大家一看，还真的被他吓唬住了，一看到吕布那个威武的身体，脑子里就只有打死董卓的念头，而绝对不敢有打死董卓的计划了。

可王允却看出，这个“誓为父子”是个假冒产品。王允其他水平怎么样我不知道，但他很善于观察。他发现董、吕两人之间也有矛盾，而且这个矛盾很大。董卓虽然需要吕布，虽然天天拼命拉拢吕布，可他在脾气发作时，根本就忘记了吕布是他的特级保镖。有一次，不知道为了一件什么小事，董卓气愤起来，说不打死吕布他就不姓董，顺手抄起一把短戟就向吕布猛掷过去，而且准头极好。如果是别人，估计这一戟就完全可以把对方秒杀了。幸亏吕布身手不一般，这才躲过一劫，然后又向董卓不住地检讨，请董太师原谅他。

董卓看到他的检讨还算深刻，怒火才降了下来。

他的怒火降了下来，可吕布的怒火却在心里不断地烧着。

但要命的是，董卓在这方面马大哈得很，在差点儿打死吕布之后，并没有想到，吕布会生他的气，而吕布一生他的气，后果很严重。他的脾气一发完之后，便把这些关键之处全部忽略了。没几天又把吕布叫来，一脸信任地对他说，现在又有更光荣的工作交给他。

吕布说，是什么任务？

“守中。”就是把家里的保安工作全让吕布来做。这个工作其实一点儿不光荣。但董卓说它光荣它就光荣。

吕布当了这个家庭保安后，又发生了一件事。

吕布现在虽然跟董卓有了不可调和的矛盾，但他们都有一个共同的爱好：好色。现在让吕布当家庭保安，董卓那一群漂亮妻妾天天在吕布面前走来走去，你想想，吕布能淡定得了么？

没几天，吕布就跟董卓的一个小妾有了一腿。可吕布马上就怕了起来：要是董卓知道，自己还有活路么？

于是，吕布的脸上布满了郁闷。

吕布的郁闷马上被王允观察到。王允知道，现在想打倒董卓，再怎么联合外部的力量都是一件困难的事，最好的办法就是从董卓的亲信那里找到突破口。现在他终于从吕布那里找到了突破口。

王允早在平时就已经跟吕布搞好了关系，再加上王允表面文章做得好，董卓也把他当成自己最得力的助手之一，因此，王允常请吕布喝酒。以前那只是单纯地喝酒，什么家事国事统统没有涉及。

但这次不同。两人几杯酒下肚，王允就很阴险地摆开话题，循循善诱一番。吕布就彻底受不住了，当场就把董卓向他掷戟的情节都给王允转播了一番，最后说，说不定哪天董太师就要把他一刀砍了。

王允一听，心里就笑了，这顿酒真的请得太及时了，既然吕布先把这些情节全部向他说了，他就没有什么顾忌了。他对吕布说，他有个办法，只要听他的安排，董卓绝对砍不了吕布。此前，王允跟司隶校尉黄琬、仆射士孙瑞、尚书杨瓒等几个人就已经多次商量过要把董卓干掉。方案搞了一个又一个，都觉得不够理想。王允这时看到吕布对董卓有这么大的意见，马上就找到了历史性的突破口，立刻把吕布拉进倒董阵营，而且就当场想到了解决董卓的最好的办法。

吕布说，什么办法？

王允说，这个办法很简单，就是先把他的头砍下来。

吕布一听，突然发呆了起来："咱砍了他？他跟我可是有父子之情啊。"

王允对他这个理由早就有了准备，当场冷笑了一声，说："他姓董，你姓吕，天下有这样的父子么？而且，他把那一把短戟向你的心窝投过来时，父子之情在哪儿？"他的原话是："君自姓吕，本非骨肉。今忧死不暇，何谓父子？掷戟之时，岂有父子情邪！"

大家都知道吕布有个最明显的特点，就是毫无原则。这时在王允面前流露一下"父子之情"，还算是很有进步了。在听了王允这几句话之后，马上就觉得自己是在认贼作父。于是就答应王允，加入倒董阵营。

王允早前就已经暗中联络了士孙瑞等人，做好了打倒董卓行动的计划，这个计划最核心的内容就是要找到个内应。现在由吕布来当这个角色，那是再好不过了。他立即把这个计划向吕布公开，请吕布依计行事。

吕布当然答应。

初平三年（192 年）的四月，天气跟往年的天气没有什么差别，长安城里的其他人照常生活着。可一个历史性的事件正在悄悄地发生。

这天，汉献帝大病初愈。皇帝病好，也是一个喜庆的日子，于是大家都到未央宫集合，恭祝天子龙体安康。作为首席大臣，董卓在没有废掉小皇帝前，也是需要出场的。

王允他们就把这个时间当成最佳机会。

他们事先让吕布和李肃带着十多名杀手潜伏在宫殿两边，专等董卓的到来。

董卓终于按时前来。这家伙还不知道，他再踏上一步就直接到了他人生的终点，仍然走得牛气哄哄大摇大摆。

等他走近时，李肃带着那几个杀手跳了出来，向董卓杀过去。

董卓一看，就知道碰上了袭击。这家伙这时还算镇定，一看挑头人是李肃，这个李肃虽然厉害，可比起吕布来，就嫩多了。他大叫："奉先何在！"

吕布果然在第一时间出场。可他手里并不拿着兵器，而是捧着圣旨，大声对董卓叫："奉旨杀贼！"

董卓这才知道自己上当了。当场把绝望的神态表现在那张肥大的脸上，眼看一把把雪亮大刀砍上来，他还是做了几个反抗的动作。但这些动作阻挡不了历史的车轮。

汉末一代牛人董卓就这样被乱刀砍死，后来，他的三族也跟着被这些人一一揪出，统统诛杀。

据说董卓的身体很肥很胖，他被杀之后，暴尸东市，守尸吏把点燃的捻子插入董卓的肚脐眼中，点起天灯。由于油水丰厚，这盏天灯"光明达曙，如是积日"。

董卓时代就这样结束了。

第五章
屠刀并举

曹操是这样再起步的

董卓死了之后，按照历史的惯例，大权自然落到这次倒董的挑头人王允和吕布的手中。汉献帝当场下文，“以王允录尚书事，吕布为奋威将军、假节、仪比三司，封温侯，共秉朝政”。

这几年天下大乱，黄巾玩儿完之后，何进再玩儿完，之后董卓又出来玩儿，但也摆脱不了“出来混是要还的”的怪圈，先是被十八减四路诸侯打回长安，又被王允和吕布联合搞定。按说，董卓一玩儿完，大家就该痛定思痛。可那些组织起来的诸侯，讨伐董卓是真的，发展自己力量更是真的。因此，董卓一倒，全国武装割据的那些军阀却一点儿没有散去的意思，仍然带着自己的部队，在自己的地盘上当家做主，一点儿也不理会朝廷的文件。

王允虽然在杀董卓时，显得很有水平，可一成为实际领导人，就有点儿不够大气了。蔡邕是当时的名士，董卓也长期看好他。诛杀董卓的当天，他正跟王允在一起。当他听说董卓被杀时，脸色突然大变，随着一声长叹。

王允一看，原来以为蔡邕跟他一样，当董卓的亲信是在认真做表面文章，原来却是甘心做董卓的死党——甘心做董卓死党的就是甘心做人民的公敌。便对蔡邕大骂一通，然后下令把蔡邕直接下狱。

蔡邕看到王允的脸色，就知道他不把自己判个死刑是不肯罢休的，因此就向他求情，说自己正在写《汉书》，等完成了再执行这个死刑吧。

很多人也为蔡邕求情，让他把那部巨著写完再说。可王允不同意，还举出司马迁的事例来："昔武帝不杀司马迁，使作谤书，流于后世。方今国祚中衰，戎马在郊，不可令佞臣执笔在幼主左右，既无益圣德，复使吾党蒙其讪议。"意思是说：以前汉武帝不杀司马迁，硬让他去写什么史记，最后把那些烂事都记录下来，让后世人都知道。现在我们不能重复武帝的错误，让他把现在这个乱七八糟的社会记录下来。

很多人从这件事上，就知道王允的肚量也大不了多少，断定他也不会有什么好下场。

王允既无法统一长安城中那些或敌或友的各种思想，更无法与关东诸侯说到一块。

那些诸侯对董卓是死是活，现在已经一点儿不放在心上了。他们只想着如何才能让自己的势力壮大起来，然后把别的诸侯统统杀光、抢光，让自己一支独大。

在这样的形势下，不管是谁，四面的诸侯都有可能成为你的敌人，你稍微一不小心，就要被人家一锤打烂。

刘岱就是这样被搞定的。

刘岱本来也是十四路诸侯中的一员，他当时是兖州刺史，但表现得一点儿不出色，虽然他的官位却不小，势力也不算弱。当时，青州一带又出现了大量的黄巾军——其实现在他们这些人跟黄巾军也没有多大的区别了。这些黄巾军有点儿来历不明，他们的来历虽然很明，但也没有谁再听中央的命令了。他们跟黄巾军最大的不同是，他们想采取什么军事行动时，都制造一份假冒的朝廷文件，让自己在人民群众面前合法化。而黄巾军没有这个"手续"而已。

青州的黄巾军觉得兖州是个好地方，就大喊大叫着杀了上来，要夺取兖州。

刘岱接到报告后很生气，就要带着部队去迎敌。

鲍信劝他不要激动，现在黄巾军的数量很多，势头看上去很猛，老百姓的情绪很不稳定，咱还是固守为好。让他们在城外乱转，气力消耗后就会走人。到时咱再开门杀出，不把他们打败才怪。

这个办法绝对是个好办法。可刘岱却认为这个办法臭得很，咱堂堂正规军，还怕几个乌合之众的黄巾军？你怕敌人，你就在城里看，我可要出城杀敌了。

他果然出城了。可出城之后并没有杀敌，而是被敌人杀死了。

刘岱一死，最高兴的不是杀死他的黄巾军，而是曹操。

因为刘岱一死，兖州刺史的位子就空缺出来，兖州这块黄金地也腾了出来。曹操这时就在离兖州不远的东郡。

这时，陈宫也在曹操的手下——虽然旧三国、新三国都把陈宫与曹操的关系写得很生动，说陈宫在跟曹操从中牟县出逃时，看到他杀死吕氏一家后就不跟曹操了。真实的情节是，陈宫现在仍然跟曹操在一起。他看到刘岱死后，马上就向曹操建议："州今无主，而王命断绝，宫请说州中纲纪，明府寻往牧之，资之以收天下，此霸王之业也。"意思是说：兖州现在没有领导人，而且跟朝廷早就没有联系，朝廷一时也无法任命新的兖州一把手。所以，请你派我过去，说服兖州那些刘岱的手下，让他们都来当你的手下。咱就可以利用这个地盘发展咱的势力，打造我们事业的基础，这才是真正的王霸大业。

曹操觉得这话非常正确，就派陈宫去执行这个任务。

陈宫到了兖州后，把兖州的高层都请来开了个会，在会上大力说曹操的好话，说曹操是"命世之才"，如果大家让他来当领导，以后人家一定会过上幸福新生活。

鲍信原来就是曹操的粉丝，一听陈宫的话当场就举双手表示赞同。其他人一听，当然也没有什么反对意见。于是，鲍信就组织了个代表团，去迎接曹操，让他当了兖州的刺史。

曹操带着部队进入兖州。

曹操当了兖州一把手，觉得自己应该把黄巾军猛扁一通，一来可以树一下威信，二来也可稳定一下这里的社会秩序。他有过打败黄巾军的经历，觉得黄巾军也没有什么可怕。这时他手下的兵力虽然很单薄，但他的信心却满满的。

他决定先拿寿张县的黄巾军开刀。

他带着部队跟黄巾军打了一仗，结果是“不利”。他这才知道，现在的黄巾军不是原来的黄巾贼。眼前这股黄巾军不但数量庞大，而且打了多年仗，单兵素质过硬得很。而他手下有经验的老兵并不多，新兵们只听说过战场从没有见过战场，挥刀上阵全是砍柴切菜的刀法。

黄巾军胜了一仗，似乎找到了打仗的感觉，看到曹兵退走，便又冲杀上来，要来个从胜利走向胜利。如果是公孙瓒，黄巾军肯定又大获全胜一次了。

曹兵看到敌人冲了上来，个个都怕得要死。

但曹操不怕。他披上盔甲，要求大家坚定信心。只要坚持发扬一不怕苦二不怕死的精神，就一定能够战胜敌人。他做政治思想工作很有一套，只几句话，几个动作，马上就把大家的思想统一起来。

他看到军心稳定之后，马上带着大军反击，还真的把数量比他们庞大得多的敌人打退了。

曹操的部队虽然少，一时不能全部消灭黄巾军，但他采取不断打击的办法，日夜不停地跟黄巾军作战。他的阴谋诡计很多，而黄巾军都是农民出身，个个都纯朴得要命，思维系统的结构也很简单，每战都损失惨重。最后，他们觉得再打下去没意思了，便退出了兖州。

黄巾军虽然损失惨重，但曹操的损失也很大。他的损失不是部队的减员，而是那个铁杆粉丝的牺牲。鲍信几年前就把曹操当成自己的偶像，现在能在偶像手下当差，心情很激动，作战也很勇敢，每次战斗都冲锋在前。最后一不小心，被人家一刀砍死。当时战场很乱，鲍信死了之后，曹操连他的尸体也找不到。曹操就悬赏寻找鲍信的遗体，可若干天后，仍然没有谁来领这份赏钱。

曹操知道自己这个铁杆粉丝的尸体已经铁定去向不明了，就请人用木头刻了个鲍信的雕像放进棺材里，然后下葬。下葬的当天，曹操不但亲自到场，而且还大哭一番。

黄巾军退走之后，自以为很安全了。可曹操能让他们安全么？他迅速出兵，在济北一带追上黄巾军。黄巾军看到曹操追了上来，在对敌我形势进行一次全面的评估之后，觉得真的不是曹操的对手，于是举起白旗，向曹操表达了投降的良好意愿。曹操当然同意，当场收编了三十万黄巾军，力量迅速雄厚起来。

曹操从这批降军中选出精锐部分，训练成一支战斗力超强的部队，号称“青州兵”。

这时，长安朝廷也知道刘岱已经死了，就下了个文，任命金尚为兖州刺史。

金尚接到任命书之后，一脸笑容地前来赴任。

曹操知道后，当然坚决不答应，立即派兵过去，把一脸笑容的金尚猛扁一通。金尚赶忙夺路狂逃，一口气跑到袁术那里才收住逃命的脚步。

长安再乱

王允这时开始着手整顿长安的官场。因为这个官场此前全是董卓的手下。官场历来奉行“一朝天子一朝臣”的原则——即使接任的人跟前任者没有什么直接冲突，但继任者总是在抓到公章之后进行一次人事调整。这个调整就是把前任的人马调整出去，再把自己的人调整进来。更何况，王允跟董卓本来就是你死我活的敌我矛盾，他不调整一下，他还算是王允么？

在王允着手进行权力大洗牌，与吕布讨论方案时，吕布很干脆：“把董卓的旧部都干掉。”

王允一听，觉得这一手也太狠了，就不同意：“董卓是死一万次都不够。可这些人没什么罪啊。”

吕布又提出个建议：“既然老兄要讲以人为本，想收买人心，那咱就收买到底。把董卓没收过来的钱财都当福利分发给大家。让大家都对咱有好感。”据统计，杀董卓之后，大家冲进他的那个堡坞中，发现里面“有金二三万斤，银八九万斤，锦绮奇玩，积如丘山”。比国家金库多了数倍。吕布认为可以用这个钱来收买一下人心。从当前的这个形势来讲，吕布的这个政策还是可行的。

可王允觉得不可行。

王允这时明显看不起吕布。虽然他在拉拢吕布时，把吕布说成是古代找不到、将来也不会出现的万年一遇的大人才，可他心里却认为吕布除了相貌养眼和力气可观之外，别的水平一点儿也没有，是个没有文化的人物。这种人的意见最好不要征求太多，更不能听他的建议。

吕布自己却不这么认为。他认为如果没有他的叛变，王允他们的力量再雄厚一百倍，也不会搞掉董卓一根汗毛。他也是个能吹的人，成功杀掉董卓之后，就花大量时间到处吹嘘，把自己的功劳吹得无穷大。这时在王允面前连碰了几个软钉子，心情逐步向郁闷的方向发展。

王允把吕布收拾了一通之后，觉得心情很好，又把士孙瑞叫来，主要是商议一下如何安置董卓的那些手下。他们开始觉得应该先下个诏书，把这些人统统赦免。可后来又觉得不大对劲：按照道理来说，这些人原本都是照董卓的指示办事，董卓叫他们干什么他们就干什么。算起来真的没多少罪恶。可要是真的赦免他们，不但全国人民不答应，只怕他们也会起疑，以为先把他们骗一下，然后再把他们收拾了。这样反倒适得其反。

两人这么考虑了很长时间，迟迟没有形成文件下发。

没几天，他们又认为，当前工作的重中之重，是先解决董卓遗留下来的军队。有人又建议："凉州人现在最怕袁绍以及关东的诸侯大军。如果解散董部，打开函谷关，董卓的部下一定都会害怕。到时乱子就会发生。现在可以任命皇甫嵩为将军，带领董卓的旧部开到陕县，守住那里，就可以安抚董卓的部队了。"

王允照样不同意，他认为关东及袁绍的军队都是朝廷的军队，跟他一样，都是为了一个共同的目标。要是把军队放在那里，虽然安抚了董卓的部队，可关东那些子弟兵就不高兴了。

这个方法不行，那个方案又不行，到头来是什么文件也没有下发。于是，八卦就有了大量的市场。

在大家都伸长脖颈看看决策层出台什么样的政策时，有一个八卦冒了出来，并迅速在长安全社会流传。这个八卦就是：王允正策划着准备对全体凉州人进行一次大屠杀。

别人听了这个八卦，那是什么事都没有。可凉州人听了，心情就沉重得多，个个脸上都是怕死的神态。而董卓那些老部下一听，更觉得世界末日马上就来临了。董卓之前把他所有的亲信都安置在军队里，现在他们仍然是部队的指挥官。

他们听到这个八卦后，当然是采取“宁可信其有，不可信其无”的态度。他们甚至对王允进行了研究，从王允对待蔡邕事件中得出，王允绝对不是一个宽大的人。蔡邕生前只不过受到董卓的一点儿厚待，而且他还常常当众反对董卓的意见，经常不给董卓面子，并不算是董卓的死党。可王允居然也不放过他，先是逮捕，然后让他死在牢房里。他们可是地地道道的董太师的死党啊。用现在的话来说，全是双手沾满了人民鲜血的刽子手。只因为他们手里还有部队，王允才不敢拿他们怎么样。现在什么文件也没有下，估计是王允正想办法解散他们的军队。要是没有了军队，他要把这些人捕获归案，比吃豆腐还容易。现在只有联合起来，跟王允他们死磕到底，或许还可以多活几天。

这时，吕布已经忍不住了。他认为，别的人可以考虑赦与不赦，但作为董卓女婿的牛辅是万万不能留下的，于是就派李肃过去，向牛辅宣读皇帝的诏书。这个诏书的内容就是处死牛辅。

牛辅当然不甘心被李肃砍头，就带着部队跟李肃进行对抗。最后李肃大败，逃回来向吕布交差：敌人太厉害了。

他只知道敌人太厉害，却不知道吕布更厉害。吕布觉得这家伙连牛辅都打不过，太丢脸了，就大手一挥，把他杀掉了。

牛辅虽然有以武力抗击吕布的胆量，但他也只有跟李肃玩儿的本事。他打败李肃之后，又怕了起来，不知如何是好。在他心里充满无穷无尽的不知所措的时候，他的部队突然发生了夜惊事故——夜惊就是部队在夜间突然有人无缘无故地发飙，然后迅速向全军感染，再然后就集体发飙，使得整个军营的士兵都变成无组织无纪律的一窝疯子，个个都挥着兵器，见人就砍。

牛辅就更加害怕了，想来个弃军而逃。

他的左右亲信们一看，觉得牛辅也太缺乏责任心了，在大家都需要领头人的时候，他却想夹着尾巴逃跑。他们终于看穿了他的本质，于是在他准备逃跑的时候来了个手起刀落——士兵当逃兵要处死，领导当逃兵同样也得人头落地。

牛辅虽然没什么水平，但他是董卓的女婿，一直是被董卓其他部下当成大哥的。现在他死了，就轮到李傕、郭汜这一拨人了。这两个人也一直是凉州军中的实力派。

在牛辅死前，李傕并没有在军中。当他回到军中时，牛辅已经彻底完蛋。那时，李傕也有点儿绝望。他仍然抱着一线希望，派人去长安，请王允下个特赦令，让他们有重新做人的机会。

其实，这不但是他们的机会，也是王允的机会。

如果王允能认清形势，迅速地做出判断，长安的局势还是可以控制住的。可他却没有这个能力，看到李傕他们过来求情，立即断然拒绝："一岁不可再赦。"

这话一出口，那是原则得要命。同时也真的要了他的命。

李傕他们得到这个答复后，就更怕了。这几个家伙虽然还在军营里，手里还拿着军队的指挥棒，但心里一害怕，就什么都不敢了。他们在一起商量，最后决定趁王允还没有派人过来抓捕他们时，赶快逃离现场，躲得远远的。

如果真的按他们的想法集体去当逃犯，历史也许会是另一个模样了。

这时，另一个人出现了。

这个人就是贾诩。

贾诩是三国里的聪明人之一。他当时一眼就看清了形势，对他们说："你们现在从这里逃出去，身边什么人都没有。人家一下就可以把你们拿下。到了这个时候，自动解散军队是天下最蠢的做法。最有前途的做法是，马上行动起来，带着咱们的兵，杀上长安去，为董太师报仇。如果成功了，咱就可以控制皇帝，做天下最有权力的人。如果失败了，再逃还是可以的。"

那几个人一听，觉得真的太有道理了。

他们立即调整思路，彻底摒弃了逃跑的想法，当场宣誓与王允拼杀到底。然后带着几千人马杀向长安。

王允很快就接到这个消息。王允也知道等这些兵马一到，后果会很严重。他现在手里只掌握着那枚全国最大的公章，却没有一个士兵，如果人家真的杀了过来，他就只有死路一条了。

王允这时觉得还是跟他们和解的好。他马上找来凉州最有名望的两个人。一个叫胡文才，一个叫杨整修。这两个人在西凉人中是很能说上话的。

如果他处理得好，也许还真的可以化解一下这个难题。可他自从当上国家最高领导人后，态度就发生了根本的变化，觉得连董卓这样残暴的人都被自己搞定了，自己的水平实在太牛了。于是他就突然变得牛了起来，不管跟谁在一起，都是那种居高临下的牛气。这种态度一形成，就真的很难改过来了。这时，他面对胡文才他们时，仍然是这个态度。

胡文才他们是凉州的名士。名士的特点之一就是有理由固然牛，没有理由也要牛。他们一看到王允那个牛样，心里就已经大大的不爽。

王允在他们坐下之后，还板着那张领导的脸，对他们说："关东鼠子，欲何为邪！卿往呼之！"意思是说：那几个鼠辈到底想干什么？你们帮我去把他们叫过来。

两人一听，更加气得不行，跑了出来之后，不但不帮王允说好话，还当了李傕他们的向导，教唆他们如何壮大力量，早日把王允杀掉。于是，他们一边拼命行军，一边收集旧部，队伍不断地壮大起来。等到长安时，他们的部队已经有十多万，浩浩荡荡地在长安城外摆开。这时，董卓另外的两个死党樊稠、李蒙也带兵过来跟李郭部队会师，一起攻打长安。

长安城还是很坚固的。他们虽然拼命攻打，仍然攻不下。

到了第八天，吕布手下的士兵开始向吕布学习，开展叛变工作，打开城门，放李傕的部队入城。

李傕也不是什么好人，部队一进城，立刻让士兵们转换身份，从军人变成劫匪，到处进行打、砸、抢活动。

吕布冲出来，在城中跟李傕大战，结果是"不胜"。他知道，他再怎么英勇善战，凭着这点儿力量也是胜不了人家的。于是就带着仅有的几百号人马，割下董卓的脑袋，挂在马头上，突围出去——现在是逃命要紧。

吕布这时还很够意思，来到青琐门外时，还停了下来，叫王允一起逃跑——再在这里待下去，必死无疑。

王允当然知道还在这里待下去必死无疑。可他却不愿走。他说，现在皇帝年轻，什么都得靠他。他不能走。王允虽然水平欠佳，连一个特赦的诏书，反反复复几个月都搞不定，最后造成这个结果，但人品还算不错，责任心还是有的。

他最后叫吕布转告关东那些自己人，要记住皇帝，然后扶着汉献帝逃到宣平城楼。这么逃跑再怎么努力也是逃不出去的。

片刻，李傕和郭汜就追了上来。

这两个家伙这时虽然到处杀人放火，但见到皇帝，还是都跳下马来，向献帝叩头行礼。

献帝看到他们还把他当一回事，那个叩头的动作也不是假动作，胆子也壮了一点儿，对他们说："你们放纵部队杀人放火，到处抢劫，到底是想干什么？"

李傕说："董太师对陛下忠心耿耿，最后却被吕布杀死。我们现在是来为董太师报仇的，别的想法都没有。等这个任务完成之后，我们再过来向陛下请罪。"

他们派兵把宣平楼团团围住，然后大叫："王允出来。"

到了这时，王允没有办法不出面了。

李傕他们大声问王允："你说，董太师有什么罪？"

王允当然可以罗列出董太师无数条罪状，但知道他再怎么说都已经没有用。李傕他们看到王允终于老实了，就把他抓起来，然后做起控制皇帝的勾当来，再然后把王允拉下去处死。

李傕他们要求汉献帝再来一次大赦天下，要求献帝对他们提拔一下：李傕为扬武将军，郭汜为扬烈将军，樊稠等人都为中郎将。至于王允的同党当然都得跟随王允而去。倒是那个士孙瑞没有事。本来，士孙瑞是王允集团的重要人物，在搞定董卓的行动中，完全算是核心人物。可在杀死董卓之后，王允却全归功于自己。士孙瑞当然没有跟他争。我们不知道士孙瑞此前的心情如何，但这时他一定高兴得要死。

李傕他们杀了王允，成了长安城中最有权的人，倒没有忘记贾诩的功劳——如果没贾诩的指点，估计现在他们已经被抓住并正押送到长安来呢。因此，他们马上任贾诩为左冯翊，还要封他个侯爵。可贾诩却聪明得很，坚决推辞。他们以为贾诩嫌职务太低，就刻了一颗尚书仆射的公章送给他，让他当这个官。可他还是不当。最后，他只当了个尚书。

吕布逃出之后，先去投靠袁术。袁术对他还很不错。吕布认为自己杀了董卓，为袁家报了大仇，在袁氏这里肯定混得开，因此也不怎么守纪律，让士兵们到处乱来。袁术知道后，心里就不高兴了。

吕布很快就知道袁术对他已经不爽，立马带着那几个跟班逃走。这次他投靠的是张杨。

这时，李傕他们发布通缉令，悬赏要吕布的人头，弄得大街小巷到处贴着吕布的头像。吕布觉得很恐怖。他觉得张杨的力量太单薄，肯定保不住他。于是他再次出走，投奔了袁术的死对头袁绍。

到了这时，人们更加不把长安政府放在眼里，只是努力扩大自己的势力，为以后的争斗打基础。

李傕之流本来就是官场上的次品，那颗脑袋连逃跑的办法也想不出来，这时虽然控制了皇帝，却一点儿也没有想到这个小孩儿的价值，天天只在那里想着如何把职务做大做强，又让皇帝把他们大力提拔一下：李傕为车骑将军、郭汜为后将军、樊稠为右将军、张济为骠骑将军。他们根本没有把事业做强做大的远大的理想。

诸侯也成一锅粥

长安城里一片乱哄哄，关东那几个诸侯也乱成一锅粥。

不过，关东诸侯现在仍然分成两大派别，一派打着袁术的招牌，一派高举袁绍的大旗。

袁术这段时间很不好过。那时他周边不但有刘表天天对他进行骚扰，更要命的是曹操这样的牛人也在旁边，天天磨着大刀想给他好看。

袁术以前靠孙坚，事业上还有点儿发展。可等孙坚一玩儿完，江东部队一疲软，他就基本没有什么作为了。刘表靠孙坚的失误，取得一场足以对历史有影响的胜利之后，也变得强硬起来，不断地逼迫袁术。袁术居然也玩儿不过刘表，最后被刘表截断了粮道，不得不退到封丘。幸亏黑山和南匈奴单于於扶罗都来向他投靠，势力有所上升，便派刘详去屯匡亭。

袁术本来以为可以松一口气了，哪知这口气还没有松到一半，曹操又冲了上来。曹操先是对脚跟还没有站稳的刘详大打出手。袁术接到报告后，赶忙援救。可同样被曹操大破。

袁术没有办法，只有再退，想死保封丘应该没有问题。可曹操却仍然带兵冲上来，在封丘城布置包围圈，想把袁术困死在那里。

袁术这时倒很清醒，知道要是被曹操大军一包围，自己真的插翅难飞了。因此，在曹操的包围圈还没有合围时，就赶紧从缺口中狂奔而出，也算是突围成功了。

曹操这时相当缺德，还不放过袁术，继续贴着他的屁股追下去，一直追到太寿。最后，曹操干脆“决渠水灌城”，想把袁术淹死。袁术只得大骂曹操没有人性，然后又跑。曹操又追。袁术当然只得继续逃跑，一直跑到九江。

曹操这时也觉得累了，终于回军定陶，暂时不跟袁术玩儿了。

袁术转头一看，曹操终于不来了，这回可以真的松一口气吧？老被人家追着满世界跑，实在太郁闷了。

可他这口气仍然不能松下来。

他才跑到九江地界，眼睛才刚看到九江的青山秀水，扬州刺史陈温又冲了上来，宣布袁术为不受欢迎的人，不让袁术进入扬州的辖区。

袁术气得要命，人一倒霉，真是什么人都可以欺负一把。被曹操这样的人追着打，面子还不算丢到哪里去，可陈温居然也敢来一脚。他只得再退到阴陵。

袁术这段时间以来，虽然打败仗打得已经麻木、逃跑逃得两腿都抽筋了，但他的家底确实雄厚，因此一缓过气来，又立即集结部队，没多久，势力就又庞大起来。他看到手下的部队又浩浩荡荡，觉得又可以大打一场战争了。当然，他的头脑还是清醒的，不会因为有了点儿实力又去找曹操报仇。他宣布要打到寿春去，把陈温打死。

陈温刚开始以为袁术连打了那么多败仗，应该败得没有什么本钱了，这才过来想顺手捡个胜利回去，制造个新闻效应。这个效应是造出来了，可麻烦也出来了——原来袁术的部队还有那么多。

陈温左想右想，不管怎么算，也觉得自己搞不过袁术。最后觉得最好的办法就是躲。于是他跑到下邳，不再当这个要命的刺史了。

袁术就这样占领了寿春，然后宣布自己是扬州刺史兼徐州伯。

这时李傕他们也在关注着关东诸侯的动静，看到袁术很有潜力，完全可以投资一把。于是，就派人拿了任命书，以皇帝的名义封袁术为左将军，封阳翟侯，假节。

袁术的死对头袁绍也没有闲着，正跟公孙瓒任命的青州刺史田楷打来打去。双方混战到现在，已经有两年时间，弄得都很累，连粮草都已吃光，结果是双方一边打仗，一边到处抢劫，抢得田里连青草都没有了。

但谁也不主动叫停战争。

袁绍干脆任命自己的儿子袁谭为青州刺史。田楷当然又不服，对袁谭采取军事行动。但谁也胜不了谁。

后来，朝廷派赵岐出来，调停各路诸侯，说大家都打了这么多年，也该休息休息歇一口气了。袁绍和公孙瓒都觉得有理。这些年来，你打我几拳，我踢你几脚，除了个个身上疼痛之外，好像也没有捞到什么特别的好处。于是同意停战。

两人为了表示自己的诚意，还结成了儿女亲家。然后各自退兵。

这次停战，对袁绍来说，相当及时。因为公孙瓒那边的麻烦才解决，另一个麻烦事又找了上来。

在他签署停战协议没有几天，他属下的魏郡兵突然宣布造反，而且还与黑山军于毒等数万人联合，攻占邺城，杀死魏郡太守，造成了极坏的影响。

袁绍当然不会容许这些人闹事。他带着部队深入朝歌境内的鹿肠山，向于毒展开大规模的军事行动。只用了五天时间，就把于毒打败，割下了于毒的脑袋。袁绍通过这个事件，深刻地认识到，如果不肃清境内的各路武装，他以后的麻烦就会无穷大。于是，他趁着这个机会，把境内所有的武装都列为严打对象，接连向左髭丈八、刘石、青牛角、黄龙、左校、郭大贤、李大目、于氐根发动春季攻势。当然，最后他都取得了胜利，斩杀土匪几万人，所有乱匪的基地全部被捣毁了。

不过，黑山军的张燕的势力还是可观的。这家伙手下有精兵数万人，战马几千匹，装备还算精良。袁绍跟吕布联合起来，向张燕进攻。双方打了十多天，张燕固然损失惨重，但袁绍的部队也都累得举不起刀。于是，大家都住了手，同时宣布撤军。

这次袁绍跟吕布合作，不但没有合作出什么成就，反而让双方出现了裂缝。原来吕布的部下对组织纪律都很淡漠，个个仗着自己体能优秀，看谁不顺眼就打。谁也不放在眼里。

不但袁绍的部下觉得不爽，就是袁绍本人也很不高兴。

吕布一看，就觉得在这里待下去，恐怕会闹出更加不愉快的事来，于是，向袁绍打了个报告，让他去洛阳当一把手。

袁绍一看，想另立山头？不过，他的脸色一点儿变化也没有，在签发同意的同时，还以皇帝的名义任命吕布为司隶校尉，以后洛阳的事就是吕布说了算。

可在吕布准备出发时，他派了几个大力士过来，说是护送吕布到洛阳赴任的。他事先已经交代这几个大力士，找个机会消灭吕布——从这点上看，他比他的那个弟弟奸得多了。

他也觉得自己这个办法很奸诈很老到。

可他没有想到，这种行为更是吕布的特长，吕布做起来比他更奸诈更老到。

吕布一看这个架势，就知道袁绍的全部意思了。

如果是往时，他肯定会当场把那几个大力士的脑袋砍下来。

可现在他还不能。他手下的力量太单薄了，单薄到了谁都可以欺负他一下的程度。

他就搞了个空城计，然后自己悄悄地溜走。

那几个大力士在大吃大喝，吃得肚皮圆滚之后，就过来杀吕布。

可他们进了吕布的帐篷，却没有看到吕布。他们又掀开吕布的床，仍然找不到吕布，这才知道，他们不但肌肉不如吕布发达，智商也远远不如吕布的高。他们一气之下，就把吕布的帐篷以及其他生活用具都砸烂。

袁绍第二天早晨发现吕布仍然活着，就怕了起来，下令关闭城门，怕吕布杀进城来，那麻烦就大了。

吕布知道，没法再在袁绍的地皮上待下去了，便带着他那几个无组织又无纪律的手下又跑到张杨那里。

陶谦只得让徐州

也是这段时间，曹操又狠狠地发了一次飙。

这次曹操的发飙是陶谦引起的。

曹操经过一段时间的打拼，模样已经做了出来。他觉得应该把他的老爸也请来沾沾光。

曹嵩曾经当过太尉，也是有名的腐败分子，经过多年的打拼，家里的现金是数到手抽筋都数不完，其他财富更是没办法统计。他在家守了这么多年，天天怕人家上门打劫，把他一生腐败来的成绩都抢走。好容易等到儿子混出人样来，手里有兵有枪，现在正好把这些收入送过去，以后有儿子的青州兵守着，人家对他的财富也只能眼红，不能有其他想法了。

他在接到儿子的信后，立即把全部财产一起打包，然后带着家人一路向曹操的驻地走去。而且曹操也已经命令泰山太守应劭前去迎接，然后护送到兖州。

当然，他从琅琊出发，要经过几个势力范围才能到曹操的地盘。很多人虽然知道他的车上装满了金银财宝，但因为怕曹操，所以只能眼睁睁地看着他的车队经过，然后猛吞口水回去喝闷酒。

这天，曹嵩来到阴平县。这个地方属于陶谦的势力范围。陶谦对曹操也是不敢得罪的。可陶谦手下的士兵素质太低，看到曹嵩的车队隆重地经过，整整有一百多辆。听说那些车里装的全是金银。于是就手痒起来：要是能拿到一车的财富，回到老家就成老家的首富了，再也不用当兵吃粮了。

这些一点儿没有大局观的士兵最后行动起来，在华县与费县的交界处，突然出现在曹嵩的面前，一句话也不说，拔刀就砍。结果把曹嵩和他的小儿子曹德都砍死在现场。

曹操接到报告后，当场大怒，带着部队就向陶谦发动猛烈的进攻，一口气连下十多城，兵锋直达彭城。

陶谦知道再怎么躲也躲不了，便带部队过来抵抗。双方大战，结果陶谦大败，退到郯县固守。

这时的曹操已经愤怒到了极点，恨不得把天下人都屠杀得干干净净，因此下令部队攻到哪里就杀到那里，是人都杀光。

当时，全国一片混乱，只有徐州一带因为远离动乱的中心地带，社会还算和平一点，粮食也较为丰富。所以，各地的难民都跑到这个地方来避难。哪知，却碰上曹操突然发飙，不但生活不能保障，就连生命也保不住。曹操一声令下，部队立即动手，当场“坑杀男女数十万口于泗水，水为不流”。天下一乱，哪里都不是福地。

曹操向郯城猛攻了一阵，攻不下，就调转枪口，攻取虑、睢陵、夏丘三县。他心头的火气还处于高潮时期，每拿下一个地方，都发布个屠城令，所到之处，“皆屠之，鸡犬亦尽，墟邑无复行人”。后来他在诗里写：“白骨露于野，千里无鸡鸣”。字里行间，充满了人文关怀。其实，他诗里的这个景象，他也做出了不可磨灭的贡献。

陶谦被曹操折磨了几个月，觉得自己再也难坚守下去了。

第二年，即汉献帝兴平元年，也是公元 194 年的二月，陶谦向田楷求救。

田楷本来是公孙瓒的人马，而曹操向来被划归袁绍集团的，双方属于传统的敌人。

田楷接到陶谦的信后，就与刘备一起过去救陶谦。这时，刘备的职务是平原相，也发展为几千人的部队，属于官不大、兵也不多的小牛人，因此一直夹着尾巴做人。这是他第一次带着自己的部队出场，而且还是当作田楷的附属品出场的，唱主角的还是田楷。

陶谦虽然没什么能力，但看人的水平是有一点儿的。他把田楷和刘备一比较，就知道田楷虽然职务比刘备大，但水平和人品远远不如刘备，因此他最后把希望寄托在刘备的身上。他看到刘备的兵力实在太单薄，就下了个文件，拨丹阳郡兵士四千名归他指挥。刘备有了这支部队，立马宣布脱离田楷的指挥，去跟随陶谦。

刘备的这一步走得还是很正确的。因为他知道，他在田楷那里是永远得不到发展的，而且田楷又是他老同学公孙瓒的手下，以后他也不好单干，不如投到陶谦的名下好干事业。因为陶谦不但水平差，而且年纪大，现在又处于危难时期，最容易接受坑蒙拐骗。只要稍弄点儿阴谋诡计，就完全可以把陶谦的势力划到自己的名下——这叫借鸡生蛋。

从这一点上看，刘备的眼光确实不错。

陶谦这时不但自己头脑发晕，而且手下也没有什么人才，面对曹操夜以继日的进攻，已经连叫苦的力气都没有了。现在看到刘备带着关羽和张飞前来当自己的下属，觉得身上的压力减轻了许多。他为了让刘备安心下来为他工作，还上了个表，请求任命刘备为豫州刺史。

长安城中的那几个当权者，现在连自己也管不住，天天忙享受，也不敢得罪东边的这些牛人，不管有什么要求——只要不要钱不要地盘不要他们的命，他们什么都答应。反正他们也管不到豫州那个地方。

刘备就这样成了豫州的一把手。后来人家都叫他“刘豫州”，其实他连豫州在哪还搞不清楚。他把豫州刺史的办公地点设在小沛——这可是徐州的辖区范围。

大家很快就发现，刘备投靠陶谦实在是投靠对了。

因为没有几天，陶谦就“病笃”了。病笃是什么意思？放到现在就是医院可以下病危通知书的地步了。

在陶谦那口气准备咽完的时候，他还想着之后徐州应该怎么办？当然，他的内心世界是想把这块地变成陶家永远的自留地。可他知道，他的儿子们没有一个是曹操的对手，如果让他们来接手，估计没几天，不但徐州保不住，只怕陶氏全族也会完蛋。

他问大家，徐州怎么办？

大家都不知道怎么办。

最后，他对糜竺说：“非刘备不能安此州也。”此话是《三国志》刘备本传里的原话。看起来，好像是陶谦心甘情愿地把徐州让给刘备的。罗贯中也是根据这个话，大力渲染一番，搞出了个“三让徐州”的经典故事来。我想，肯定是刘备事先已做好了大量的拉拢工作，把陶谦手下的那些死党全都搞成自己的朋友——刘备在这方面是有过人能力的。你想想，他跟赵云才认识没几天，就让赵云这样的好汉变成他最彻底、最纯粹的死党。现在他带着极大的政治目的来到徐州，他能不发挥特长，把陶谦的手下全部收编才怪。最后陶谦一看，除了他自己之外，所有的人都变成刘豫州的人了。他如果不主动说这话，估计他一挂之后，不但徐州成为刘备的地盘，恐怕他的子孙们也没有好日子过。为了让子孙留有一条活路，就只有交出徐州，而且他这话还是对糜竺说的。

糜竺是当时徐州的富翁。事后刘备又成为他的妹夫。他后来这些身份的转换，都是做好前期准备工作的。

陶谦说完这话之后就死了。

陶谦一死，糜竺就向大家宣布了陶谦的政治遗嘱，要求大家按陶谦的既定方针去做，带着大家去迎接新的徐州领导人刘备。

如果刘备看到那颗大印，马上就一脸傻笑地接过，他就不是蜀汉先主刘备了。他在大家的眼前，摆着他长长的手臂，用世界上最诚恳的口气说：“不敢当啊。”

陈登说：“徐州是个好地方啊。不但人口众多，而且资源丰富，你要是在那里立足，前途一片光明啊。”

刘备仍然说：“我没这个水平啊。现在袁术就在附近，他家‘四世三公’，根正苗红。最好让他来当这个领导。”

陈登说：“袁术算什么东西？他除了那块‘四世三公’的招牌外，什么都没有；除了那副脾气之外，什么水平也不高。只要占领了徐州，你要拥有十多万部队，容易得很。有了这么多兵力，什么基础都可以打好啊。”

大名士孔融也出场，说：“怕什么袁术？这家伙是个等死的人物，再怎么折腾也成不了大事的。现在老天把徐州给你，你要是推辞，会后悔到死的那一天。”他的原话是：“袁公路岂忧国忘家者耶？冢中枯骨，何足介意。今日之事，百姓与能，天与不取，悔不可追。”

到了这时，刘备就在心里偷偷地笑了——徐州的官员、全国的名士，都在代表徐州人民劝他当徐州的老大，他再不当，徐州人民不会答应，全国人民也会把他当笑话。为了不辜负徐州人民的深情厚谊，他只有硬着头皮把徐州划到自己的名下了。

从这一招上看，刘备确实是个天生的玩儿政治的料儿。

刘备不但是个玩政治的料儿，运气也很不错，在陶谦病危、权力交接的关键时刻，曹操却没有前来大规模进攻。

当然，曹操不来进攻，是有原因的。

第六章
长安乱

幸亏有荀彧和程昱

曹操这时没有进攻徐州，并不是怕影响陶、刘之间的权力交接，而是他自己也碰到了麻烦。

此前，他在郯县以东，曾跟刘备交战过一次，把刘备收拾了一顿。

按他的计划，这次出动，一定要把徐州拿下来，一来为老爸报仇，二来扩大自己的地皮，是一次非常划算的军事行动。

而且在这个时期，他的计划完全是可以实现的。

可有时计划就是赶不上变化。

在他牛哄哄地要搞定陶谦、横扫刘备时，人家也来找他的麻烦了。

这个麻烦可以说一半是他造成的，一半是由吕布造成的。

现在曹操的根据地是兖州，跟他接壤的是张邈。他跟张邈的关系很铁。以前袁绍跟张邈闹矛盾时，让曹操去杀掉张邈，但曹操坚决反对。

曹操刚听到老爸被杀，不但决心把全部家当带过去与陶谦大战，而且还做了自己光荣牺牲的打算。他在出发时，对家里人说：“我若不还，往依孟卓。”孟卓就是张邈的字。由此可见，他对张邈是放心的。

本来，张邈对他也很放心，绝对不会在他把全军带走去打徐州，乘兖州空虚时，踢他一脚。

可是很多“本来”是不靠谱的。

当吕布从袁绍那里跑出来去投奔张杨时，路过张邈的地盘，就顺便去张邈那里混了一顿饭。两个人本来不是什么好朋友，可因为现在都是袁绍的对头，因此酒杯一碰，就成了好朋友。在吕布跟张邈分别的时候，两人还互相发誓，要跟袁绍斗争到底。袁绍听说之后更加生气，恨不得把这两个家伙集体搞定。

袁绍的愤怒很快就让张邈知道了。张邈虽然跟吕布发誓跟袁绍斗争到底，但知道自己的力量跟袁绍一比，跟鸡蛋比石头没什么两样。他更怕哪天，曹操受不住袁绍的教唆，真的把他一刀砍了。

当然，如果仅仅是这样，张邈也只是在那里怕着，还不会对曹操怎么样。

另一件事的发生，直接让曹操触到了霉头。

此前，九江原太守边让在大众面前拿曹操开涮了一回，曹操一听，觉得太丢脸，就生气起来。于是后果很严重，曹操在一个天气很平常的日子里，让人把边让抓起来杀掉。他杀完边让之后，发现边让的老婆漂亮得很，就一脸淫笑地让她把户口转到他的名下了。边让也是个名士——也只有名士才有拿牛人开涮的胆子。大家听说之后，都对曹操很有意见，怕哪天曹操生起气来，自己的后果也很严重。

其中意见最大的就是陈宫。他知道自己的性情刚烈，嘴巴关不住，怕自己已经在某个地方某个时候说了得罪曹操的话，怕曹操哪天心情不好起来，又来个先杀自己，再“并其妻子”，那可一点儿不好玩，于是就有了离开曹操的打算。

《三国演义》里说陈宫是在曹操杀吕伯奢一家时，把曹操的人品看穿就离开曹操的，而新三国也把这个情节照搬。其实，陈宫是在这个时候对曹操有意见的。他有了意见之后，也没有像罗贯中写的那样，偷偷地溜走，而是先潜伏下来，找了几个与自己一样心情的同党“共谋叛操”。这几个同伙当中，就有张邈的弟弟张超。

陈宫就这样跟张邈挂上了钩。

陈宫跑过去，做张邈的思想工作，说现在天下都乱成这个样子，他老是在这个地方窝着，跟在夹缝中生存有什么两样？可现在这个世界能让他这样在夹缝中生存么？现在曹操东征，兖州城里空虚，正是他的机会。

张邈一听，确实是这样，只是手下没什么人才……

陈宫说，吕布是个能打仗的人啊。可以把他请来，跟张邈一起搞定兖州，然后“观天下形势，俟时事之变，此亦纵横之一时也”。陈宫的分析很正确，话也说得很有气势，可找了个吕布做搭档，眼力绝对出了大问题。

张邈一听，太正确了。

他马上派人去请吕布过来。吕布到来时，他们还玩儿了个小诡计，派刘翊到处宣传，说吕布是来帮助曹操去打陶谦的。请荀彧马上给吕布提供粮草。

荀彧现在是曹操的头号谋士。

大家一听，现在曹操打陶谦顺手得很，天天捷报频传，还用请吕布这样的人来帮助么？荀彧一听就知道，这几个家伙准备搞事了。

荀彧马上针对张邈进行了军事部署，加强了防守，还派人把东郡太守夏侯惇请过来求援。

吕布看到荀彧这个部署，知道是瞒不住人家了，立马占领濮阳。

这时，兖州城里不但兵力不多，而且很多官员都改变立场，参与了陈宫的阴谋。夏侯惇赶到后，抓了几十个参与叛变的官员，然后都拉到广场处死，形势这才有所好转。

正在这时，豫州刺史郭贡又带着几万人紧急行军而来，一直跑到兖州的首府鄄城城下才立定。大家一看，就知道郭贡是来趁火打劫，想跟吕布分点儿胜利果实的。所以更加怕了起来。

郭贡虽然信心满满而来，觉得跟吕布夹击兖州，那是只有胜利没有失败的。可这家伙一点儿没有经验，来到城下后，并没有趁着城中军民情绪不稳定时，就拼命进攻，而是来个先礼后兵，在城外牛哄哄地要求荀彧出来，跟他见个面。

这家伙的头脑彻底发晕，根本没有想到，在战场上单挑，荀彧远不是他的对手，可玩儿嘴皮，他能玩儿得过荀彧么？

荀彧本来就怕郭贡一来就没头没脑地进攻。这时所有的军队都给曹操带走报仇去了，城中只有几个勉强能维持秩序的部队，要是真的打起来，结果真的很严重。现在居然叫荀彧去见面，对荀彧来说，确实是件好事。

夏侯惇怕荀彧出城之后就回不来了，劝他千万不要出去。

可荀彧一定要去。

郭贡看到荀彧一个人出来，脸上不但没有惧意，而且还带着笑容，就认为城中肯定还很有力量，鄄城还是硬骨头一块，还是不乱来的好。于是又带着部队急行军回去，虽然没有捞到半个胜利果实，但也算长了见识——其实是一点儿见识也没有长，倒是把他那个智商在历史上展现了一次。

这时兖州全境到处都响应吕布的号召，宣布脱离曹操的控制，只有鄄城、范县、东阿县三个地方还坚定地打着曹字旗号。

更要命的是，那些被俘投降过来的士兵又到处说："现在陈宫已经带着部队去攻打东阿，派汜嶷去打范县了。"

荀彧一听，也有点儿急了。他知道这两个县兵力比鄄城更少，要是那两个地方的第一把手意志不坚强，估计用不了几天，就都被吕布搞定了。要是再丢这两个地方，一个鄄城还有什么用？这样一来，曹操开创的大业离彻底玩儿完也没有多远了。

现在没什么兵可派，那就只有派个人过去了。

荀彧决定派程昱过去。

程昱是东阿人，而且是东阿的名人，在那里说话还算话，让他过去鼓舞一下那里的士气，让东阿人民在他的带领下，加强一下抗打击的能力，发扬不怕死的精神，拼老命抵挡吕布军队的进攻，或许还有点儿转机。

程昱二话没说，直接出城而去。他先来到范县，去见范县的第一把手靳允。这时靳允也已经信心不足，摇摆态度越来越明显。程昱立即向他分析形势，把吕布和曹操进行了鲜明的对比，说吕布的水平跟曹操差得太大了，虽然一时得势，但绝不会永久得势。他要是关键时刻立场不稳定，站错队，跟错人，以后就会只剩下后悔了。请他好好考虑啊。

靳允一听这话，冷汗就流了一身，虽然现在他的家人都已经被吕布控制了，但他考虑来考虑去，觉得还是跟曹操有前途。

这时，汜嶷已经带着部队杀进范县境内。

靳允这个人还是有点儿水平的。他就出来面见汜嶷。汜嶷早就知道范县没什么力量，早就预料到靳允不敢跟他硬碰硬，这时看到靳允果然乖乖地出来，那张脸诚恳得很。因此对他一点儿没有防范。

哪知，靳允正是利用他的这个心理，在请他过来做移交手续时，早已埋伏了几个亲信在那里，等汜嶷进来时，他一声令，那几个伏兵冲出来结果了汜嶷的性命。杀了汜嶷之后，靳允回到城内，动员城里的军民坚守。

程昱这才赶到东阿。东阿的一把手表现很好，早已作好战斗的准备。程昱知道陈宫马上就要到来，便派一支骑兵截断黄河上的仓亭津渡口。陈宫正好带着部队来到，看到渡口被封锁，也不敢来硬的，只得很郁闷地回去。而吕布虽然天天猛攻鄄城，却一点儿进展也没有。

三城最后都坚持到曹操回来。曹操这次报仇，被吕布、张邈、陈宫在背后猛踢一脚，差点儿彻底完蛋。幸亏荀彧和程昱两人帮他渡过这个难关。

又中了一计

曹操回军之后，吕布就怕了起来，赶紧退回濮阳。吕布虽然长得超帅，肌肉也超级发达，但智商却不高——本来这次陈宫给他制造了个历史性的机会，完全有可能把曹操一把搞定。可一看曹操回来，就立即退兵，而且退得一点儿没有水平，大家只是一窝蜂乱跑，跟一群逃难人员没有什么两样。

曹操本来已经有点儿感觉前途不妙了，等看到吕布一口气退到濮阳，做出一副热爱和平的样子来，就笑了："吕布一夜之间得了一个州的地盘，却不会切断亢父、泰山的要道，利用险要的地形来对付咱们，反而跑回濮阳休息。这家伙也没有什么好怕的。"

曹操知道，现在吕布刚到兖州，虽然占领了大量地皮，但脚跟仍然没有站稳，因此立即决定向吕布反击——否则，等帅哥缓了一口气，又有陈宫专门为他提供阴谋诡计，还真不好办。

曹操以为吕布是个很傻很天真的人，把他玩儿死不会花什么工夫。哪知，才一面对面，曹操自己倒差点玩儿完。

这个情节是这样的：吕布有一支部队在濮阳城西。曹操带着部队连夜过去袭击，取得了胜利。可想不到吕布行动很迅速。曹操还没有来得及撤走，吕布就带兵过来援救。

曹操躲不过，只得跟吕布来个硬碰硬。双方放开手脚打得你死我活。吕布更是亲上第一线，带头冲锋陷阵。从早晨一直打到太阳落山。曹军虽然还在拼命抵抗，没有崩溃，但形势已经越来越危急了。曹操知道再不想办法脱离战场，他就会永远也走不出去了。情急之下，曹操又搬来“重赏之下必有勇夫”的老一套：谁能冲破敌人的阵地，回去就有奖又提拔。

这一招真的有效。

典韦站了出来，组织了一批体能好、胆量足的人开到战场第一线，抵挡敌人的进攻。

这时吕布军向他们拼命放箭，战场上箭如雨下。可典韦对这些看都懒得看一眼，只对这些不爱生命只爱钱财的壮士大声说：“等敌人靠近十步了，你们再告诉我。”

过了一会儿，人家大声向他报告：已经十步了。现在只有九步了……

典韦仍然在那里摆酷，说：“五步再告诉我。”

过了一会儿，人家便又大声向他喊：“只有五步了。”

典韦听到这些声音已经颤抖得要命，估计真的只有五步了，便大叫一声，挥着铁戟向敌阵冲过去。这家伙的武力指数有多少，罗贯中已经告诉大家了。那些与他直接面对面的敌人纷纷倒下。

吕布军一看，碰到战神了，谁也不敢正面与他进行肢体接触，就只好不断地后退。

曹操这才得以冲出去。回到营中，曹操果然大力表彰典韦，而且提拔他当自己的警卫团长，每天带着一百多条好汉跟在自己的周围，当他的贴身保镖。

曹操并不因为这次突发的意外事件而退却。他仍然跟吕布战斗下去——不把吕布搞定，重新拿回兖州地皮，他的事业还有什么前途？

吕布也知道曹操不会放过他，因此也在开动脑筋，想着如何把曹操一脚踢翻在地，让他永世不得翻身。

吕布这一次还真的想到了一个很好的计策。这个计策就是一个反间计。而且这个计策实施得很成功，只差那么一点儿就可以把曹操的脑袋砍掉，完全改变后来的历史。

当时濮阳城里有个姓田的人家，不但是濮阳城里的首富，而且田姓又是这里的大姓，很有威望，连曹操也知道这个家伙。

吕布找到他，让他派人去联络曹操，对曹操说，愿意当曹军的内应。只要曹军愿半夜来袭击濮阳，他们就在那里开门接应，里应外合，把吕布一把搞定。

曹操一听，觉得太好了。现在就是打死他也不相信，这是吕布搞出的反间计。他一直认为，吕布那个脑袋哪能想得出这么个复杂的反间计来？当然，这个反间计并没有什么复杂，但对像吕布这样的人来说，那是太复杂了。

于是，他就一脸兴奋地跟那个姓田的家伙做好联合的暗号，然后半夜出发，准备让大军突然出现在吕布面前，先把吕布吓瘫，然后再把他抓起来。

他来到城外时，一通暗号，城门果然打开。他觉得这个老田真是不错，心里说：吕布你就等死吧。

他当场下令放火烧掉城门，表示自己绝不后退。哪知，才冲到半路，一彪人马突然杀来，还高声叫喊："曹操中计了。"

曹操一看，还真的中计了。吕布部队早有准备，把曹操的部队团团围住，拼命砍杀。连曹操都已经毫无办法，其他人还能怎么样？

曹操不但无法组织有效的抵抗，而且他本人也被敌人的几个骑兵抓住。

如果这几个骑兵认识曹操，历史就会从这一刻起改写。可是这几个骑兵运气实在不好，连大名鼎鼎的曹操也不认识。

曹操被他们抓着，心想这回肯定完了。哪知，那几个士兵却满脸横肉地对他大吼："曹操在什么地方？你不说，老子就砍了你。"

曹操听了这个话，知道自己的命还可以捡回来，忙指着前面说："那个骑黄马的人就是。"

那几个士兵一看，光火中，果然有个骑黄马的正在狂逃。他们怕耽误了抓曹操的工夫，也来不及把这个到手的俘虏砍一刀，立即拍马向那个假曹操追过去。

曹操躲过一劫，就从大火中冲出，拼命跑路。

回到营中时，曹操对自己进行了一次深刻的检讨，然后亲自去慰问士兵，把责任都揽到自己的身上。

吕布再次错过了一次机会。

通过这几次大战，曹操知道想纯粹靠取巧是打不垮吕布的，只有踏踏实实地去战斗，才能把吕布搞定。于是大搞军事建设，制造先进的攻城器械，然后再向吕布进攻。

双方又打了多场战斗，相持了三个多月，不分胜负。最后，两边的口粮都消耗得差不多了，两人都觉得饿着肚皮打仗，实在没有多大意思，就都罢手不打了。曹操回到鄄城。吕布带着已经疲劳不勇敢的军队来到乘县，居然被当地的民团武装打了个大败，不得不退到阳山。

在曹操粮食紧张的时候，袁绍就派人来劝曹操把家人都送到邺城，那是袁绍的首府，有吃有喝，可以过上幸福生活。曹操当然知道，袁绍这是在耍花招，等他把老婆孩子送到那里后，就成了袁绍的人质，那时袁绍就有摆布他的资本了。可到了这个时候，曹操的信心也有些打折扣了，真的想让家人去那里吃袁绍的饭，说不定袁绍的心情放松起来，还会送一些粮食过来救急一下。

人一进入困境，智商也跟着下降，即使曹操也是如此。

幸亏程昱坚决反对，强烈要求曹操不能这样，一定要咬紧牙关，挺过这个难关。曹操本来就是聪明人，听了程昱的话，立即中止了把家人送去邺城的行动。

曹吕之战暂告一段落。

韩遂和马腾出来搅了一下

我们再回过头来看看长安城里的那几个家伙。

这时长安政府的大权还是由李傕、郭汜、樊稠、张济分享，是名副其实的集体领导制。

这四个人原来都是董卓的手下，本来应该可以做到和平共处，有事好好商量的。可权力这个东西一掺和进来，所有的关系都会乱套。

李傕他们控制长安后，西凉的另两股势力又冒了出来。

其中一股是韩遂的势力，另一股是马腾的势力。

马腾就是大家最熟悉的马超的老爸。根据马腾自己的说法，他是东汉制造了“马革裹尸”成语的马援的后代。他的老爸曾任天水兰干尉——一看这几个字，就知道他老爸的官也只有芝麻那么大。而且这个芝麻大的官他居然也守不住，几天就下岗了。最后连回去的路费都没有，就留在陇西，跟一个羌族的美女成了家，并生了马腾。马腾是不是马援的后代很值得怀疑，可他是汉羌混血儿却是可以肯定的。马腾的青年时代很穷很苦，天天跑到山上砍柴，然后背到城里卖，累得要命，可很少知道吃饱饭的滋味。不过，据说其“为人长八尺余，身体洪大，面鼻雄异”。而且他还比较厚道，人品比他的儿子要好多了。汉灵帝末年，凉州刺史耿鄙的政策一个接着一个，那一带就爆发了一系列的群体事件。氐、羌等部落都宣布与政府作对。

当地的各级政府便到处征兵，用来对付这些群体事件。马腾觉得去当兵一定会比他卖柴有前途，于是也报名去参军了。

领导一看到马腾，就知道这是块打仗的好料儿，只经过面试就让他成为军从事，带着一支部队。他还真有两手，没几天就立了大功，被提拔为军司马。

不久，耿鄙被杀死，西凉就乱了套。马腾跟韩遂结成统一阵线，专门跟政府军作对。

韩遂是西部的造反专家，朝廷虽然多次派兵镇压，可老是镇不住他。当年董卓也曾多次跟他打仗，算起来应该是死对头才对。可这个世界就是没有永远的东西，既没有永远的朋友，也没有永远的敌人。

董卓被关东诸侯逼回关中之后，马上就宣布与韩遂和马腾和平相处，并请两人带兵过来一起对付关东那些人（《三国演义》里说，马腾是讨董卓十八路诸侯中的一员，显然是没有根据的）。

韩遂虽然热衷于造反，其实也没有什么远大理想，这时看到董卓过来拉拢自己，让自己成为朝廷命官，而且还可以到中原玩，就觉得高兴，与马腾带着全体人员向长安奔来。

他们到长安时，董卓正好被王允和吕布干掉，连董卓的面都没见到，更没有接到那盖着皇帝公章的委任状，心情一点儿不爽。

幸亏李傕他们在搞定王允之后，还把他们当成自己人，补办了张任命书交给他们：韩遂为镇西将军，带着部队回到金城当一把手；马腾为征西将军，带着部队到屯地驻防。也算帮董卓给两人有个交代。

马腾不知为了什么事去走了一次李傕的门路。可李傕却说现在杜绝走后门，公事公办。

马腾一听就火了，便打算派兵过来，让他知道，这个世界究竟谁怕谁。

不知是李傕的安排，还是汉献帝自己的主张，这个小皇帝在马腾准备打仗的时候，派了个使者前来，劝两人要以和为贵。韩遂大概也觉得太无聊了，便也想参与一下国家大事，带着部队从金城赶来，高调声称是来调停马李之争的。

哪知，韩遂到了现场之后，还没开展几步调停工作，就把调停人的身份给调整过去了。他把自己调整成了马腾的同盟，共同向李傕叫板。

两人还找了几个李傕的反对派，让他们在长安当潜伏人员，等他们的部队开到长安时，为他们打开城门，让他们的大军杀进去。可那几个潜伏人员的保密工作做得太差，做内应的方案还没有最后定稿，就让李傕知道了。他们知道秘密泄露之后，赶快跑了出来，居然逃得性命。

兴平元年二月，马腾和韩遂联军开到长平观。

李傕派郭汜以及他的侄儿李利带兵过去，对马韩联军发动进攻。马韩两人打了个败仗，带着部队退回凉州。

李傕虽然教训了马韩一次，但他觉得这个社会现在太复杂了，最好不要跟人家为敌到底，因此，在取胜之后，仍然给两人提拔了一下：以腾为安狄将军，遂为安降将军。

如果只是马腾和韩遂闹一闹，事情还不算复杂。可是在对付这两人时，李傕跟樊稠却爆发了矛盾。

本来李、郭、樊、张这最高层的四驾马车，拿到大权之后，就都觉得自己很了不起。他们开始时，只是看不起别人，后来发展到连自己人也经常要鄙视一下的地步。于是，大家心里就不断地生气，争斗的规模就从小到大，最后闹得不可调和。幸亏有贾诩在中间协调，才没有擦枪走火。

但最后还是爆发了起来。

直接导火索就是在跟马腾较量的战场上。

虽然在这次战斗中，樊稠他们取得了胜利。可因为李利在作战中磨洋工，樊稠本来就跟李傕不和谐，这时正好找到借口，就大骂李利："人家是来要你叔叔那颗脑袋的。你却用这个态度来打仗。你以为我不敢杀你吗？"

他们的这个关系被韩遂看到了。

韩遂和马腾被樊稠打败后，不断后退。樊稠一直跟在他们的后面追击。追到陈仓时，韩遂又想到了一个计策，对樊稠说："咱们本来什么恩怨也没有。现在闹到这个地步，也不是为了个人，而都是为了国家。说来说去，咱还是同一个州的人，现在咱就要分开了，很想跟老兄谈一谈。"

樊稠当然不知道这是人家的阴谋，傻乎乎地就答应了他的要求。

韩遂说，这是两个人的聊天，属于个人隐私，还是让手下的子弟兵们离远点吧。

樊稠仍然感觉不到这是个阴谋，又答应了韩遂的要求。

于是，两人一挥手，双方的士兵都向后退开，退到不能听到两人说话的地方才停下来。

两人就在那里聊天，聊的内容其实都是无聊的话。但韩遂硬是把这些无聊的话，跟樊稠聊了大半天。后来，两人在聊天中感情进一步加深，居然各自骑在马上握起手来，让人越看越觉得两人的关系亲密无间。

这个镜头完全被李利看在眼里——这正是韩遂的预期效果。

李利什么也不说，跑回到长安后，就直接去向他的叔叔李傕报告，樊稠在战场上跟韩遂进行亲切交谈。难怪马腾和韩遂能够在大败之后安全撤退。

本来李傕和樊稠就已经有分歧了。樊稠的头脑比较简单，但却是个打仗的料子。在部队里，谁在战场上狠，士兵就崇拜谁。李傕看到樊稠这么得到士兵们的崇拜，心里早就不爽了。这时听到李利的报告，心里就更加有气了，认为如果不早日让樊稠消失，他就会消失。

樊稠还不知道李傕已经很生气，还向李傕报告，他准备带部队进驻函谷关，防御关东那些人，但部队不够，请李傕给他增兵。

李傕一看，还能给你增兵？但他一点儿不露声色，叫人过去很有礼貌地请樊稠过来，说是讨论一下目前的军事形势。通知发出去之后，他就在会场上布置了几个刀斧手。

樊稠当然不知道，一脸兴奋地过来开会。李傕进了会场，大声说："我宣布——"

樊稠以为他是在宣布开会。哪知，他宣布的是樊稠的死刑。

大家看到樊稠就这样被李傕杀掉，心情就更加复杂起来。

吃醋的恶果

在后董卓时代的"四驾马车"中，原来李傕跟郭汜的关系最铁。可最后，跟他闹得最上规模的就是郭汜。

他跟郭汜闹矛盾倒不是权力之争，而是因为女人。而且这个女人根本不是什么美女，而是郭汜的老婆。

李傕知道自己杀了樊稠，别人对他的议论会很多，所以一定要跟郭汜搞好团结友爱，要在原先的兄弟关系上更进一步，因此就经常请郭汜到家里来。

郭汜也把李傕当成兄弟，对方一请，他都一脸笑容地过去，有时喝多了，就干脆在李家睡大觉，第二天继续喝。

这样一来，郭汜的老婆就不高兴了。她很快就发现李傕的那个丫头长得很漂亮。她的心里就乱了起来，怕郭汜再在那里夜不归宿，肯定就会跟那个小美女搞上了。

她恨不得把那个小美女砍死，但她没有这个能力。最后，她想，只有想办法阻止郭汜再去李家喝了。

她很快想出了一个计策。

这个计策就是三十六计里的反间计。

反间计很简单，但一经得逞，危害很大。

有一天，李傕给郭汜送一包美食。郭汜老婆一看，机会来了，立马把郭汜叫来，从美食中挑出那几粒豆豉，说："这是毒药。谁吃谁死。不信，请你吃吃看。"

郭汜一听，当然不敢吃。两只眼睛盯着那几颗黑黑的东西，越看越像是传说中的毒药。

郭汜老婆看到老郭的脸上全是害怕的神态，知道自己的计策成功了，便进一步说：“鸡笼里都容不下两只公鸡。李傕能容得下你吗？我就不知道，你到底吃了什么药，这么相信李傕？李傕是什么人？你应该比我更清楚。”

郭汜的头脑比樊稠更简单，听了老婆的话，又联想到樊稠的死，于是就开始提防李傕。没几天，李傕又请郭汜喝酒。

郭汜肯定是个超级酒鬼，虽然已经对李傕有防范，但一看到名酒，就忍不住又猛喝。一猛喝就醉。醉过之后，又拍着脑袋想，好像这酒没有喝多少啊，怎么醉到这个程度？肯定是李傕在酒里放毒了。

如果他的脑袋好用一点，智商再高一点，他就会发现他的这个推断很不靠谱。可他的智商只允许他有这个推断。

这样，他就彻底把李傕当成了敌人。过不了几天，李傕要再请他喝酒时，他大骂李傕，你想毒死我啊。

李傕的脾气本来就大，一听到这话，当然暴跳如雷。

手里有兵的人，生气到这个地步，想不动武都难。

于是，两人骂过之后就大打出手。

汉献帝派几个人过去对两人开展调停工作。可这两个人带着部队继续打。

两人打了几场，不分胜负。郭汜后来认为，只有把皇帝弄到手，自己才能在政治上掌握主动权。于是，他筹划着把汉献帝劫持过来。

这个计划本来不错，可他的保密工作做得不好，以为跟着他的人都是自己的死党。可他的手下还是有反对派。这个反对派平时不作声，这时却偷偷地溜出来，跑到李傕那里，把郭汜的计划都告诉了李傕。

李傕一听，当然不会让郭汜的阴谋得逞，立即派他的另一个侄儿李暹带兵过去包围了皇宫，抢在郭汜的面前把汉献帝弄了出来，直接带到李傕的大营里。

李傕把皇帝弄到手后，又把国库里的现金都搬到自己的营中，然后下令一把火把皇宫烧掉，让郭汜只能抢到一把灰烬。

郭汜抢不到皇帝，就把百官都抓起来，关在自己的营中当人质。

这些动作做完之后，两人又分别召开军事会议，准备向对方开展春季攻势。

李傕联络了千名羌人和胡人作为外援，对他们拍着胸脯说，只要你们帮我搞定郭汜，以后什么都会有。

这些人一听，都很兴奋，表示一定要勇往直前。

郭汜请不到外援，就用现金收买了李傕手下的张苞，让他们来个里通外国，一起把李傕打倒。

汉献帝兴平二年（195年）四月，郭汜抢在李傕之前先发动进攻。他的智力这时超常发挥起来，认为自己有了内应，就应当快点儿动手，否则，让人家知道自己的阴谋，那可就什么都完了。因此，就抢在前面，在夜里向李傕突然发动进攻。

这次军事行动不但时机选得很对，而且又有里应外合的优势，要一把搞定李傕并不难，而且战斗一开始，主动权就牢牢地控制在郭派手里。可事情有时就是喜欢发生意外。

郭汜在发动进攻时，攻势确实很猛，箭头不但射到献帝的帐中，还把李傕的左耳也射穿了。

而在这个时候，内应张苞也按计划放火烧营来接应郭汜。如果这火一烧，李傕部队肯定会乱成一锅粥，谁也无法组织力量来抵抗了。哪知，张苞准备的放火工具连续点了几次，最后是心里发火，真正的火却没有烧起来。

这时李傕的另一个死党杨奉已经率兵赶到，在外面拼命挡住郭汜的进攻。

郭汜在外面发了数次冲锋，但却看不到里面火光大起，以为内奸已经完蛋。内奸没有了，他这个进攻就没有什么意义了。因此就退了下来。最后张苞脱身跑到郭汜那里。

李傕怕郭汜又搞什么阴谋来抢汉献帝，就把献帝关到董卓修建的那个北坞里。

献帝又派人去给两人做调解工作，但没有成功。

两人一直混战几个月，谁也没有把谁打残。到了汉献帝兴平二年的六月，李傕的阵营发生了变化。

这个变化是杨奉搞出来的。杨奉原来是李傕的死党，不知是什么原因，突然对老领导不爽起来。他决定想个办法把李傕直接搞定。可阴谋诡计一不小心泄露了出来，他搞不定李傕，就带着自己的部下，单干去了。

本来李傕跟郭汜的力量就处于同一档次，双方老是分不出胜负。这时杨奉一宣布单干，李傕的势力立马就单薄起来。

这时，同属于后董卓时代的“四驾马车”的张济出场了。他虽然是四驾马车之一，但在三驾马车你死我活时，他却保持沉默。现在他们闹得差不多了，他才出来。

他出来前，肯定对形势进行过全面的分析评估。因为此前，无论是地位、职务还是手中的实力，他都比不上另外三驾马车。现在他们玩儿了这么久，肯定已经玩儿得很累很受伤了，他的力量肯定都比他们强，应该是他出手的时候了。

张济从陕县出来，高调宣称来给李、郭开展调停工作，化解两人之间的矛盾，然后打算把汉献帝迎接到弘农去居住。献帝也觉得长安不宜再住下去了，很想回到洛阳，便派使者给李、郭两人传达圣旨，让他们听从张济的调解。使者反复跑了十多次，李傕和郭汜这才表示同意。他们还达成协议，互换儿子作为人质。

大家一看，似乎看到和平的曙光了。哪知，还是起了波折。

这个波折又出自一个女人。这次是李傕的老婆。她很爱她的那个儿子，听说要把儿子送到郭汜那里当人质，就受不了了。

李傕也是个怕老婆的料儿，因此又当场撕毁了这个刚刚发布的协议。

双方暂时还没有找到解决的办法。

李傕营中的那些羌人与胡人这时又跳了出来。因为此前李傕答应过他们，只要他们帮他去对付郭汜，就满足他们的要求。于是，他们为李傕拼命了几个月。这时双方停战，他们认为任务已经完成，现在是李傕兑现政策的时候了。可李傕却总是没有兑现，让他们觉得很难受。于是，他们就组织起来，天天跑到献帝那里。

献帝觉得很难堪。

侍中刘艾看不过去，就去找贾诩，要求他想办法解决这些人。

贾诩摆了个规模宏大的酒席，把那些羌人和胡人的首领都叫来，一边大吃大喝，一边向他们许诺，不但授予他们爵位，还会给他们很多钱财。

这些少数民族的首领，头脑都比较简单，性格也较豪爽，再加上吃了人家的饭，就都接受了贾诩的要求。

不过他们也就不再为李傕卖命了。于是，李傕的力量就更单薄。

这时，人家又过来调停，李傕就答应同郭汜和解。不过，这次不用儿子互为人质，而改用女儿——反正男女都一样嘛。

两人一和解，汉献帝就决定东返。

可郭汜又不甘心让皇帝返回洛阳，在途中做了几次手脚，都被人家识破。后来，杨奉、董承、李定等几家势力又加了进来，人员越来越复杂，乱子也越来越多。而这些人为了争皇帝，又互相拳打脚踢，最后都消耗得差不多了。

他们的这些动乱，比起此前和此后的那些乱子来，简直是小儿科。但因为他们的这些扯皮，他们的相互消耗，却为以后曹操的挟天子以令诸侯奠定了坚实的基础。

不过，现在的曹操对这个后来著名的“挟天子以令诸侯”连想都没有想过。

袁绍最大的失策

让我们再来看看曹操。

曹操经过休整，那口气又恢复了，便决定再跟吕布对决。

兴平二年（195 年）的闰五月，曹操向驻扎在巨野的吕布部将薛兰、李封发动军事行动。吕布接报后，赶紧过来救援。但“不胜而走”。曹操斩掉薛兰，然后进军乘氏。

这时，曹操知道陶谦已死，觉得徐州还是个好地方，便想先去把徐州抢到手中，然后再来找吕布的麻烦。

但荀彧却坚决反对，并有理有据地摆出了他的理由：“主公本来稳坐兖州，平定山东，事业已经初见成效。而且兖州地理位置很重要，现在虽然到处被破坏，有点儿不宜人居。但它处于黄河和济河之间，还算是个易守难攻的地方，比起‘关中’和‘河内’一点儿不差。所以，现在咱要做的就是先把这个地方巩固下来，这是咱们基础的基础，坚决不能马虎对待。现在咱们已经搞定薛兰，如果再分兵去攻打陈宫，他一定不敢再有别的打算。咱就可以乘机储备军粮，完全可以一举打败吕布。搞定了吕布之后，咱再向南跟刘繇联手夹击袁术，进而把淮水、泗水一带划归咱们的版图。如果现在不管吕布，让他在咱的后背乱打乱踢而不顾，却带兵去攻打徐州，真的会有胜算么？因为有吕布在背后，咱就很难办了。多留兵，就打不下徐州，少留兵，只有让老百姓来帮忙守城了。吕布要是乘虚进攻，估计又会出现全州只有三城在手的局面了。这样，兖州还算在咱们的手中吗？更可怕的后果是，到时连徐州也拿不下，咱就真的无家可归了。现在陶谦虽然已经死了，但徐州人民经过多次的战斗，现在肯定能够团结一致，共同对付咱们。再加上咱们一过去，他们就必然来个坚壁清野，让咱们找不到粮食。这样，咱既攻不下徐州，又没有抢到军用物资，不用几天，咱们的十万精兵根本不用人家过来打，就先自己玩儿完了。另外，上次主公攻打徐州时，屠杀得太过分了。现在徐州人民一提起主公，个个都恨不得杀了咱们。所以，到时他们肯定人人拼命，即使咱们拿下城池，徐州人民也不会归降，咱还得花大力气去整顿，拿下徐州跟没有拿下徐州就没有什么区别了。你再好好考虑一下吧。”

曹操一听，这才知道，打徐州的主意原来是个愚蠢的想法，决定按荀彧的这个指导思想去做。

吕布和陈宫当然不会在那里等着曹操进攻，早已带着一万多人马杀了上来。

这时曹操的身边有不到一千个士兵。

如果一定要死守营寨，跟伸着颈脖让吕布屠杀没有什么差别。

曹操的智商不会降低到这个地步。他看到吕布兵大喊大叫着杀上来，马上把部队分成两个部分，让一部分士兵埋伏在大堤后面，另一部分在大堤外布阵。吕布的部队杀上来时，看到曹操就这么几个兵，大家只要冲上去就行了。

哪知，当他们冲上前去跟曹操那一小撮部队厮杀时，突然堤后喊杀连天，一彪人马猛杀下来。

吕布军一看，难怪这里才摆这几个兵，原来曹操是拿这几个兵来忽悠他们的，是吸引他们上当的。

他们这次真的上当了。因为，曹操的伏兵也没有几个。只要他们头脑稍微清醒一点儿，曹操再怎么老奸巨猾，这次也是逃不了性命的。可是，吕布一看到人家有埋伏，也不看看这些伏兵到底有多大的规模，便跟着士兵们掉头就跑。

本来，他们完全可以把曹操的这批部队连同曹操一起来个快速屠杀。哪知，这样一来，他们反而被曹操的部队狂砍了一顿，而且一直追着砍到吕布的营寨面前。

吕布打了这个败仗，不但一点儿自尊也没有了，而且连自信心也全部归零，觉得自己实在不是曹操的对手了。

不能打，就只有撤退。

吕布连夜撤军。

曹操看到吕布一夜之间跑得无踪无影，当然高兴得要死，向定陶进攻，也顺利拿下。然后分兵平定各地，兖州全境又差不多都回到曹操的手中。

吕布只得又找人投靠。

这次他跑到徐州去见刘备。

吕布此前吃够了大大咧咧的亏，这次在刘备面前表现得很谦虚，极力跟刘备套近乎儿。最后，还请刘备来到帐中，然后安排酒席，请刘备大吃大喝，叫刘备为弟。话是说了一大堆，但来来去去都是那几句礼貌用语，而且还说得一点儿不熟练，显得太没有文化。所以刘备心里很鄙视他。当然，刘备在面上仍然跟他说笑，好像对吕布尊重得要命。

当时刘备比所有的人都知道，曹操是不会甘心让他当徐州一把手的，因此在这个时候，他再怎么对吕布不满，也不能跟吕布撕破脸。现在他需要团结一切可以团结的力量，对付随时而来的曹操。吕布虽然一点儿不可爱，但他到底是曹操的敌人。按照敌人的敌人就是朋友的原则，吕布近期内还可以划归朋友之列。

这段时期，大家都忙着打基础，寻找机会，定好策略，以便能牛到最后。

大家知道，后来曹操能发迹成为中原一支独大的集团，起作用最大的就是“挟天子以令诸侯”这个策略。

其实，最先有这个机会，也最先听到这个策略的不是曹操，而是袁绍。

这段时期，献帝都在西凉那些人的手里转来转去，谁都想控制他一把，过一过当皇帝监护人的瘾。弄得献帝几乎天天过着流浪生活。

不过，他虽然在流浪，但献帝还是天天向东边行进。

作为皇帝，献帝始终是各路诸侯关注的焦点。这时大家都知道他正在向东方艰难地行进当中。但这些人也只是关注一下而已，别的想法都没有。

对献帝目前的情况，袁绍当然也知道，他手下的谋士也知道。

沮授却看出这个落难皇帝身上存在的价值，他马上去找他的老板袁绍，向袁绍提出了一个最富建设性的建议：“今朝廷播越，宗庙残毁，观诸州郡虽外托义兵，内实相图，未有忧存社稷恤民之意。今州域粗定，兵强士附，西迎大驾，即宫邺都，挟天子而令诸侯，畜士马以讨不庭，谁能御之！”

这话的意思是：现在皇帝正在落难的路上，各路牛人其实都是打着皇帝的旗号，壮大自己的力量，谁也不把国家放在心上。现在咱们的地盘已经初步稳定，力量也开始强大，我们可以向西过去迎接皇帝，让皇帝就住在邺城。然后可以“挟天子而令诸侯”。皇帝在我们的手里，谁也奈何不了咱们。咱就是这个天下说话最算话的人了。

这话说得很有道理。如果袁绍真的听进去，后来的历史故事，估计就会是另一种精彩了。

可沮授的话才说完，郭图和淳于琼当场就站起来反对：“今迎天子自近，动辄表闻，从之则权轻，违之则拒命，非计之善者也。”意思是说：把皇帝接到这里住下，以后就有无穷无尽的麻烦，你听他了，你还有什么权？你要是不听他的话，就会被扣上违抗君命的帽子。谁主张把皇帝接过来，谁就是天下最愚蠢的人。

沮授还在坚持：“今迎朝廷，于义为得，于时为宜，若不早定，必有先之者矣。”

可袁绍觉得郭图他们的意见才是正确的。他当了这么久的盟主，虽然不能号令天下，但也在大家的面前说话算话。现在刚刚占领冀州，在冀州的这块地盘上，大家都看他的脸色办事，让他心里觉得实在是很爽。如果把皇帝接过来，以后他的头上还会有个上级领导，他就得天天去向他请示汇报工作，实在太窝囊了。

从这点上看，袁绍要比曹操差多了，他只盯着眼前的小利，一点儿战略眼光也不具备。即使后来他不输给曹操，也会死在其他敌人的刀下。

第七章
机会其实是均等的

孙策的起点

这时，另一个牛人也开始登场。

他就是后来孙坚的接班人孙策，也是江东第二代领导人。

当然，他现在还成不了江东的领导人。

他的老爸光荣牺牲后，孙家的事业就直接从高峰跌进低谷。当时他才十七岁，把老爸的尸体运回曲阿安葬，然后跑到江都——本来他是长子，可以袭其父的爵位，但他把这个待遇转让给他小弟孙匡用了。他决定再重新打造孙氏的基业，因此到处交朋友，时刻准备着为老爸报仇。

当然，在嘴里说说为父报仇是很容易的，但要真的报仇起来，没有强大的武装力量是行不通的。现在他除了认识一大批朋友外，手下连个跟班的也没有。他决定去找袁术。他的老爸原来就是袁术一派的，也是受袁术之托去跟刘表打仗的。现在就只有去找他了。

史书上说孙策“美姿颜”，身上豪气很重，因此袁术一看到他，就对他很有好感。他请袁术把他老爸的部队还给他，让他去找刘表报仇。

袁术虽然“甚奇之”，但却没有答应他的要求，只是叫他去投靠他的舅舅吴景。说那里是历史上产精兵的地方，可以在那里开展征兵工作。

吴景现在是丹阳太守。他这个丹阳太守来得很暴力。原来他只是袁术一个手下。后来丹阳太守周昕跟袁术翻脸。袁术一怒之下，派吴景过去进攻周昕。周昕干不过吴景，只得丢下丹阳跑了。袁术很高兴，就任命吴景当丹阳太守了。

孙策一听，就跟吕范一起，把老妈接到曲阿，然后依靠老舅，在当地开展征兵工作，得到几百个新兵。在这期间，他还遭遇了一次生命危险。当他经过泾县时，被那个地方武装头子祖郎猛揍了一顿，差点被砍下脑袋。

他这才知道靠招募到的新兵去战斗，不但不能报仇，只怕自己会先死掉。因此，他又跑去见袁术，把情况跟袁术说了，强烈要求袁术把他老爸的旧部交给他。

袁术就把孙坚的老部下一千多人都交给孙策，还向朝廷上表，任命他为怀义校尉。

袁术绝对不是个有胸怀的人，但对孙策却很好，曾当着很多人的面说："使术有子如孙郎，死复何恨？"没几天，孙策手下的一名骑士做了违法乱纪之事，怕给孙策抓住，就逃到袁术的大营里，躲到马房中。孙策派人进去，当场就把那个骑士的脑袋砍了下来。然后他跑过去面见袁术，向袁术请罪。如果是别人，估计袁术早已气得把他痛扁一顿。可现在他却笑着对孙策说："兵人好叛，当共疾之，何为谢也？"意思是说：对待反叛的士兵，个个都可以军法从事，哪用过来请罪？

从这事当中，我们可以知道，孙策做事是不会乱来的，还是很讲策略的。毕竟，能让袁术这样的人不生气，没有几把刷子还真不行。这样一来，连袁术手下的士兵对孙策也有点儿害怕起来。

如果袁术能把这个态度坚持到底，永远这样对待人才，对待孙策，他的前景就大不相同了。可袁术到底是袁术，没几天就把他那个小家子气表现得十分到位。

本来，袁术想让孙策去当九江太守。

孙策也知道了这个方案，正心情舒畅地等着任命书。哪知，文件下来之后，九江太守的名字却变成了陈纪。

孙策就觉得很郁闷。

不久，袁术准备去攻打徐州，要求庐江太守陆康提供三万斛米。陆康一看这个数太大，要是都如数给了，庐江人民就只好喝西北风了。他就是答应，庐江人民也不答应，因此便不理袁术的命令。

袁术大怒，把孙策叫来，说："前次用陈纪为九江太守，是我错了。直到现在还在后悔，这次你要是能够搞定陆康，庐江太守就归你了。"

孙策一听，又兴奋了起来，带着部队去向陆康进攻。陆康当然不是他的对手。当孙策攻进入庐江郡府时，以为从今天开始自己就是太守。当他还在一脸天真地笑时，袁术的庐江太守任命书就已经下来了。可任命书上的名字却是刘勋。

孙策终于明白袁术是永远靠不住的，要成大事，只有靠自己。

不久，他老爸的老部下朱治过来见他，劝他不要在袁术这里待着，应该想办法夺取江东，打造自己事业的基础。他觉得很对，就把目光转向江东。

正好这时，他的舅舅吴景跟刘繇产生了摩擦。刘繇本来是扬州刺史，他的首府就是寿春，可后来袁术把他赶走。他只得跑到曲阿躲开袁术。这时他的力量又有点恢复，想回收自己过去的地盘。丹阳就在曲阿的边上，因此他把部队开过来。吴景打不过刘繇，逃了出来，退到历阳。

刘繇又派樊能和张英追杀过来。现在双方正打得你死我活。

孙策就过去对袁术说："我想回去帮助我的舅舅共同对付刘繇。然后在那里招募新兵。"

袁术知道现在孙策很恨他，把他放走以后肯定会对他不利。可他又想，现在孙策手里没有几个兵，而刘繇还强大得很。孙策就是有再大的本事，也比不过刘繇。于是就同意了孙策的请示。为了表示自己很大气，在同意孙策的同时，还上表任命孙策为折冲校尉。

孙策当然不在乎这些官衔。现在是谁的力量雄厚谁才是老大。

他带着一千多人出发，一边行军，一边开展征兵工作。等他到历阳时，他的队伍已经有六千人了。

这时，又一个猛人出场。

这个猛人就是周瑜。

周瑜跟孙策本来就是好朋友。当年孙坚自己带兵到外面去战斗，就把家属留在寿春。那时，孙策才十岁，但已经喜欢结交当地的名士。而周瑜跟孙策同岁，听到孙策的名声后，就从他的家乡舒县跑来，去拜访孙策。虽然舒县离寿春不远，但一个十岁的孩子跑出来找一个从未谋面的人，在当时也算是奇闻了。两个小孩儿一聊，就成了好朋友。

后来，周瑜建议，为了以后见面不用跑这么远，让孙策跟他去舒县。孙策一听，这真是个好办法。周瑜便把一座大院让给孙策居住。

后来孙策因为老爸死掉，就先出来混。

两人已经好久没有见面了。这时，周瑜的伯父周尚为丹阳郡太守。周瑜听说孙策来了，就带着部队过来迎接孙策，并援助他军费和粮草。

孙策看到周瑜，高兴得要死，说:“吾得卿，谐也。”意思是说:我得到你的帮助，什么事都可以做得成。

孙策一到历阳，马上投入战斗，进攻横江、当利，全都攻克，把樊能、张英都猛扁了一顿。两人最后只得抱头而逃。

孙策的水平这时处于爆发期，渡江之后，到处打胜仗，几乎到无敌的地步。人们听到传说中的孙策来了，个个都怕得要命。这样一来，孙策被说成了一个吃人的魔鬼。哪知，等孙策真的飒爽英姿而来时，军队都遵守纪律得很，个个喜欢得要命。于是都去慰劳孙策的部队。

他们这时才看清了孙策。大家都愿意团结在他的周围，跟他去战斗。

收拾了周边的力量，孙策开始把目光投向刘繇。

两个猛男真的单挑了一回

他先向刘繇控制的牛渚发动进攻。刘繇在这里存放了大量的武器和粮草，但部署的部队却一点儿不精锐。孙策一发动进攻，那些士兵连几个抵抗动作还没有完成就全部被解决。刘繇的这种行为，等于把经过多年积累的军用物资都送给了孙策。

刘繇虽然在孙策面前显得很没有水平，但当时他在这一带还是很有市场的。几个当地的土豪薛礼、笮融都愿把他当老大。这些人虽然一片忠心，可水平却一点儿不突出，跟孙策一接触，就被孙策“击破之”，连个还手的动作也做不出。

不过，在跟笮融的那一战中，孙策还是遇到了一个麻烦。这战斗也跟前几次战斗一样，战场的形势是一边倒。孙策也像前几场大战一样，带着部队向前冲杀。哪知他正杀得兴起，一支流矢过来，正好射中他的大腿。这次他真的受伤了，伤得连马都不能骑。他只得退回牛渚大营。

有几个降兵把这个事告诉了笮融。本来这个消息对笮融来说是件好事。哪知这几个士兵只知道孙策中了箭，至于哪个部位中箭，却一点儿不知道，就说孙策已经被射死了。

笮融一听，笑得脸都歪了，马上就派部队去消灭孙策遗留的部队。他以为，孙策死了，那些部队肯定正沉浸在万分悲痛之中。他现在可以在家里等着胜利的消息。

哪知，孙策却没有死，他知道笮融的部队前来后，便命令几百个士兵上前去应付敌人，然后让主力部队埋伏起来。那几百个士兵成功地把敌人带进了埋伏圈。结果自然是“大破之”，取得了斩首千余人的成绩。孙策选了一批嗓门特大的人，跑到笮融的营前，让那些人集体大叫：“孙郎竟云何！”意思是：看看孙策现在怎么样了？是活着还是死了？

正怀着激动心情等着胜利消息的笮融这才知道，那个“孙策已死”的情报原来是错误的。把错误情报当成真情况的后果真的很严重。笮融手下的士兵们怕孙策又出什么阴谋诡计，最后都“惊怖夜遁”。笮融没有办法，不敢再跟孙策面对面，只是“深沟高垒，缮治守备”。不管孙策如何嚣张，他都是高挂免战牌。

孙策连续得胜，就更加活跃起来，到处寻找刘繇的部队作战，又接连拿下湖孰、江乘。最后，刘繇的首府曲阿就孤立地出现在孙策的眼前。

孙策在江东一带横行了这么久，消灭了大量刘繇的部队，夺取了刘繇大量的地皮，并不是刘繇的实力比孙策单薄，而是他手下实在找不到一个像样的人才，最后使得江东战场成了孙策一个人表演的大舞台。

没几天，刘繇的老乡太史慈过来看望他。

太史慈长得很猛，如果把他投放战场，跟孙策应该有一拼，刘繇的手下就建议老大重用太史慈。

现在刘繇是谁都可以重用一下，但他却不愿重用太史慈。他不愿重用太史慈的原因，不是他认为太史慈没有水平，而是怕许劭笑话他。刘繇跟许劭关系很不错。在太史慈刚到江东来见刘繇时，许劭看了这个猛男一眼，就对刘繇说："此子勇则勇矣，然必折于江！"这话里面鄙视的成分很大。

刘繇一看到太史慈就想到许劭的话，觉得自己要是把一切希望都交到太史慈身上，许劭就会笑他手下人才太短缺。所以他只叫太史慈负责带几个侦察兵深入战地前钱，侦察敌军。

有一次，太史慈带着一个骑兵出来执行任务，正好孙策也带着韩当、黄盖等人出来。两人在半路上相遇。

太史慈一看，那不是孙策吗？只要现在就上前把他抓住，江东的所有问题不就彻底解决了？于是他二话没说，直接冲上前去，进攻孙策。

想不到孙策也是个猛男，看到太史慈冲上来与自己单挑，并没有回避，而是举枪迎战，一枪正好刺中太史慈的战马，然后顺势夺得太史慈背后的手戟。而太史慈也不弱，抢到了孙策的头盔。这一次交手，算起账来，应该是谁也不吃亏，属于典型的平局。两人正准备继续较量下去的时候，双方的部队都开到，两人觉得在这么多的人面前胡乱扭打，也太难看了，就都松了手。

到了这时，刘繇仍然不重用太史慈。

孙策向曲阿进攻。刘繇不得已亲自出战。

孙策看到刘繇亲自露头，立马猛冲上去，把刘繇打得全面崩盘。刘繇最后夺路而逃，跑到丹徒躲着。

孙策占领了曲阿。他靠几千士兵横扫江东，赶走刘繇，在短时间内完成了开创江东大业的基础。相比之下，他比他的老爸厉害多了。他的老爸很能打仗，不管是跟黄巾军干，还是在讨伐董卓的战场上，表现得都很优秀，力量也在不断地壮大。可因为没有一个正确的指导思想，把袁术当成自己的后盾，最后死得很可惜也很难看。孙策刚开始时，也在走他老爸的路子。可后来，他很快明白，老爸留下的这一套实在太无用了，正好朱治向他提出拿下江东的建议。他马上调整战略思路，拿下了江东。

一个好的战略思想实在太重要了。

孙策进入曲阿之后，马上对广大官兵进行大力表彰，在第一时间里发布安民告示:“其刘繇、笮融等故乡部曲来降首者，一无所问；乐从军者，一身行，复除门户；不乐者不强。”意思是说：凡是以前跟刘繇混的，大家都不要追查他们的底细，如果愿意继续从军的，一家只出一人，然后全家都免掉农业税。如果不愿当兵的，也不勉强。

这个政策一出台，大家都很高兴，觉得跟这样的人干就是爽，于是都自愿跑出来，穿上孙家军的军装。只十天时间，孙策士兵的人数就涨了两万多人，战马一千多匹，个人“威震江东”。

袁术做梦也想不到孙策只靠一千个士兵，在这么短的时间内就拿下了整个江东地区。现在就是他也拿孙策没有办法。他的心里很酸，但又不能表现出来，就上表推荐孙策“行殄寇将军”。

吕范看到孙策的部队已经开始浩浩荡荡了，也开始军容整齐起来了，但军纪仍然是原来的军纪，就主动要求担任都督，主管全军的纪律问题。

孙策当场任命他为都督。吕范工作真的很卖力，没几天，“军中肃睦，威禁大行”，终于使军队走上了规范化的道路。

忽悠人最恨忽悠人

在孙策的事业不断上升的时期，另外一个三国牛人刘备却进入低潮时期。

你不得不佩服刘备的眼力，他第一眼就看出吕布不是什么好人。但他那时没有办法对吕布怎么样，仍然让吕布在徐州的地盘上住下来。

袁术这时觉得自己好久没有动静了，也应该做出点儿动作来。他觉得现在他最好的攻击目标就是徐州。于是，他二话不说，直接向刘备宣战。

刘备带着主力部队在盱眙、淮阴一带与袁术比拼，叫张飞留守下邳。

刘备在淮阴前线跟袁术一直打了一个多月，谁也捡不到便宜。但张飞在后方却先出事了。

原来，下邳的二把手曹豹是陶谦的老部下，估计他老早就对刘备产生了不满的情绪，后来又跟张飞闹了矛盾。张飞一气之下，把曹豹砍掉了。

张飞这一刀砍下去，大家对他果然有了再一次的认识，怕他哪天那个脾气再次发起来，自己的脑袋可就难保了，于是城中就乱了起来。

袁术在前线没有捞到什么便宜，但情报工作却做得很好，知道张飞把刘备后方搞得不成样子了，马上就给吕布写信，请吕布出手，搞定下邳。而且还开列出个很好的条件——只要他能搞定下邳，袁术就给他很多的军粮。

吕布本来就是一个纯粹的机会主义者，个人私心最为严重，只要有点儿利益可图，叫他干什么他都敢干。接到袁术的信后，他便立即出兵，从水路杀上来。

更要命的是，吕布这次还收买了一个内奸。这个内奸的名字叫许耽，职务是中郎将。

这一切，张飞一概不知，认为敌人离自己还远得很，用不着那么紧张。

而许耽却早就做好了一切准备，看到吕布的部队开到，立即按既定计划打开城门，把吕布的部队放进城中来。

张飞这才知道真的出事了，忙出来迎战，但哪打得过人家？最后只好夺路而逃。吕布把刘备的家属一个不漏地都抓住了。

刘备听到这个消息后，只得回兵。可到达下邳时，部队已经全面崩盘。

刘备只得收拾残部，要去攻取广陵，想找个地方来歇歇脚。可袁术又放马过来，刘备只得勉强应战，又被打了个大败，便再退到海西。这时，部队的粮草已经宣布用完，士兵们个个都饿得眼睛发花，最后发展到自相残杀的地步。

到了这一步，离彻底崩溃宣布破产已没有多远了。

幸亏糜竺及时出手，这才使刘备渡过事业中最难过的关口。糜竺原来是徐州的首富，也是刘备最铁杆的粉丝之一。这时看到刘备的士兵都变成饥民，就把家里的财产捐献出来，充当刘备的军费。刘备才得以缓过一口气。

虽然这口气缓了过来，但脚下已经没有一丁点儿立足之地。

刘备最后没有办法，只得派人去见吕布请降。

本来，吕布是不想接受刘备的投降的，可因为袁术突然变卦，不给他送来一颗粮食，心里大为生气。他不但同意了刘备投降的请求，还让刘备继续当他的豫州刺史，气一气袁术。

吕布虽然经常玩出尔反尔的把戏，但他最看不惯人家对他也来这一招，所以恨不得立即收拾袁术这个不讲信用的家伙。

他把刘备请来，要求刘备和他一起跟袁术对着干，先把这个没有一点儿诚信的家伙搞定。刘备当然一口答应。于是，吕布让刘备驻军小沛，他任命自己为徐州牧，部署进攻袁术的行动。

哪知，跟袁术还没有接触，他自己倒先碰到了个麻烦事。他部下那个郝萌不知什么原因，突然宣布造反，连夜向他发动袭击。吕布当时连衣服都没有穿好，起来就拼命跑路，最后半裸奔到高顺的营中。

高顺的应急能力很强，立即组织力量对郝萌进行反击。双方大战到天亮，最后以郝萌战败而告终。最后，这个造反的家伙又被他手下的曹性杀死。

袁术在他自己挑起的这场战争中，一点儿便宜也没有捞到，反而因为忽悠吕布多了个敌人。可他一点儿不在乎。

袁术这些年来忽悠成性，脑子里除了忽悠二字外，似乎没有别的办法。他忽悠了别人，最后自己也把自己忽悠了一通。

当时，社会上流行一句谶言“代汉者当途高”。这几个字虽然不是什么难字，可谁也无法知道这几个字的真正内容是什么。这是一句根本不靠谱的预言。

可袁术却在吃饭时研究这句话，睡觉时也研究这句话。

他在数天之后，终于把这句话的内容跟自己的名字挂上钩了。他认为，这句话里的关键词就是那个“途”字，而这个途字正好指的是他袁术。为什么是他？因为他的字叫公路。“途”是什么？途就是“公路”啊。

大家现在知道这话的意思了吧？这话的意思就是：代替汉朝的人就是袁术。

当然，仅有这个理论还不够，还不能服人。于是，他又从自己的出身做文章。这一次他不再只是把那个“四世三公”挂在嘴头，而是把自己的祖先一竿子打到几千年前，直接挂靠到大舜的头上。然后他说，大舜是土德。而大汉是火德。按照五行的运行法则，土是代火的。

他很兴奋，这不但是他努力的结果，也是上天的安排啊。

本来，他老早就有过当皇帝的远大理想，但手里的资本不行，理论依据也没有，因此这个“当皇帝”的念头也只是压在自己的心里，不敢让它表现出来。现在虽然力量仍然不怎么样，但有这个理论依据。

他为了当皇帝，早就做好很多前期工作，包括孙坚得到的那方传国玉玺。

如果看过《三国演义》，你一定知道，演义里的故事是，孙策为了从袁术那里借兵，就把那方传国玉玺当抵押物送给了袁术。后来袁术就不再归还。其实真正的情节是，袁术老早就知道孙坚得了那方传国玉玺。在孙坚光荣牺牲后，立马把孙坚的老婆抓了起来，然后到处搜查，终于把那方玉玺拿到手中。

近来，他想当皇帝的愿望越来越强烈。他一边大力做好当皇帝的前期准备工作，一边比别人更加关注汉献帝的动静。

现在的献帝确实正在像他的愿望那样，越来越困难。

天子东来

献帝去年离开长安，把洛阳当成目的地，因为那几个家伙的互相争斗，使得他仍然还在行进的路上。

公元196年的春节，他是在行军途中度过的，他在半路上做了一个动作——改元建安。从此中国历史进入了著名的建安时期。

这时，他的监护人是董承、张杨、杨奉、李乐。

这四个人又分为两派。董承和张杨认为还是继续向洛阳的好。可杨奉和李乐是西部的人，怕到了洛阳，他们是外来人员，到时就会搞不过董承他们，争吵起来，肯定没有什么好果子吃。于是，就又进入新的扯皮时期。

本来这四个人的力量已经一点儿不雄厚，再闹了这个矛盾，战斗力就又打了折扣。这时，韩暹又过来插上一脚，跟董承打了一仗。董承吃了败仗，便跑到张杨那里躲着。

杨奉虽然跟董承闹矛盾，但他更不愿让皇帝落到韩暹的手里，于是跟胡才一起，准备进攻韩部。

献帝说，大家都是大汉的子弟兵，不要再打了。这居然能阻止了一场战斗。

不久，他们离洛阳很近了。张杨就派董承先到洛阳，修复那些被董卓烧掉的宫殿，以便让献帝回到首都时，有个睡觉的地方。

修宫殿是要经费的。现在董承的手里没钱。太仆张岐给他出了个主意，可以让刘表出资。刘表不是口口声声说自己是汉家亲戚吗？

董承就跑过去见刘表。

如果刘表有曹操那样的水平，这个历史的机会就落到了他的手中。可这家伙这时很老实，听到皇帝要让自己出资修复宫殿，就立即同意，其他的想法一点儿也没有。没几天，他就把物资源源不断地输送过去。

汉献帝大概底气也有所提高，命令杨奉他们过来护送他进入洛阳。

杨奉这次倒还听话，马上带兵过来执行任务。不过，走得仍然很慢，到了六月，汉献帝才到达闻喜。

直到七月初一才到达洛阳。这时洛阳还处于破烂不堪的状态。献帝就住在赵忠的家中。到了七月十四日，他发布诏书，大赦天下。

好像一切开始回归正轨。其实完全不是这样。

张杨认为皇帝能顺利回到洛阳，自己的功劳是最大的，谁也比不上自己。他为了让自己更牛一点儿，居然把献帝最先住的那座宫殿命名为杨安殿。然后就带兵出城回到野王，说是准备抵御那些牛人们的反扑。

这时的洛阳，几乎所有的建筑物都已经烧完。原来的繁华地带，都长满了荆棘。官员们只得天天砍开荆棘，胡乱在墙壁之间搭个简易的茅房居住。更要命的是，洛阳城里什么都没有，谁也不送点儿吃的来给这些官员。于是，尚书郎以下的官员都得亲自出去，采摘野菜回来充当口粮。没几天，就有人饿死在那些墙壁之间。那些士兵看到这些人都是当官的，以为他们手里肯定有很多现金，也跑过来，杀了不少人。

袁术对这些情况知道得很清楚。他就更加兴奋起来，直接宣布了他要当皇帝的意图。

大家一听，觉得他凭这点儿资本，连刘备都搞不定，就想当皇帝？但大家知道他的脾气就是听不得反对的声音，因此个个都紧闭着嘴，谁也不说话。

只有主簿阎象不同意，他当场摆了一大堆理由出来：以前周朝都三分天下有其二了，他们仍然没有称帝；而现在的皇帝远远没有犯纣王那样的错误。而袁术的势力也比不上那时的周武王，就是比起他的哥哥袁绍都不如。这个条件能称帝吗？得好好地考虑一下。

袁术一听，阎象说的可是现实，想反驳一下都难，就在那里发呆，跟大家的沉默保持高度一致。

他虽然在会上保持沉默，但还是没有打消当皇帝的想法。他觉得大家不赞同他的意见，那是因为他的这些手下素质太低，没有领会他的意图。他得去招聘几个素质高的人来做他的助理，以便全面贯彻他的思想。现在素质高的人往往就是那些躲在乡下当隐士的名士。他派人去请隐士张范。

张范根本不想去看袁术那张脸，只派他的弟弟张承过去面见袁术。袁术一看，虽然张范没有来，但张承来了也不错。他又傻乎乎地问张承："我现在地皮、士兵和钱财都很多，你看看，我能不能跟齐桓公比一比？我现在想以刘邦为榜样，你觉得可以吧？"

他以为，张承肯定会给他一点儿面子吧？哪知，张承却一点儿不管他的脸面，当场就指出他这个想法是不行的，是一个自绝于人民的想法。他要是硬走下去，后果会很严重的。

袁术一听这话，当然不高兴，马上把张承送走了。

孙策知道他的这些活动后，也给他写了一封信，劝他不要执迷不悟。

袁术本来以为自己现在的部队人口数量庞大，孙策虽然很牛，但一定会怕自己，也一定会拥戴自己。

可打开信一看，原来是这些话，真是让人郁闷到极点了。

袁术这一次郁闷，郁闷得很深刻。最后居然发展到"愁沮发疾"的地步。他这时恨透了孙策，就坚决跟孙策断绝了外交关系。

迎天子

这时的曹操却大不一样。他跟袁术一样，也知道了汉献帝已经到了洛阳。他跟袁术不一样的是，他并没有想着自己去"代"汉，而是想着如何从汉献帝身上榨取他的剩余价值，然后把这些剩余价值大大地利用一番。

他想过去先把汉献帝接过来，以后再说。

可他那些手下也跟袁绍一样，认为现在汉献帝跟个废物没有什么两样。再加上，自己地盘上的乱子还没有全部肃清，献帝那里还有张杨、杨奉一干人在武装保护着。咱们过去只怕未必能顺利把皇帝弄到手。

只有荀彧认为，这个计划可行性最强，并提出了一个与“挟天子以令诸侯”差不多的策略。他的话是“奉主上以从民望，大顺也；秉至公以服雄杰，大略也；扶弘义以致英俊，大德也”。这是个历史性的机会，意思是说：如果咱们不赶快行动，别的人也看出这个关键点，抢在咱们的前面，把皇帝带走，咱们以后就只有后悔了。

曹操一听，当场拍板，要把皇帝带到他的身边来。以后他的话就是皇帝的话。于是，他马上进行部署，命令曹洪带着先头部队向洛阳出发。

但董承他们早已守住各路关口，堵住了曹洪前进的道路。

在曹洪很郁闷的时候，董昭出来，帮了曹操一个忙。他以曹操的名义给杨奉写了一封信，信中把杨奉吹捧了一番。杨奉读完这封信，高兴得要命，马上就把曹操当成自己人，对大家说：“兖州诸军近在许耳，有兵有粮，国家所当依仰也。”然后请大家联名上表，任命曹操为镇东将军，并袭父爵费亭侯。

这就为曹操进洛阳打下了道义上的基础。

这时，董承和韩暹又闹起矛盾来。韩暹认为自己护驾有功，说话的口气牛得要命。董承看他那个牛哄哄的模样，就怕这家伙再牛下去，自己又不是他的对手。最后他想来想去，看来只有来个里通外国，跟曹操团结起来，共同去对付韩暹。于是，他偷偷地给曹操写了一封信，请他赶快带兵到洛阳。

曹操刚接到曹洪的报告，说道路被堵了，觉得有点儿郁闷，怕时间一拖，最后什么都捞不到。哪知，董承突然转变立场，曹操立即抓住机会，带着大军进入洛阳。

曹操马上向献帝报告，把韩暹、张杨的罪行罗列了一大串。曹操知道，如果不在这个时候把这两个洛阳城中最牛的人搞定，以后再踢他们花的工夫就大了。

韩暹这些日子虽然牛哄哄的，这时看曹操的部队，就知道要是真的干起来，自己万万不是曹操的对手。现在既然曹操一来就告自己的状，那是绝对容不下他了。于是，他连夜卷起包袱，逃到原先的死对头杨奉那里。

献帝虽然一路上受这伙人摆布，一下向东，一下向西，一下大打出手，但他到底还是回到了洛阳，认为韩暹和张杨还是有功劳的，是功大于过的，就下了个诏书，不许再追究两人的过失。从这一点上看，汉献帝要比他的几个前任强多了，如果有个好帮手，他就不会这么窝囊了。可他现在能有个好帮手吗？天下乱成这个样子，他只是众人手中的一个招牌，用到他时，个个高举，觉得他没用时，谁也记不住他。

曹操如期地把皇帝拿在手中，为“挟天子以令诸侯”战略的全面实现走出了最为关键的一步。

现在面临的问题是，既然来到中原，控制了皇帝，如何在中原站稳脚跟，让自己的事业更加发展壮大？

他问董昭该怎么办？

董昭马上建议，现在洛阳里的这么多将领，每个将领就是一个派别，谁也不服谁。因此，要是继续让皇帝留在洛阳是很不好办的。但皇帝刚刚从长安回来，你要是又把他带到更远的地方，皇帝受不了，广大人民群众也受不了。所以，现在最好的办法是把皇帝带到许县。那里离洛阳又很近。

许县是曹操的势力范围，在那里只有他说了算。

曹操说：“我也是这个意思。可现在杨奉就在附近。听说他的部队很有战斗力。只怕我一动，他就杀过来。”

董昭说：“杨奉此前就混得很不好，所以他才愿意跟你结交。让你当镇东大将军、封费亭侯这事，就是他搞的。所以解决他是很容易的。现在可以派个使者带着一份隆重的礼品去见他，向他表示感谢。他一定会很高兴。然后对他说，现在洛阳没有口粮了，所以想让皇帝到鲁阳改善一下生活。杨奉本来就头脑简单，又是在心情极好的状态，肯定会什么都不怀疑。他一不怀疑，咱就什么动作都可以做了。”

曹操一听，董昭真是太有才了。就按他的办法去做。

没几天，献帝在曹操的安排下，出洛阳向东行进，到达许县，把许县改为许都，成为大汉王朝的另一个首都。一切做得很顺利。

当然曹操还是要让献帝提拔他一下的。曹操在这方面也比之前的那些家伙大气多了。以前李傕他们都是从小到大，按部就班，然后就天天提拔，提了多次，级别也还没有多高。曹操可没那么多时间去玩那些虚的东西，他直接就当上了大将军、武平侯。

曹操开始在许都大搞基础建设，建立宗庙，要把许都建成一个真正的首都。

杨奉后来果然觉得曹操把皇帝带到许县有着不可告人的目的，便带部队过来阻拦，但已经赶不上了。曹操本来还不好意思去进攻杨奉，现在杨奉自己送上门来，那是正中下怀。曹操立即高调宣布：杨奉想劫持天子，必须把他坚决打倒。随后大军出动。

杨奉当然打不过曹操，最后四处乱跑，一直跑到寿春当了袁术的手下。曹操顺手又兼并了杨奉的势力。到了这个时候，杨奉才知道，皇帝虽然只是一块招牌，可到了曹操的手里，却被利用得相当成功。

献帝受了很多苦，对关东的那些牛人都有点生气，便给袁绍下了个诏书，把这个原讨董大盟主狠狠地通报批评了一通，说他“地广兵多，而专自树党，不闻勤王之师，但擅相讨伐”。意思是说：袁绍手里军队人口数量多，控制的地盘又大，可只关心自己的事业，一点儿不把国家和皇帝放在心上，天天在那里自相残杀。

袁绍立即上书，把不去迎接皇帝的理由说了一大堆。献帝看到他的检讨还很深刻，也不再说什么了。他不但不能把袁绍怎么样，而且还得提拔一下这个“四世三公”的后代：以绍为太尉，封邺侯。

此前袁绍只敢自称车骑将军，比这个太尉低了几个档次。可袁绍仍然不高兴。因为这个太尉比大将军的级别又低了一个档次。曹操自从出来混的那天开始，职务就比袁绍低。而且曹操后来的那些职务大多都是袁绍上表任命的。现在曹操的势力远远比不过他，基础职务也没有他的高，凭什么只这么一下，曹操就成了自己的上级领导？

袁绍不服。

于是，袁绍就恨曹操。

曹操也怕袁绍生起气来，真的带着大军杀上许都，那可是谁也挡不住的。他连忙把大将军的职位让给袁绍，自己只当个司空，然后行车骑将军事。袁绍这才算有了面子，暂时平息了那团怒火。

曹操通过这么多年的经验，深刻地认识到，人才才是第一生产力。如果手下没有几个有用的人才，就算资本再怎么雄厚，到头也会被人家玩儿完。他自己这些年来，全靠荀彧、程昱等人在关键时刻帮他出主意。于是，他把荀彧叫来，先任命他当侍中，代理尚书令，成为手下首席谋士，然后叫荀彧赶快给他推荐有用人才。

荀彧当场推荐了他的侄儿荀攸和郭嘉。

曹操刚开始看到荀彧推荐了自己的侄儿，心里面可能有些不爽。可跟荀攸一聊之后，马上大喜："公达，非常人也。吾得与之计事，天下当何忧哉！"然后当场拍板，让荀攸当他的军师。

至于那个郭嘉就更让曹操惊喜了。

郭嘉后来大名鼎鼎，很多人都认为他的智商绝对不在诸葛亮之下。刚开始袁绍最被人家看好。于是他就跑到袁绍那里。

袁绍对他还算不错，一碰到他，都很礼貌地跟他打招呼。

郭嘉在袁绍那里住了十多天。在这十多天里，他什么都没有做，只是吃饭、睡觉，然后对袁绍进行近距离的观察。最后得出结论：袁绍不是好老板。他还对郭图和辛评说了自己的看法，指出袁绍是个很虚伪的人，在对待人才这个方面上，只是表面上尊重而已，却不会任用人才。而袁绍最致命的弱点就是，他喜欢谋略，可却老拿不定主意，觉得这个阴谋很好，那个诡计也不错。大家想想，在那个混乱的年代，天天在谋略之间迷失方向，还能成大事吗？郭嘉决定走人。

可郭图他们却不走。他们看到现在袁术的力量很无敌，谁也没能力向他挑战。

郭嘉知道劝不动他们，就自己离开了袁绍。

荀彧就把他推荐给了曹操。

曹操马上过来找他谈话，谈后大声说："使孤成大业者，必此人也！"

郭嘉出来后，也是一脸高兴，说："真吾主也！"

曹操当即任命郭嘉为司空祭酒，让郭嘉当了他最贴身的谋士。

曹操还任用满宠为许令。满宠很有当时曹操的魄力。有一次，曹洪的门客在许都做违法乱纪之事，被满宠抓了个现场，然后就开庭审讯。曹洪知道后，去向满宠求情。可满宠却像不认识曹洪一样，一点不给曹洪面子。

曹洪一看，就知道自己那个门客的后果要严重了，立即去见曹操。

曹操立即把各级官员召集起来，说要开个大会。

满宠接到通知后，马上就知道，曹操这是想让他放掉那个门客，因此当场把那个家伙砍了。

曹操知道后，不但不批评满宠，反而大力表扬了他一通："当事不当尔邪！"

后来，曹操在征袁术回来之后，不但觉得袁术恶心，而且还恶心起杨彪来。他恶心杨彪的理由是杨彪跟袁术有亲家关系。当然，如果只恶心一下，那也没有什么。可他后来居然恶心到要杀杨彪的程度。他亲自出马，说杨彪天天躲在家里策划着要把皇帝废掉，再任命新的皇帝。他把这件事向献帝汇报之后，就把杨彪逮捕，请满宠开庭审问。孔融他们知道后，马上去见曹操，说：主公这么做不对啊。袁术犯错误，该杀的是袁术，而不是杨彪。曹操说，这事跟他无关，是皇帝要抓的。孔融看到曹操耍赖，就去找满宠。对满宠说，杨彪是读书人，不要搞刑讯逼供啊。满宠却一脸严肃不说话，只是大声叫开庭，对杨彪照样大刑侍候。但大刑之后，杨彪仍然不承认。于是满宠去向曹操汇报，杨彪被他刑讯逼供，仍然没有供出什么罪行。如果没有证据就定罪，会失掉民心，这对他们的事业没有好处。曹操没有办法，只得放了杨彪。孔融他们先前看到满宠对杨彪用刑，个个都愤怒得不得了。后来，他们看到杨彪被无罪释放，这才知道满宠不简单。

后来曹操还接受了枣祗的建议，建立屯田制度。这时天下已经乱了很多年，民众逃命都来不及，哪有时间种田种地，中原一带到处是饿死者。谁也没有办法打到足够的粮食。就连袁绍这时也为粮草苦恼得要命。他现在的士兵都已经靠吃桑葚度日。袁术在长江和淮河之间，天天让士兵们跑到河里，捡蛤蚌来充当主食。

大家想想，连全国最牛的军队都用这些办法来解决吃饭问题了，老百姓还有活路吗？

枣祗认为，如果再不想办法从根本上解决粮食问题，再怎么强大最后也会垮下来，就向曹操提出屯田的建议。曹操认为有道理，马上任命他为屯田校尉，任骑都尉任峻为典农中郎将，负责农业生产。

枣祗组织老百姓在许都周围屯田，当年收获谷物一百万斛。其他地方也都按照规定设置主管屯田的官员。这个办法很快大见成效，几年时间，各地的存粮就装满了仓库，为以后曹操事业的大规模发展提供了物质上的保障。

不过，在这个时期，曹操的日子仍然不怎么好过。历史上曾认为，曹操曾经设置过“发丘中郎将”和“摸金校尉”这两个职务。一看这两个官衔就知道都是见不得人的官衔。这两个职务的职责就是专门盗墓的。

据说，曹操因为手头资金短缺，就决定向当年的董卓学习，专门挖富人的坟墓，盗取墓中的现金银财宝来充当军费。当年董卓只是叫吕布临时负责挖洛阳的坟墓。曹操却设立专门的盗墓机构，有专门负责的部门，把盗墓当作工作任务来开展。

当然，对曹操是否真的设立过这样的专业部门，史书并没有明确记载。只是后来陈琳在那篇著名的檄文里大声谴责他：“特置发丘中郎将、摸金校尉，所过隳突，无骸不露。”

陈琳是当时的大文学家，是“建安七子”之一，先在袁绍手下混饭吃，后来袁术破产，又跟在曹操的手下。曹操对陈琳写的那篇檄文很生气，但对陈琳关于他盗墓的描述却采取闭嘴的态度。因此很多人认为，曹操真的干过这个勾当，以致后来那些从事盗墓职业的人都把曹操当成他们的祖师爷。

只是曹操当年到处挖人家的坟墓，发了不少死人财，却一点儿没有想到，现在人家也在到处找他的坟墓。

第八章
这种教训有点难启齿

一箭救了他的命

在曹操按计划开展工作时，孙策也很兴奋。他觉得他选择江东来打天下，选得太对了。这个地方敌人弱，只要他一开打，就可以取得完胜。

他这时虽然连胜了数场，夺得了大块地皮，但江东的那块黄金地段会稽还没有到手。因此，孙策决定先把那块地划到名下。

他开了一个会议，讨论进攻会稽的战斗方案。

大家都认为，还是先去打严白虎。严白虎现在手下有一力多人，到处修建堡垒。这样的人再留下去，实在太气人了。

孙策不同意。虽说严白虎有一万多人，有很强大的工事，天天叫嚣，其实没有什么作为，什么时候都可以把他打倒，还是应该先把会稽搞定。

于是，他带着大军渡江，向会稽进攻。

这时会稽的太守是王朗。他这些年来安于现状，也很少关心外面的世界，对孙策的能力显然估计不足。

他的功曹虞翻看到孙策的大军隆重开到，就劝王朗：“孙策这家伙虽然年纪不大，但军事能力太强悍了，还是先避一下他的锐气，等他的部队累了再跟他进行对抗。”

可王朗认为虞翻这是典型的不抵抗政策。于是发兵去守固陵，跟孙策直接对垒。

这个王朗也不是一点儿水平也没有的。

孙策渡江出击，连续几次都没有取得成功。

孙策的叔叔孙静认为，这样正面强攻跟蛮干没有什么差别，建议孙策派部队深入敌人的后方，再进行攻击。

孙策同意。

夜里，他把部队分成两部分，让一小部分开展点火的工作，然后带主力部队偷偷地从查渎道那里过去，袭击高迁屯。

王朗很快就知道了孙策的诡计，忙派周昕率军出来迎战。

这正是孙策的预期效果。王朗要是老在城里死守，他是没有一点儿办法的。现在他们出来进行正式接触，那是再好不过了。决战沙场，那是他的强项。

周昕一出现，那句“冲锋”的命令还没有下达，就被孙策的部队冲过来迎头猛扁。

周昕还要组织部队拼命抵抗，想让部队增加点儿抗打击能力。可部队一崩溃起来，你再怎么厉害也组织不起来。结果，周昕不但组织不起有效的抵抗，反而连自己的性命也丢了。

王朗接到败报，只得弃城逃跑。他后来觉得躲在陆地上仍然不安全，就乘船跑到海上，然后又逃到东冶。

孙策继续追击，把王朗最后的武装力量全部消灭。

王朗只得哭丧着脸向孙策举起白旗。

孙策于是自领会稽太守。他知道虞翻是个人才，马上就把虞翻请来，让他仍然官复原职，像对待朋友一样，要求他以后有什么想法尽可以说出来。

虞翻觉得孙策确实是样样都好，但有一点儿不好，就是爱打猎，而且去打猎时，又不带什么人，就劝他不要再到处乱跑，弄不好会出现麻烦。

孙策说：“你说得很对。”但最后却是承认错误，坚决不改。而不改的后果很严重。

这时孙策原来的老领导袁术越来越郁闷。袁术原来好像谁也不怕，可现在却觉得谁都可怕。当然，现在他最怕的是吕布。

吕布因为被他忽悠而天天大喊大叫要血洗袁术。

袁术受不得这个要命的威胁，但又没有别的办法对付吕布，最后就派人去对吕布说："咱做亲家吧。做亲家比做仇家好多了。"

吕布这时看到周边都是敌对势力，更怕自己一动，人家就冲上来，他再怎么厉害也顶不住。反正现在自己的女儿也大了，也该找人嫁出去，嫁给袁术也不算丢脸。于是就答应了袁术的要求："那咱们就做亲家吧。"

袁术一看和亲成功，马上就又牛起来，他认为吕布既然已经是自己的亲家了，肯定会坚定不移地站在他的立场上了。于是他又决定去攻打刘备。

这次他的首发大将是纪灵。

纪灵带着三万大军以刘备为目标前进。

刘备知道以他现有的力量肯定不是纪灵的对手，要打起来，只有吃败仗。可现在不想打都不行了，人家的大刀都砍到眼前来了。

他就又向吕布求救。

吕布手下的人看到刘备的求救信，对吕布说："主公不是说恨不得杀死刘备么？现在正好让袁术搞定他。"

可吕布不同意，吕布虽然常常上人家的当，但他看袁术看得很透，别看现在大家已做儿女亲家，但袁术那个忽悠特长一发挥，他还管你是亲家么？他连他的异母哥哥袁绍都可以宣布为头号敌人，吕布这个准亲家算什么？估计他搞定刘备之后，就会过来打吕布。因此，他决定帮帮刘备。吕布对那些持反对意见的人说："如果袁术打败刘备后，就会与泰山一带的地方武装联络起来。这样咱就处于袁术的包围之中。那样我们就危险了。现在救刘备就是救我们。"

吕布本来是个很蛮干的人，但这一次他一点儿不蛮干。

他在第一时间带着一千多精兵，赶到刘备的营中。

纪灵听说吕布来到，也有些吃惊，不知道吕布是来干什么的，便叫停向刘备的进攻，收兵回营。

纪灵回营后，觉得很郁闷，袁绍不是说吕布是他们的同盟军么？现在怎么又变成刘备的同盟军了？就派人过去请吕布过来，要当面问问吕布这是什么意思。

正好吕布也准备派人过来请纪灵，看到纪灵过来请他，就叫上刘备一起到纪灵那里。

纪灵看到刘备居然也来了，而且来得一点儿没有惧色，不知吕布要搞什么名堂。

吕布这回是真的搞名堂来了。他对纪灵说，刘备跟他是兄弟。他这个人有个特点，就是热爱和平，看到人家打打杀杀，就想去当和平使者，做化解工作。现在他就是来给他们做这个工作的。

他叫人在辕门外立了一杆戟，然后对纪灵和刘备说，现在他要用箭去射戟头旁边的戟支。如果射中了，他们就各自罢兵；如果射不中，他们就放开厮杀，谁死谁活都不关他的事。

刘备和纪灵一看，一家欢喜一家愁。那戟立在辕门那里，从这个地方看过去，戟头旁支几乎看不见，能射中么？刘备想，原来求这个家伙果然求错了。

纪灵的脸上都是笑，这要是能射中，他可以把月亮射下来了。当即笑着说："同意吕布的方案。"

吕布根本不看两人表情的变化，叫人拿箭来。

他拿箭在手，对大家说："你们都看好了。"

一箭射过去，只听得一声响，在场所有人的嘴巴都大开着。这一箭还真被他射中了。

纪灵这才知道上了吕布的当，可现在有什么办法？如果再坚持下去，就会得罪吕布。得罪吕布的结果就是被吕布和刘备两家联合把他痛打一顿。他可以欺负一下刘备，但他现在打得过吕布和刘备的联合么？

打不过，只得自认倒霉，就当是带着部队出来拉练一下，赚不了胜仗，也算开了一次眼界。

吕布做了一次好人，觉得自己真的很厉害，一支箭解决了全部问题。

可他才爽没几天，就爽不起来了。

这次令他不爽的对象不是袁术，而是他刚刚救活过来的刘备。

原来，刘备渡过难关之后，就加紧备战备荒为人民，又征到一万多人马。

吕布虽然不想让刘备被袁术搞定，但更不愿刘备强大起来。袁术那个人除了忽悠人有点儿水平之外，其他方面一点儿不强悍，很容易对付。可刘备就不一样了。这样的人比袁术难对付多了。这样的人坚决不能让他发展壮大，一有苗头就得坚决把他消灭在萌芽状态。

吕布这么一想，立即命令大军出发，过去攻打刘备。

刘备干不过吕布，只得带着部队拼命跑路。

刘备逃出来后马上就郁闷起来。因为他实在不知道逃到哪个地方才好。

当然，他可以去投靠公孙瓒。可公孙瓒离他太远了。而且他也不可能再去投这个老同学了。他一咬牙，决定去投过去的死敌曹操。

事实证明，他这次选择曹操作为投靠对象是选对了。

曹操这时正到处高调选拔人才，不管是谁，只要有一技之长，不论出身，只要肯过来，从今之后跟他干，他都热烈欢迎。

所以，虽然他很恨刘备，可他还是稳定了他的情绪。他杀刘备当然很容易，他现在就在他的面前，只要他的手一挥，刘备的人头马上落地，但他万万不能动这个手、下这一刀。刘备是大汉中山靖王之后，是汉室的皇族，是豫州刺史，是全国人民都知道的人。既然是全国人民都知道的人，他就一定有本事，肯定是一个有用的人才。要是杀他，那个选拔人才的文件是什么？而且，如果一刀就结果了皇室人士，那个"挟天子以令诸侯"的战略就大打折扣了。当然，如果现在刘备是他的战俘，那就好处理了。可现在刘备是主动前来投奔的。

无论从哪方面来说，对刘备的到来，他只能欢迎，连虐待一下都不能，更不能说要砍刘备的脑袋了。

从这件事上看，曹操确实很了不起。

他不但收容了刘备，还上表让刘备为豫州牧，比那个豫州刺史更高一级。以前那个豫州刺史是没有皇帝的公章的，所以叫得有点儿底气不足。现在是皇帝亲自盖大印，人家再叫他"刘豫州"时，他感到脸面很足。

曹操的很多手下人也都看出刘备不是一般人，是个有远大理想的家伙，便都劝曹操，把他杀了吧，再让他活下去，以后他们就麻烦了。

这些人说多了，曹操的情绪也有点儿波动起来。他比任何人都知道刘备不是一般人。但他还是去问郭嘉：“现在可以杀刘备么？”

如果郭嘉这时也成了杀刘派，对杀刘投上一张赞成票，历史又会从这里开始改写。

但郭嘉投了反对票：“他们那些观点很正确。刘备确实是个野心家、阴谋家，早就该杀了。可现在不能杀他啊。你要是杀了他，大家就会觉得你那个人才计划是个骗人计划。人家就不会再来投靠咱们了。咱靠谁来帮咱们打天下啊。”他最后指出：“夫除一人之患，以沮四海之望，安危之机也，不可不察。”意思是说：杀了一个人，却让全世界人都失望，太不值得了。

曹操一听，太对了。对刘备更加优待，还增加了他的兵员，分配给他军用物资，然后让他到小沛收集残兵旧部，继续与吕布对着干——免得留在这里，天天看着不顺眼。

大名士之死

曹操的事业正在稳扎稳打中前进。

而张济却倒了大霉。他原来手下还是有一点力量的，在以前的“四驾马车”中，做人比较低调。他认为，老在关中一带，闹不出什么大事来，就带着部下东进，打算把刘表干掉，然后盘踞荆州。哪知，他进入荆州打的第一仗，就被一支来历不明的流矢射中，而且正射中要害部位，当场挂掉。

刘表手下的人一听，个个高兴得要命，都对刘表说，可以开个庆功大会了，庆祝张济的死掉。

刘表却不同意，他对大家说：“济以穷来，主人无礼，至于交锋，此非牧意，牧受吊，不受贺也。”

意思是说：人家穷困前来，咱没有好好招待，却跟人家打打杀杀。现在人家死了，我是负有不可推卸的责任的。

他派人过去收编张济的部队。张济的那些手下听到刘表那个表态后都很高兴，表示以后坚决做刘表的好士兵。

刘表却让张济的侄儿张绣当这支部队的领导，然后驻扎在宛城。

如果只是张绣一个人在宛城，后面故事的精彩就大打折扣了。但随着另一个人前来投奔，我们终于有一些好戏可看了。

这个人就是那个贾诩。

贾诩绝对是个聪明人。很多三国迷都喜欢把三国智囊人物划成几个档次，大多数人把贾诩划在最高的那一档，跟诸葛亮、郭嘉、荀彧处于同一级别。当然，到底谁比谁更厉害一些，大家可以拿成绩来对比一下，也许可以看得出。

贾诩在献帝回长安后，就把所有公章都交出去，然后跑到华阴去投靠段煨。

贾诩当时名气很大，所以段煨手下的人都很敬重他，连段煨对他也很礼貌。可他后来觉得段煨当个军阀那是很称职的，但要干大事，那个素质还远远不够。

于是他又偷偷溜了出来，去投奔张绣。

有人对他说："段煨这么对待你，你为什么还要溜出来？你的家属都还在段煨那里。他要是生气起来，你的家属就不好说了。"

贾诩说："我在段煨那里人气太旺，他已经很眼红了。他要是再眼红下去，我的后果就很严重。所以我逃出来，他会很高兴才对。他又希望我在外面混得开，以后可以给他找个强大的外援，所以一定会优待我的家属。现在张绣没有谋士，他对我也会好得很，一定会重用我。"

张绣见到贾诩后，果然倍加尊重他，把他当前辈看，见到他时，都自称晚辈。

贾诩也知道现在张绣的势力还很弱，跟周边势力根本不在一个档次上，就劝张锈还是先去依附刘表。

既然贾诩说去依附刘表才能生存下去，那就去依附刘表吧。

贾诩便作为张绣的全权代表去见刘表。

刘表当然又热烈隆重地接待了贾诩。

贾诩跟刘表聊了之后，马上就觉得刘表是不适宜在现在这个世界上混的："刘表对局势的变化一点儿也不掌握，对这个乱世一点儿看不透，既没有决断的能力，又多疑。这种性格注定不能有什么作为。”

当时，刘表是所有人中的老好人，看到谁都一脸笑容，谁来他都热情接待，又没有什么野心，从不跟人家拉拉扯扯，对朝廷也算忠心耿耿。以前李傕当权时，其他牛人都不理长安政府。但他却还跟李傕控制的长安政府保持联系。因为他不惹事，所以别的牛人也很少跟他过不去，因此，荆州这些年来还算平安。很多人才也跑到荆州来，跟他混日子。当时有多少人来荆州？据统计，关西、兖、豫学士归之者以千数。

从这个表现看来，刘表是真的很爱人才，其实他这全是在作秀，是在做给人家看的。谁要是真的跟他过不去，他的胸怀也不是宽广的。而且他表现出的不宽广又很没有水平，与曹操相比，根本不在一个档次。

从两人对待祢衡这个人来看，可以完全知道两人的差距。

祢衡是个大名士，也是个口才很厉害的家伙，在当时人气很旺。孔融把他推荐给曹操。曹操当时正做出求贤若渴的样子，一听说大名士也来投奔他，心里当然高兴。哪知祢衡除了口才好之外，还有个清高的性格，一点儿也看不起曹操。他觉得曹操的出身太让人鄙视了，就在公众场合上猛揭曹操的短处。曹操脾气再好，也受不得这个侮辱。

如果是其他人，曹操估计早就叫人把他拉去砍了。

可曹操却硬是在当场忍住了这口气。

曹操气得不行，就对孔融发牢骚：“你推荐的那个祢衡，侮辱人的水平倒是很突出。我要杀他，比杀死一只老鼠还容易。只是这家伙混了个虚名，我要是现在杀他，倒显得我缺乏容人的肚量。”

他绝对不能容忍祢衡在他那里。但也不好直接把他赶走——赶走他，仍然会落得一个赶走人才的臭名。

但曹操有他的办法。他不能杀祢衡，不能赶祢衡走，但他可以把祢衡送给人，通过别人把祢衡杀掉。

把祢衡送给谁才好？

曹操把刘表当成第一人选。刘表现在不也在公开招聘人才么？那就把祢衡送给他吧。

刘表得到祢衡时，同样热情地优待这位大名士。祢衡看到刘表不但长得很慈祥，而且人品也没有问题，出身更是来自皇家血统，无论从哪方面、站在哪个角度上看，都不能侮辱，而只能是拍马屁。可他对刘表的那些手下就一点儿不客气了，今天恶搞这个，明天恶搞那个，反正周围就是没有一个让他看顺眼的。

他看人家不顺眼，人家更看他不顺眼。这些人找了个机会，集体对刘表说："祢衡虽然天天说主公可以跟周文王相比。可他又骂主公没有决断能力，迟早会玩儿完的。"如果刘表稍微聪明一点儿，就会知道这些话祢衡是不会说的。祢衡最大的特点就是有什么说什么，他说人家的坏话，从来是当面说的。如果是背后说的，那他就不是祢衡了。

刘表这才明白曹操为什么要把祢衡送给他了。他想：曹操不想当杀害人才的刽子手，想让我去当，我也不当。

刘表便也学曹操，把祢衡送给人。只是，这一送，大家就知道刘表比曹操差得太远了。因为他把祢衡送给黄祖。黄祖是他手下的首席大将。算起来，祢衡仍然是在他的势力范围内。而曹操却成功地把祢衡礼送出境，祢衡以后是死是活，跟他无关。

黄祖开始时，对祢衡还真不错。可祢衡一看黄祖是个没有文化的人，于是又狠狠地恶搞了黄祖一通。

黄祖可不是曹操，一看这家伙居然侮辱自己，好像自己不会杀人一样。于是哇哇大叫，把这个家伙拉下去砍了。

祢衡虽是黄祖砍的，但跟刘表砍死没有什么两样。如果刘表聪明一点儿，就把祢衡送给孙策和袁术那些人。到时祢衡的生死同样跟他没有任何关系。

曹操知道张绣要跟刘表联合起来，就决定先把张绣搞定。

建安二年（197 年）的正月，曹操带军向张绣进攻。张绣知道自己远不是曹操的对手，还没有接触就先投降了。

曹操这次太没面子了

如果曹操受降之后立即回去，什么事也不会有。哪知，曹操这时发现了一个美女。这个美女就是张济的老婆。曹操一看到她，立马两眼放光。

曹操那时想得很简单，却一点儿不为张绣考虑一下。

张绣一枪未发，一仗未打就投降了曹操，那张脸已经有点儿发烧了，现在连自己的婶娘也被曹操无条件地拉过去，这口气已经咽不下了。曹操又送了大量现金给张绣手下那个大力士胡车儿，这就让张绣恨得跳起来。他怕曹操收买了胡车儿之后，就会把他杀掉。他想来想去，与其让曹操把他搞定，不如自己先出手，或许还可以搞出条生路来。于是决定叛变，带着部队袭击曹操。

曹操做梦也想不到张绣会突然发飙，一点也没有提防。张绣这一次叛变搞得相当成功，杀进曹操的大营，曹操还不知道。曹操的儿子曹昂也是个猛男，出来为老爸抵挡一阵，被张绣的士兵围攻，最后光荣战死。曹操也被射中一箭，夺路狂逃。幸亏典韦还在那里与张绣军死磕，这才挡住追兵，使得曹操得以逃出去。可典韦却跑不掉。他真的很猛，一个人挡住张绣所有的追兵，身上已经受了十多处伤，全身是血，但他仍然不下战场。张绣的士兵们还在冲上来。他手中的武器也没有了，最后他居然抓住两个敌人当武器继续战斗。直到又伤又累，这才倒在地上。他的手脚动不得了，但仍然用嘴巴大骂张绣，一直骂到气绝。

曹操靠典韦赢得了逃命的时间，赶紧收集军队，退回舞阴。张绣带着骑兵追过去，被曹操打败。张绣又退回穰城，宣布再次与刘表联合起来。

张绣这一闹，曹操的军队都乱了起来，变成了一支无组织无纪律的军队。只有于禁带着他的部队还能有秩序地撤退。这时青州兵一看，都乱成这样了，为什么不趁机抢点儿东西？于禁过去制止，但谁也不听他的话。

于禁大怒起来，派他的部队过去，把这些开展打砸抢的士兵都狠扁一顿。

那些青州兵是曹操手下最精锐的部队，这时居然被杂牌军猛打了一通，就跑过去向曹操告状，说于禁不去找敌人开火，却拿自己人开刀。

于禁并不管这些人的告状。他到达目的地后，仍然没有去见曹操。

他手下的人对他说，青州兵已经去告他的状了，他再不去解释，后果会很严重的。

于禁说：“现在敌人就在前面，随时有攻打过来的可能。如果不做好准备，等敌人杀过来时，拿什么去战斗？咱们主公英明得很，那些人的话他是不会在意的。”他带着大家做好工事，安营扎寨，这才过去见曹操，把事情从头到尾向曹操叙述了一遍。

曹操很高兴，大大地表彰了于禁，并封于禁为益寿亭侯。

之后，鉴于张绣已经与刘表结成联盟，力量加强了很多，短时间内很难搞定，就率军返回许都。这一次，本来曹操很顺利，可因为贪图人家的老婆，又处理不好某些细节，最后虽然逃得性命，却付出了牺牲儿子和贴身保镖典韦两人性命的代价，代价是很可观的，教训也是很深刻的。曹操在逃命之后，说了一句话：“非典，吾命休矣！”

曹操总结了自己这次的军事行动，心里郁闷得要命。可这个郁闷还没有画上句号，另一个郁闷又已经开始。

这个郁闷来自袁绍。

袁绍虽然通过威胁手段，迫使曹操把大将军之位让给他，但他心里就是对曹操不爽。越想越觉得自己太吃亏了——即使现在曹操的职务比他低，但因为这个大将军的委任状，仍然是曹操送给他的，说是皇帝任命的，但跟曹操任命的有什么区别？

他越想越气，觉得不把曹操教训一下，会把他气死的，就写了一封信，让人送给曹操。信里把曹操极力贬低了一通。曹操很生气，对荀彧和郭嘉说：“今将讨不义，而力不敌，何如？”意思是说：我想过去把这个不讲文明的家伙打死，可力量不如他雄厚。怎么办啊？

两人都认为，打败袁绍虽然有困难，但这仗要是打下去，是能把袁绍打败的。他们把曹操和袁绍进行了一次量化对比，得出袁绍有十败，曹操有十胜的理论。当然，那个袁十败、曹十胜论都是宏观的。

郭嘉最后补充说：“现在最需要做的，不是马上去攻打袁绍，而是应该收拾吕布。目前袁绍正在远征公孙瓒，对咱一点儿威胁也没有。但吕布就在咱的边上。咱要是去打袁绍，吕布又过来打我们，这对我们的危害太大了。如果不先搞定吕布，我们根本不能取河北。”

荀彧也赞同郭嘉的意见。

曹操一听，说：“你们这话太正确了。只是还有一个问题我无法解决。我担心袁绍会骚扰关中，然后跟那些西部少数民族联合起来，跟我们作对。这样，我们就等于以兖、豫两州的力量对抗天下六分之五的势力。这真的不好过啊。”

荀彧说：“这个问题很好解决。关中那些将领有十多个，个个都牛得要命，一个不服一个，从来没有步调一致过。现在那些势力中，马腾和韩遂的力量最为雄厚。这两个家伙都狡猾得要命，看到山东的牛人们在争斗，一定不会轻易出手，而是想着保存力量。咱就想办法把他们拉拢一下，派个使者去跟他们取得联系，表示跟他们联合。这个办法虽然不能长期有效，但一定要维持到咱们平定山东的时候。钟繇智商很高，他可以完成这个任务。主公把关中的事务交给他全权处理，就什么都不用管了。”

曹操就任命钟繇以侍中兼任司隶校尉持符节，监督关中地区诸军，在他没有收回权力之前，关中地区的军政事务由钟繇说了算。

钟繇到长安后，立即给马腾和韩遂写信，做了思想工作。这两个人本来就在采取观望的态度，一看到这个信，马上就表示坚决服从指挥。为表示他们这话是真的，还分别派他们的儿子到朝廷来当人质。

在这时，献帝还派孔融去见袁绍，把那枚大将军的公章交给袁绍，还外加了一份文件：让袁绍兼督冀、青、幽、并四州军事。其实这两个文件除了让袁绍的虚荣心得到满足之外，没有别的用处。因为，现在都是谁的地盘谁做主，你就是皇帝也没有人理你，何况一个大将军？至于都督四州军事，更是跟没说一样——那四个州本来就牢牢地控制在袁绍手里，让你去都督你敢么？但袁绍得了这个文件，仍然高兴。

虽然史书上没有说这是曹操搞的动作，是在用一张纸去忽悠一下这个天天把“四世三公”的招牌挂在嘴边的袁绍。免得这家伙突然生起气来，在他与吕布白热化时，插上一脚，那将导致全面崩盘的下场。但谁都可以看得出，曹操确实是用一张纸去把袁绍忽悠了一把。

袁术称帝

在曹操天天开会商讨去搞定吕布，以极快的速度做好一切前期准备工作时，吕布还什么都不知道。这时他还在跟袁术讨论着他们儿女的亲事。因为袁术这时已经不计后果地在寿春宣布自己当皇帝。他倒也很有个性，觉得以前皇帝自称“朕”叫起来不顺口，便进行了改革，自称“仲家”。

关于这个“仲家”，后来很多人认为，这是他的国号，也是底气不足的一种表现：所谓“仲”就是第二的意思，他宣布自己为“仲家”，等于是比皇帝更低一个台阶的二皇帝或者相当于后备皇帝。到底是什么意思，还真有点不明白。

他当上皇帝的第一天，便开始分封百官。他以为，这些手下得到提拔，肯定个个都高兴得不得了。哪知，硬是有人不理他。如果别的人不理他，那也没有什么——反正这个世界反对他，想把他一刀砍死的人数都数不过来，可陈珪居然也不理他，就太伤他的自尊了。因为陈珪跟袁术从穿开裆裤开始就是好朋友。现在自己当皇帝了，当然想让老朋友也来沾沾光，就写了一封信，叫陈珪过来与他有福同享。可陈珪看过信之后，顺手就丢了。袁术就生起气来，他就不相信陈珪不来。他这时像个劫匪一样，把陈珪的儿子抓了起来，然后再去请陈珪。

可陈珪不但不来，还写了一封信把他狠狠地批评了一顿。

袁术对这个老朋友没有办法，就不再理陈珪。按袁术的性格，算是宽宏大量了。

袁术对陈珪很宽宏大量，但对那个金尚就不宽大了。他本来想任命金尚为太尉，任命书已经做好了。可金尚一听到这个消息，立刻逃跑。袁术大怒，派人去把他追捕回来，然后处死。

袁术当了皇帝之后，觉得儿子也该有老婆了，就派人过去见吕布，请吕布把女儿赶快嫁过来。

去向吕布下发这个通知的是韩胤。

吕布想也不想，就让女儿跟韩胤过去，从此成为袁家媳妇。

一切看起来很顺利。

韩胤很高兴。

可韩胤高兴得太早了。

这时，袁术从前的好朋友陈珪出现了。

这个陈珪很有大局意识，知道吕布和袁术都是标准的祸国殃民人物，如果让徐州和扬州这两个大州联合起来，国家灾难的规模就更大了。他得赶快对这个事进行一次大破坏。

他跑过去面见吕布，对吕布作了一次当前形势分析报告，说袁术这次称帝是向死路走了一大步，他要是跟袁术，他也是向死路迈出一大步，但现在收脚还来得及。现在曹操的事业越来越大，他最好是跟曹操联合起来。

吕布一听，立刻又想到袁术真的不是个好人，同时在这些牛人当中，袁术肯定成不了大事。更加可恨的是，当初自己去投奔他时，他对自己的态度居然一天比一天恶劣。现在为什么要把女儿嫁给他儿子？

他马上派人去追韩胤，他还交代，追到之后，即刻给韩胤套上刑具，然后把他押回来，宣布断绝这门亲事。韩胤被送给曹操。曹操把韩胤推到许都的大街上执行死刑，那颗头还被挂起来示众。

陈珪看到吕布还真把自己的话当话，就请吕布派他的儿子陈登作为代表去面见曹操。可吕布不同意。正在这时，朝廷的使者来到徐州，宣布任命吕布为左将军。之后，使者还交给吕布一封曹操的亲笔信。

曹操在信中把吕布夸奖了一通，把吕布夸得很舒服。于是，吕布就派陈登到许都去，代表他向皇帝和曹操表达诚挚的谢意。他现在以为，曹操已经把他当自己人了。

陈登见到曹操后，马上露出他真正的立场，说吕布反复无常，应该尽快向他下手。

曹操大喜，马上任命陈登为广陵太守，并说，你很熟悉吕布，因此对付吕布的事，全靠你了。交代他回去后一定准备做好内应。

陈登回来后，去向吕布交差。本来在陈登出发前，吕布就让陈登交代，请朝廷任命他为徐州牧。可陈登回来之后，却没有带回这张委任状，就大怒起来，指着陈登大骂。

如果是别的人，被吕布这么大骂，早就吓瘫在那里。

可陈登却一点儿不怕，耐心等着吕布骂完，这才慢慢地说："我见到曹操时，对曹操说，吕将军是只老虎，你要是养他，就得给他吃饱。他要是吃不饱就会咬人。可曹操却说，你说得太不正确了。养他其实是像养鹰，只有让他饿着，他才听你的话。否则，他会飞走的。"

吕布一听，那张愤怒的脸才松了下来。他以为陈登的话是真的。其实那全是假话，是为了对付吕布而创作出来的。

袁术这回真的生气了。他大骂吕布太不厚道了，不想把女儿嫁给他儿子也就算了，可不该把韩胤抓起来，更不应该把他交给曹操。

人家当皇帝时，举国欢庆。可到自己称帝时，却全碰上让他郁闷的事。先是那几个家伙不跟他合作，现在又是吕布跟他唱反调。吕布这样的人不杀，这个皇帝当得还有什么用？于是，决定跟吕布摊牌，派张勋、桥蕤等与韩暹、杨奉联合，共有步、骑兵数万人，直逼下邳，分七路进攻吕布。

吕布这时只有三千部队，战马几百匹，就是士兵们真的强悍，能以一对十，也打不过人家啊。他看到形势突然严峻起来，自己又没有对付的办法，就生起陈家父子的气来，把陈珪叫过来，大骂："现在袁术的大军开了过来，我们肯定打不过人家。出现这个局面，都是你惹出来的。现在你说该怎么办？"

陈珪却一点儿不慌，说："这也没有什么可怕的啊。现在咱分析一下当前的形势。袁术和韩暹、杨奉向来各做各的，现在的联合只是暂时。这种联合肯定是不能维持多久。我儿子陈登早就算过了，他们这几个人过不了几天就会散伙。我这里还有个点子，让他们早日散伙，免得你天天心情不好。"

吕布马上采用陈珪的诡计，给韩暹、杨奉写了一封信。信中指出，他是杀死董卓的主要凶手，而韩、杨两人是护送献帝回洛阳的重要人员，算起来都是大汉天子的手下。现在为什么去跟袁术在一起？袁术那个皇帝能成什么气候？所以，他们应该跟他联合起来，继续为大汉王朝服务才对啊。然后在信中还许诺，如果韩、杨两人答应改邪归正重新做人，等搞定袁术之后，袁术所有的军用物资都归两人所有。

韩暹、杨奉两个人已经过了长时间的贫困生活，他们跟袁术合伙后，看到袁术真富裕，早就眼红得要命，现在听说只要跟吕布把袁术搞定，那些财富就都归他们所有，他们的眼睛马上大放光芒。他们知道袁术这个家伙水平太差，要跟吕布搞定他，难度系数实在不高。于是回复吕布，同意在战斗时，做一次倒戈行动。

吕布马上发动进攻。

张勋并不知道那两个友军已经暗中跟人家订好了合同，看到吕布就这几个兵，还敢来主动出击，真正让人笑掉了牙齿。眼见吕布已冲到离自己阵地不到百步了，正准备下总攻的命令，那两队友军却已先大叫起来，然后向反方向冲击。他一看，以为这两个友军突然失去了方向感，便大叫："你们冲锋的方向反了。"

那些人却大叫："我们就是这样冲。一点儿没有反啊。"举着兵器朝他的头上砍来。他这才知道，人家没有错，是他错了。

张勋的部队迅速崩溃。吕布军冲进来，对张勋部队进行一次猛烈的屠杀，包括张勋在内的十多名军官都被砍死在现场。

只此一战，袁术派出的大军已基本归零。

吕布和韩暹、杨奉两人兵合一处，一路进攻。这三个家伙的部队这时也都嚣张得要命，一路见人就杀，见东西就抢，见房子就烧。

他们渡过淮河之后，又回到北岸，只给袁术留下一封信。他们在信里把袁术痛骂了一通。

袁术没有办法不生气，没有办法不愤怒。可他后来只有生气、只有愤怒，却没有其他心情，更没有其他办法。最后，他带着他剩下的那五千骑兵跑到岸边，指着北岸大骂一通，说一定要抓住那几个反对派。

谁都知道，袁术这么大喊大叫，只不过是在干号，他现在已经根本没有力量冲到北岸打一仗了。

吕布他们在北岸哈哈大笑。

吕布很高兴，曹操更高兴。他的几封信，几顶没有实质意义的官帽就让袁术和吕布打成这个样子。控制皇帝在手，价值实在超强。

曹操觉得这个招牌实在太强悍，便又继续利用。

他又以皇帝的名义给孙策下了个文件：拜孙策为骑都尉，袭爵乌程侯，领会稽太守。他给出的条件等于空白支票，但他的要求却实在得很：使与吕布及吴郡太守陈瑀共讨袁术。

孙策看了这个诏书，却不认为这是个白条。现在他的职务不是袁术上表讨到的，就是他自己任命的。所以，他现在很需要一个将军的头衔来装扮自己。他对使者王誧说，只当个骑都尉，太小了。他现在想当将军。

王誧倒也豪爽，当场就代表皇帝任命他为明汉将军。

孙策得了个将军称号，心情很爽，马上出兵去讨袁术。他经过钱塘时，吴郡太守陈瑀看到他气昂昂地过来，心里不舒服，就跟祖郎和严白虎商量好，在这个地方对孙策来个突然袭击，把他搞定。朝廷本来让陈瑀跟孙策做同一战壕里的战友，共同去打袁术。哪知，他却先在战壕里对战友开枪。

哪知，孙策早有察觉，三人还没有达成搞定孙策之后如何分赃的协议，孙策已经派吕范和徐逸去攻打陈瑀。陈瑀只得接战，被打了个大败，然后逃到袁绍那里。

曹操动员了这么多人对袁术进行大力打击之后，自己也高调向袁术宣战。

当年九月（197 年），曹操的大军出发。

袁术听说曹操来了，所有的想法全部丢掉，连部队也丢掉，自己一人从前线逃回去。他对大将桥蕤说："现在我把全部权力都交给你了。你帮我顶住曹操。只要顶住曹操，咱就没事了。"

这话讲得很对。可能顶住曹操么？

桥蕤的抗击打能力实在太低，跟曹军一接触，就被打了个大败，最后连他也被杀死，其余的部下更是一个也走不掉。

这时袁术还狂奔在逃跑的路上。

袁术这次算是倒霉到头了。不但碰上这么多人一齐向他开火，而且他的地皮上还遭遇了百年不遇的大旱灾，田里基本没有农作物。他跑到淮北一带，再不出风头了。

曹操这次的收获很大，不但把敢当皇帝的袁术打了个满地找牙，把这一带的牛人都集体耍了一遍，而且耍得大家的心里都爽——尤其是孙策这样的人也逃不过他那个"挟天子以令诸侯"的圈套。当然，除此之外，他还收获了个猛男。

这个猛男说起来，大家肯定知道。

许褚。

许褚是沛国人，算起来跟曹操还有点儿老乡关系。他"勇力绝人"，在当地还很有号召力。他看到当时全国都乱，就把全乡几千户人都动员起来，有钱出钱，有人出人，共同保卫他们的家乡，不受乱匪们的袭击。那些乱匪虽然到处乱抢乱杀，但都怕许褚，不敢来骚扰他们。曹操一来，许褚就带着他的民团武装投靠了曹操。

曹操一看到许褚就笑了:“此吾樊哙也!”当天就任命许褚为都尉。那些跟许褚来的,都编入警卫团,从此成为他的贴身保镖——这个职务原来是典韦的。

第九章
终于擒吕布

袁绍终于知道错了

曹操把袁术打残之后，便又把目光放到张绣的身上。他前次被张绣狠扁了一次，所以一想到张绣就生气，觉得不把这家伙搞定，他就会永远失眠。

建安三年（198年）的三月，他把搞定张绣的事摆上议事日程。

荀攸反对现在就去打张绣，理由是：现在张绣跟刘表还在联合，力量还强大得很。要收拾他们还很不容易。当然这个强大是表面的也是暂时的。因为张绣是外来人口，那么多军队全靠刘表供养。刘表肯定不能长期耗费那么多粮草去养一支不划在自己名下的部队。因此，他们不久就会闹矛盾。那时再搞点儿阴谋诡计，就可以拿下张绣。现在要是去打他们，他们肯定会拼命联手来对付咱们。

曹操虽然耐心地听完他的这些话，但却一点儿不采纳：我哪有那么多时间去等。他就进军穰城，包围张绣。

曹操这次连荀攸的意见也坚决反对，拿下张绣的决心当然很大。

而且张绣这次被他围在城里，什么动作也没有，完全是一副等着最后失败的模样。

哪知，又出现意外。

这次意外，跟上次的意外没有关系。这个意外来自北方的袁绍。

袁绍自从放弃了西迎皇帝的机会，越来越觉得“挟天子以令诸侯”的话实在太有用了，每次看到皇帝的诏书，读着那些文字，心里就郁闷，如果皇帝现在在他的手中，这些措施肯定不是这个样子。现在这些措施全是为配合曹操壮大力量而专门制定的，对他一点儿不利。

他越想越觉得自己这个亏吃得太大了，本来这个机会是掌握在自己手里的，现在却被曹操抢过去。他要把献帝迎过来。

袁绍派人去见曹操，对曹操说，许都那里地势低洼，又潮湿得很，偶然有个水灾，皇帝就会受苦。而且长期住在潮湿的地方，对身体不好。洛阳现在又变成废都一个，也是一点儿不宜人居。还是让皇帝到甄城最合适。他的这个策略显然是作过可行性评估的。他如果要求把皇帝迁到邺城，曹操肯定不同意；现在只要求迁到甄城，甄城是曹操的地皮，而且曾经是曹操势力的核心地区，放在甄城，曹操应当没有意见吧？

其实他是有私心的。因为甄城离他的势力范围很近。只要皇帝到了甄城，他想什么时候见就可以什么时候见，如果跟曹操闹个矛盾，他的大军早上出发，下午就可以打到甄城之下。现在，他的力量是全国最大的，要打起仗来，谁也不是他的对手。只要皇帝到了甄城，就等于到了他的手里。

可曹操能上这个当么？曹操可以上别的当，但他绝对不会上袁绍的这个大当。他断然拒绝了袁绍的要求。拒绝的理由是什么？没有理由。

袁绍看到曹操拒绝了迁都的提案，马上召开会议。

田丰说：“现在已经撕破了脸皮。咱们现在可以做的就只有采取军事行动了，先把许都攻下来，把皇帝弄到手。以后主动权就牢牢地控制在咱们的手中。”

如果袁绍采纳田丰的这个建议，曹操就很危险了。因为现在曹操的主力部队并不在许都，而在攻打张绣的前线上。即使曹操的主力部队在许都，袁绍的势力也比曹操大多了，更要命的是，现在曹操的周边全是敌对势力：吕布、张绣、袁术、刘表，只要他一发号召，大家一起举起兵器对曹操一轮群殴，曹操再有十个皇帝在手，也挡不住。

但袁绍不采纳——估计跟何进跟得久了，每到关键时刻，他就放走大好机会。这对敌人很有好处，但对他自己就大大的不利了。

田丰的这个建议，袁绍没有采纳，但却救了张绣一命。

有几个袁绍的逃兵跑到曹操那里，把田丰的建议透露给曹操。

曹操一听，就怕了起来。怕袁绍哪天突然又听从田丰的这个建议，派兵下来，许都肯定会完。这样一来，他就只得宣布退兵。

张绣当然放不过他，带部队追了过来。刘表也派出一支军队来支援张绣，正好驻扎在安众，堵住曹操的归路。

曹操手下的人看到他们马上陷于腹背受敌的危险境地，个个都怕得要命。可曹操一点儿不怕，叫部队继续前进，大声说："等到了安众，我们肯定可以把他们打残。"

到达安众时，张刘联军看到曹操这回真的被夹击了，个个都兴奋得很。

曹操叫士兵们大鸣大放地去开凿公路，说要修建逃跑线路。

张刘联军一看，哪能让他们把那条路修好？便下达了总攻的命令。

曹操修路当然是忽悠敌人。他看到敌人冲上来了，立马把大部队埋伏起来，等敌人进入埋伏圈时，突然杀出，把张刘联军打了个大败。

曹操打开了回家的道路，继续退兵。

曹操退兵时，张绣觉得是个出击的大好机会。

他决定派兵去追击。贾诩劝他不要追，硬追一定要付出代价的。

他不听。

果然中了曹操的埋伏，损失惨重。

张绣对贾诩说："不听你的话，后果果然很严重。咱好好回去休息吧。"

贾诩说："现在要是追击，肯定大获全胜，挽回我们的面子。"

张绣一听，觉得贾诩刚才都能准确地预测出他必败的结果，现在也许他的话是对的。反正都已经失败了，再失败一次也是失败，就带着部队再次追击。

张绣硬着头皮带兵再追击。曹操这次果然一点儿思想准备也没有，被张绣狠狠地抄底了一次。

张绣虽然胜利了，但怎么也想不出，为什么这次追击能胜利。他回来之后，马上就问贾诩原因。

贾诩笑说着："这个问题很简单。曹操在撤退的时候，肯定怕我们追击他。因此，他一定会亲自断后，设下埋伏，等咱去上当。最后，咱真的上当了。他在把咱们打败之后，就一定以为咱们被打怕了，跑路都来不及，所以一定会加快撤退的步伐，放心地狂奔。哪知，我就是利用他的这个心理，再追他一次，当然没有理由不大获全胜了。"

擒吕布（上）

吕布这时觉得跟曹操好像也不怎么好，于是就又给袁术写信，说还是咱们的性格合得来。

袁术现在就是一个村级民团武装跟他联合，他也会无条件同意。

吕布跟袁术恢复外交关系后，便宣布跟曹操翻脸。他虽然宣布跟曹操翻脸，但却不敢直接去找曹操较量，而是去向刘备叫板。

吕布除了砍死董卓的事做得很成功之外，战场上的胜利却没有几次。很多人都以为是他的手下太差了。其实他手下还是有能打仗的好汉的。

其中高顺就是个高手。上次吕布被郝萌夜袭差不多全面崩盘时，就靠高顺救了他。当时郝萌猛烈进攻吕布，吕布不知道是哪个家伙造的反，也不敢组织抵抗，只是半裸着身体，带着老婆"相将从溷上排壁出"，然后拼命跑到高顺那里，直接推门就进。

高顺问："这次活动的挑头人是谁？"

吕布说："听那些话，都是河内的方言。"

高顺立即断定："此郝萌也。"便带着部队杀过去。高顺很有个性，相貌长得很猛，但从不喝酒，也从不接受人家赠送的礼品。他虽然"骁勇有智"，但在投入吕布阵营之后，就把吕布当成这一辈子中唯一的老板。他是个带兵的高手，手下虽然只有七百人，但他硬把这七百人训练得军容整齐，战斗力也最强，"每所攻者，无不破"，是当时最精锐的一支特种兵，被称为"陷阵营"。他虽然把吕布当成他唯一的老板，但他也看得出吕布成不了气候，常劝吕布"以智者、慎思而行"——做事要多多考虑，不要一激动就乱来。

吕布每听一次，心情就不爽一次，因此从不重用高顺。但他也知道高顺对他是最忠心的，也是最有水平的——否则，郝萌制造动乱时，他哪会什么都不想，就跑到高顺那里？

本来，通过郝萌事件后，他应该大力提拔重用高顺才对，哪知他反而对高顺更加疏远了。他疏远高顺的原因，是高顺跟魏续有点儿不和谐。魏续跟他有点儿亲戚关系，因此他就偏向于他的小舅子，而把高顺永远当成替补队员。

不过有时替补队员也能首发上场。

这次攻打刘备，他就让高顺和张辽同时出场。

刘备的力量这时还很薄弱，哪顶得上高顺他们的进攻，忙向曹操求救。

曹操派夏侯惇去救刘备，但也被高顺打得眼睛都睁不开。

高顺把夏侯惇打跑了之后，向沛城进攻。

刘备继续挡不住，连家属都丢在城里，自己孤身一人逃了出来。

曹操一看，吕布这个家伙实在太气人了，马上决定亲自去收拾他一次。大家听说曹操要去跟吕布干，都劝他不要激动。现在他们周边一点儿不安全，全是敌对势力。尤其是刘表和张绣，如果知道他们跑那么老远去跟吕布打，不乘机在他们背后猛踢一脚才怪呢。所以说，现在不宜跟吕布打。反正他打的是刘备。

但荀攸却坚决支持曹操的决策："刘表和张绣刚被咱打了个大败，肯定不敢再有什么动作。要是吕布现在拿下了刘备，地盘进一步扩大，力量进一步壮大，又跟袁术团结起来，声势就会越来越浩大。如果再让他折腾下去，淮河、泗水一带的武装都会归属他。那时他的力量就不是现在这个力量了，再要收拾他就不容易了。现在他刚宣布背叛朝廷，手下的人民群众还处于情绪不稳定状态，正是把他彻底干净消灭光的最佳时机。"

曹操说，好。

于是调集大军，向吕布进攻。

曹操是在九月开始出征的。这时，泰山一带的首领臧霸、孙观、吴敦、尹礼等果然都挂靠到吕布那里。

曹操来到梁地时，碰到了正在狂逃的刘备。

两人一起进驻彭城。

陈宫对吕布说："现在应该趁曹操部队未站稳脚跟、还很困累的时候猛打他们一顿。"

这个建议绝对没有错。

错就错在吕布没有采纳。

吕布说："忙什么，等他们冲来，我再把他们赶到泗水里。"

曹操这一次显然也气得抓狂，便又心情激动地发飙起来，进入彭城之后，再次下令屠城。

杀了满城手无寸铁的老百姓后，曹操下令陈登为先锋，去跟吕布面对面，一直逼到下邳城下。

吕布这才带着骑兵出来大战，准备把曹操赶到泗水里。哪知曹操的部队猛得很，大战的结果，吕布大败。曹操"获其骁将成廉"。曹操追击吕布，一直追到城下，这才打住。吕布还不服气，又出来开打，又败。连续几场，都是失败。吕布终于被打怕了，不敢再出城惹事。

曹操给吕布写了一封信，把当前的形势给他进行了一次全面的分析，对他说，如果他再跟他们对抗下去，结果肯定是继续大败。希望他能认清目前的形势，不要自绝于人民。

吕布读这封信时，精神高度紧张，觉得真的不能再打下去了，准备再玩儿一次投降的花招——反正这辈子别的经验没有多少，投降的经验倒很丰富。

但陈宫不同意。

陈宫说："曹操的部队从老远的地方赶来，在这个地方肯定不能待得很久。完全不用怕他。现在我们可以分兵两路，你带精锐部队在城外驻扎，我带部分部队在城里守。如果曹操去进攻你，我就带着城里的部队猛踢他的后背；如果他向我进攻，你就出来骚扰他。不用一个月，他的粮草用完了，那时咱想怎么打他就怎么打他。"

吕布一听这话，觉得实在太有诱惑力了，便又改变主意，同意陈宫的建议。

这个战略方案本来没有错，吕布同意这个方案也没有错。他作的部署是让高顺和陈宫守城，然后自己带着部队出去截断曹操的粮道，先从粮草问题解决曹操。这仍然没有错。

可错就错在，他在实施这个方案时，去跟一个人商量——一个女人。

当然，这个美女不是貂蝉，而是他的老婆。

他带兵打仗跑了大半个中国，向人家投降了多次，从没有跟他的老婆商量过，哪知这一次他硬是把这个方案向他的老婆公开。

吕布的这个老婆叫什么，史书上没有告诉我们。但这个老婆最后却改变了他的命运。

我们不知道这个女人当时是怎么想的。我估计她是不愿吕布离开她，因此在听到吕布要出城的话时，就对他说："你这个安排是错误的。陈宫和高顺从来意见都没统一过。你让他们两个负责守城能行吗？只怕你才出城门，他们就在城里干起来了。那时你在城外不等于送死吗？陈宫这个人的人品很有问题。以前曹操对他那么好，他居然还当叛逃者投靠我们。你想想，你对待陈宫像当年曹操对他那样么？我看是差得远了。现在你不该把一切都交给他。"

任何人一听这话，都会认为是妇人之见。

吕布这辈子很少听进人家的意见，可这时却把这个妇人之见都听了进去，当场拍板，叫停所有行动。

不过吕布这时也不是什么也不做，最后他还想了个办法，偷偷派许汜、王楷两人跑到袁术那里，把情况跟袁术说了，要是再不出手相救，他们就彻底完蛋了。

按道理来而言，袁术这回应该出来救吕布一把。

可袁术做事向来不按常理。

他看到吕布现在困难了，觉得这是一个最好的敲诈的机会。他笑着对两位使者大人说："吕布不把女儿嫁给我的儿子，当然要失败啊。"

两个使者想不到一个天下闻名的牛人，居然说出这么一句雷人的话来，一时哭笑不得，但他们还是耐心地做袁术的思想工作："你现在救我们，其实是等于救你自己。如果我们被曹操打垮了，接着就会来打垮你。信不信由你了。"

袁术一听，这才答应："那就帮你们一次。"于是在自己的地盘内进行全面动员，叫大家天天喊口号，其实都是在那里光喊不练。

吕布怕袁术又为女儿的事不肯出兵，就决定亲自把女儿护送到袁术那里。

夜里，吕布用丝绵将女儿身体裹住，绑到马上，乘夜送女儿出城。可他才一出城，就碰上了曹操的部队。曹军看到有人出城，就大叫放箭。吕布看到箭头密集，自己再怎么猛也冲不过去，只得又退回城里，继续过着郁闷的生活。

袁术有兵有枪，又是吕布的同盟，可硬是只喊口号没有过来救他。张杨倒还够意思，看到吕布被曹操逼得没有活路了，天天想着要去救吕布。可一盘点手下的力量，才那几个兵，硬要冲上去，跟直接送死没有什么两样。他没有办法，也只能向袁术学习，天天在那里高喊与曹操决一死战，把吕布从水深火热中救出来。

哪知，吕布在水深火热中还没有玩儿完，他倒先完蛋。

张杨手下的杨丑觉得张杨太不成气候了，自己才这么点儿资本，现在居然去惹曹操。惹上曹操，还有好日子过么？于是一气之下，他把张杨一刀搞定。

杨丑以为他杀了张杨，他的前途就无限光明了，他的麻烦之路就到此为止了。哪知，眭固却看他不爽，又砍掉了他的脑袋。眭固杀了杨丑以后，投到袁绍那里去了。

吕布唯一的外援就这样消失了。

擒吕布（下）

现在吕布很累，但曹操也累。

曹操从建安三年（198年）九月出兵到现在，已经几个月了，虽然把吕布痛打了多次，但还没有取得最后的胜利。现在吕布又躲在城里不出来，他们围城也围了几个月，却围不出什么成绩来，而士兵们也已经天天叫累，连曹操自己也觉得围城围得疲劳了。最要命的是，主力部队来得太久了，后方越来越危险了。于是，他就打算先退回去。

荀攸和郭嘉不同意："吕布现在连打了这么多败仗，早就没有了锐气。

士兵们的斗志，完全取决于主帅的锐气。陈宫虽然智商很高，却缺乏灵活性。我们不否认陈宫有好的办法。但现在可以趁陈宫那些好的办法实施之前，发动最后的进攻，完全可以消灭吕布。”

曹操看到两大谋士都说撤军是错的，那撤军真的错了。

当然，现在城池仍然很坚挺，想靠士兵们正面进攻是不可能的。

最后，曹操决定用水攻——开凿一条水道，把沂水和泗水引进来，灌到城里。

吕布想不到曹操会引水进来把他的城池变成淹没区，他现在觉得越来越疲劳了。后来，他觉得实在是支持不住了，就跑到城头上，对城外的曹军大声说：“你们不要再逼我了啊。我去向曹操投降算了。”

这家伙已经到了崩溃的边缘。

可陈宫却没有崩溃，对吕布说：“我们现在更不能投降。我敢保证，你要是投降过去，还没有办完投降手续，曹操就杀了你。”

吕布一听，只得又打消了投降的念头。

这时，城内又发生了一件事情。

原来吕布有一匹好马（《三国演义》里说这匹马叫赤兔马，但是不是叫赤兔马，史书没有说明），这匹马他一直让侯成看管。侯成也是个马大哈，居然把这匹马搞得失踪了。不过，失踪之后，经过侯成的努力，又把它找到。为了庆祝宝马重新找回，大家都联合起来，送礼给侯成，向他表示祝贺。

侯成也很高兴，就摆了酒席请大家都来喝几杯。侯成对吕布向来是很尊重的，在宣布开宴干杯前，先把酒和肉送给吕布。

侯成本来是想借此巴结一下领导，哪知吕布却不接受。

吕布此前曾经颁布过禁酒令，大家都不得喝酒。这时看到侯成居然要大吃大喝，本来已经又郁闷又生气，正没地方发泄，这时看到这份酒肉，马上就抓到了发泄心头怒火的口子了，大骂起来：“我早就下令禁酒。可你们仍然在酿酒。你们是不是准备打算用酒来醉倒我？”

侯成一听，当时就怕得发呆。

当然他比谁都清楚，光在那里发呆是解决不了问题的。

他发呆之后，就找到宋宪和魏续，偷偷摸摸地商量如何渡过这个难关。最后，三人一致认为，要渡过难关，让他们继续有活路，唯一的办法就是把自己变成曹操的内奸，帮曹操一把。

这三个人做事比吕布果断多了。三人一达成决议，就立即行动，把陈宫、高顺一把抓住，然后投奔曹操。

没有陈宫和高顺，吕布还有什么作为？

吕布在听说陈宫和高顺被抓走后，心里马上崩溃。

他带着他的亲兵们，登上那座后来因为他而著名的白门楼，看到城外全是曹操的军队，城内全是滔滔大水，身边连个可以商量的人也没有了。他这才知道，不听陈宫的话而只听老婆的话，后果真的很严重；不重用高顺这样的人而只偏信于魏续那样的小人，后果更严重。

于是，他对他的亲兵们说，你们砍下我的脑袋去送给曹操吧。你们这么做，立的功劳比侯成他们大得多。

他的这些亲兵们知道，他们的老大就要完了。他们也知道，如果他们按照吕布的话去做，曹操会给他们赏很多的钱财。可他们看了看吕布那张脸，他们下不了手。

吕布说既然他们不送去，那就自己过去吧。他下楼过去主动向曹操投降。他以为他这么一投降，曹操会重用他。

他一点儿没有死的思想准备，一看到曹操，就把笑容挂到那张脸上，对曹操说："今日已往，天下定矣。"从今天起，这个天下就平定了。

曹操一听，就傻乎乎地问："你这话太深奥了，我不明白这是什么意思。"

吕布继续笑着说："主公最怕的就吕布。现在吕布也服了你啊。如果让我帮着带骑兵，你带着步兵，肯定天下无敌。"

曹操一听，吕布也太自恋了。

吕布这时自我感觉还真不错，转头到处张望，看到那个曾被他打得满世界跑的刘备也在那里。就又笑着对刘备说："以前咱可是兄弟啊。现在你是曹操的座上客，我却成了战俘。"

曹操虽然很恨吕布，但想想吕布的话，倒也不是全没有道理。他现在正需要会打仗的人，因此还真的想把吕布放了。

刘备看到曹操这话明显就要把吕布放下来了，便对曹操说："难道你忘了丁原和董卓了么？

曹操一听，点点头。

吕布大骂刘备：“刘备是天下最不能相信的人。”其实天下最不能相信的人应该是他而不是刘备。

很多人认为，刘备劝曹操杀掉吕布，是怕吕布成为曹操的帮凶，以后他会很难受，所以现在乘机去掉一个劲敌。这个说法，虽然有点儿道理，但我认为，当时刘备并不这么想。刘备是真的恨吕布。如果没有吕布，现在徐州肯定还在他的手里，而且现在的力量肯定已经很雄厚了。就因为吕布前来，破坏了他的计划，把他的事业直接推到最低谷。他不想杀吕布才怪。杀吕布真的可以为他的事业扫除障碍么？吕布有多大水平？综合实力比较起来，吕布还不如张辽他们。其实真正帮这些老大打天下的，不是吕布这样的肌肉男，而是荀彧、郭嘉那样的高智商人物。要除掉也只有把那些人清理出去。

曹操最不想杀的人是陈宫。他对陈宫说：“公台平生自谓智有余，今竟何如？”意思是说：你平时老以为自己是天下第一聪明人，现在怎么样了？

陈宫指着吕布说：“这家伙要是听我的话，现在谁抓住谁还说不准呢。”

曹操想让陈宫向他求情，就搬出陈宫的老妈来，也算是给陈宫一个台阶了。

可陈宫却是个死脑筋的人，对曹操说：“宫闻以孝治天下者不害人之亲，老母存否，在明公，不在宫也。”

曹操还不服气，又说：“奈卿妻子何？”

陈宫仍然套用原来的公式：“宫闻将施仁政于天下者，不绝人之祀，妻子之存否，在明公，不在宫也。”又把责任推给曹操，弄得曹操也没有话说了。

陈宫大概在吕布那里吃够了犹豫不决的大亏。所以，他决定不再犹豫下去了，当场大声说：“快快带我下去，执行死刑。”

可在场的人都只听曹操的话，而不会听他的指挥。他就自己走了出来，连头也不回。

曹操一看，也觉得悲伤起来。他很想让陈宫活下来。可人家硬要死，你有什么办法？他就大哭一场，然后一挥手，让陈宫“并布、顺皆缢杀之，传首许市”。

吕布的故事就到这里结束。虽然《三国演义》在吕布的英雄事迹里加进了貂蝉，让貂蝉成为打倒董卓的关键人物，可历史还真找不到这个美女，所以也就不写进去了。

吕布长期以来，总觉得自己手下没有什么人才。可曹操搞定他后，发现吕布手下有用的人才还真不少。后来有名的陈群、张辽等，都是吕布手下的高级人才，曹操统统让他们转身份，从吕布的手下变成自己的死党。就连臧霸这些人，曹操也全部让他们重新做人，并让他们做到太守这样的职位。

孙策的雅量

曹操搞定了吕布，中原一带的牛人又进入新一轮的调整时期。

刘表继续跟袁绍保持联系——其实这个联系已经没有多大的作用。袁绍在北方，中间隔着个曹操，要是碰到什么麻烦，他能帮你么？

刘表对外来人员倒很有礼貌，谁来投靠他，他总是热情接待。可他对长沙郡太守张羡却很没有礼貌。他嫌这个家伙性格傲慢。于是，你傲慢他也傲慢，这个世界谁怕谁。

谁也不怕谁。

不过，后来张羡还是有点儿怕刘表了。他一怕刘表，就听从桓阶的教唆，联合了长沙、零陵、桂阳，宣布脱离刘表，从此高举曹操的旗帜，将与刘表的斗争进行到底。让刘表狠狠地郁闷了一回。

这时孙策继续采取巴结曹操的政策——他觉得现在他的级别仍然不高，他还得从献帝那里得到更高的级别。他派人给曹操送去大量的江东特产。

曹操也觉得现在跟孙策把关系搞好是利大于弊，看到孙策主动过来跟他套近乎，就更高兴了。曹操当然知道，孙策不是吃饱了没事干才派人给他送江东特产的，而是在伸手向他要官、要级别。要就要吧，不就是一张委任状？于是，他就上表让孙策当了讨逆将军，封吴侯。后来觉得只封个将军还不够，干脆把侄女也嫁给孙策的弟弟孙匡，又请孙贲把他的女儿嫁给自己的儿子曹彰。孙曹两家成了亲家，是真正的一家人不说两家话了。最后，曹操知道孙策还有两个弟弟孙权和孙翊在家，就请他们都到首都来当官员。从这里看，曹操在拉拢孙策时，还真的花了大工夫。

孙策近来不但成功地巴结上了曹操，成功地让自己的级别上了一个新台阶，更重要的是还得到了两个人才。

周瑜和鲁肃。

周瑜是他的好朋友，来跟他一起干那是迟早的事。本来，周瑜是在袁术手下混饭吃的，可袁术这家伙却不知道周瑜是个历史上少有的人才，从来没有重用过他。到了这时，才让周瑜为居巢长，让鲁肃为东城长。这两个职务虽然都带“长”字，但却只比亭长大一点，相当于现在的县长。

两人觉得很没意思，再加上看到袁术就那么个水平，跟这样的人混下去，不会混出什么名堂来。

于是他们决定不领袁术的工资，跑到孙策这里来。

孙策这时正无比需要周瑜，看到老朋友自己来了，当然很高兴，马上任命周瑜为建威中郎将。鲁肃把全家都迁到曲阿，但他还是对孙策进行考察，在听其言观其行一段后再说。

袁术永远是个只会记仇的人，上次他被孙策那封信教训了一次，这个恨他当然没有丢掉。他看到孙策越来越活跃，心里超不爽。不过，现在他还没有打仗的激情，所以不想带兵去战斗。他可以不去战斗，但他可以让别人去骚扰一下孙策。

这时，江东地面还远远不太平，除了孙策之外，还有当地的原住居民山越势力，以及太史慈等势力——刘繇被打败跑到豫章那里，太史慈没有跟他到豫章，而是逃到芜湖地区的山中，然后任命自己为丹阳太守。当时江东大部分地区都归于孙策的版图，只有泾县以西的六县还在宣布自己高度自治。太史慈就跑到泾县来当老大。他不但体能好，而且胆子也够大，个人魅力也很强悍，所以当地的山越们都成为他的粉丝，愿意听他的话。另外一股势力就是那个祖郎。

孙策早已把江东当成他事业的基地，但江东地面上的武装，他必须全面肃清，不管是太史慈还是祖郎。

孙策知道现在不把这几股势力搞定，以后的麻烦就会无穷大。于是带着部队先向祖郎猛攻。

祖郎挡不住，也逃不掉，被孙策活捉。

孙策不但不为难这个几次跟他为敌的人，还对他说："你以前想砍死我，曾经一刀砍在我的马鞍上，差点儿把我砍死了。现在我要做大事业。凡是有用人才，我都会重用。你是有用人才，所以你不用害怕，以后就跟我干，好好工作。"

祖郎一听，不光不受到什么处分，还有工资领，这辈子还真有好运啊——连砍人都砍对了，要是砍那个袁术，现在他不砍死祖郎才怪。

孙策接着来打太史慈。太史慈虽然个人武力指数很强，射法也差不多跟吕布一样厉害，但手下的兵太弱也太少，被孙策一阵猛攻，都败了下来。最后，太史慈也逃脱不了当战俘的命运。

孙策跟太史慈单挑过，抓到他后，二话不说，马上跑过去解开他的绳子，对他说："还记得在神亭的事吧？那次你要是抓到我，你会怎么办？"

太史慈的回答很简洁："未可量也。"

孙策一听，大笑说："以后咱就一起大干事业了。你是真正有水平的，但你没有跟对有水平的人，所以就干不出什么名堂来。以后你跟我干，保证让你发挥你的水平。"也不管人家答不答应，当场就宣布任命太史慈为门下督。

太史慈也就不好意思拒绝了。

孙策拉拢人还是有一套的，他接收太史慈和祖郎之后，在大军返回时，便让两人走在前面开道，弄得这两人都很舒服。

正好这时太史慈那个老乡兼老领导刘繇死去。刘繇近来虽然低调，但他手下仍然有一万多人的武装力量。这些武装力量没有了老大，便一致推举豫章太守华歆当他们的带头大哥。他们派代表去向华歆宣布这个选举结果。

可华歆却不同意。那些人还在坚持，但华歆仍然不干，双方僵持了几个月，最后华歆把那几个代表遣返回去。

孙策知道后很高兴，正好把他们收编过来。他把太史慈叫来，让他去完成这个任务，并交代他："刘繇是个好人。以前跟我有摩擦，是有多方面原因的。但我始终佩服他，老早就想找机会向他解释。可现在没有这个机会了。你到那里后，找到他的后人，如果他们愿意跟你来，你就带他们过来。如果他们不愿意来，你也要好好地对待他们。还有一个任务，就是顺便观察一下那个华歆，看看他的水平如何。至于要带多少部队去，你自己决定。"

太史慈说："带十个人去就足够了。"

太史慈一退下去，很多人就提醒孙策："慈必北去不还。"这家伙一定会趁机跑路。

孙策却笑着说："如果太史慈要跳槽，他还能跟谁呢？"

他去为太史慈送行，握着太史慈的手问："估计什么时候可以完成任务回来？"

太史慈说："不超过两个月。"

太史慈走后，大家仍然认为，太史慈才回来几天，就把这么个重要任务交给他，他不趁机逃走才是怪事。

孙策对大家说："太史慈是什么人，我比你们更清楚。他一旦跟你成为朋友，这辈子就会跟你到底。大家不要再说了，只管等好消息。"

没几天，太史慈果然顺利完成任务，并把对华歆的考察报告给了孙策："华歆人品很优秀，但能力不突出。估计自守还可以勉强。有个叫僮芝的人就看他不成气候，已经在庐陵、鄱阳等地另立政府，宣布不受豫章太守的领导了。可华歆却一点儿办法没有，到现在连个声明也没有。"

孙策一听，好啊，看来豫章完全可以划归江东版图了。

白马将军的晕招

这个时期可以说是曹操和孙策事业的上升时期，其远大理想已经完全暴露出来。

但袁绍却对势头发展迅猛的曹操一点儿看不清。

他虽然看曹操不爽，可他更恨那个公孙瓒，觉得不搞定公孙瓒，他从此就会不舒服。他没有把公孙瓒和曹操比一比，分析到底谁对他造成的危害更大。公孙瓒虽然让他失眠，但曹操则完全可以让他的生命停止，让他的事业归零。

在这个世界上，把谁定为头号敌人真的太关键了。

袁绍最后的失败，跟他的眼光有很大的关系。他手下的那批智囊虽然个个思维系统复杂，但绝对没有曹操手下那几个人的智慧。每当曹操要做出错误的判断时，他们都能把曹操的错误纠正回来。当然，更关键是曹操每次都能听从他们正确的意见。

在曹操大战张绣、大破袁术、搞定吕布的时候，袁绍依然没有看出这是个可以直接把曹操搞死的机会。反而觉得曹操在跟这些人发生摩擦，没有精力跟他摊牌，可以让他的南面无战事，然后他就可以放心地去跟公孙瓒较量。因此，在这段时间里，他都在跟公孙瓒拼命。

公孙瓒的水平虽然不算高，也多次被袁绍打得叫苦连天。可他是北方人，在那里知名度很高，人气也很旺，在南方搞不过袁绍，就不断地往北发展，恢复得很快。因此，袁绍连年向他进攻，进展却不大。

袁绍攻得也有点儿累了，觉得再打下去也很无聊，就写信给他，说还是和平共处的好。咱们联合起来吧，先一起把别人搞定。

可这时，公孙瓒却又牛起来。

这家伙看到袁绍不想打了，就以为袁绍真的没有力量。他没有对袁绍的整体实力进行过全面综合的评估。其实现在袁绍的力量比他强悍得多了。他之所以不想打下去，是觉得要消灭公孙瓒还需要很多的时间，他怕南方那几个牛人在此期间势力膨胀起来，会来找他的麻烦。因此，才要求跟公孙瓒来个和平共处。

袁绍看到公孙瓒一点儿不理他的建议，知道不把这个人打倒，他以后就会腹背受敌。历史多次证明，腹背受敌是很痛苦的。

袁绍立即调集所有部队，向公孙瓒发动全面的进攻——既然不爱和平，那就只有打了。

这对公孙瓒来说，确实已到最危险的时候。可公孙瓒却没有应对危险时期的办法。

这个时候最需要的是内部高度团结。可公孙瓒一来就做了一个破坏团结的事件。

大战之初，有一个将领被袁军围困，眼看就要守不住，便向公孙瓒请求援助。大家也劝他赶去救，再不救那位兄弟，那块地皮就会是袁绍的了。

可公孙瓒却不去救。他不去救的理由很雷人：如果救了他，以后其他人都会依赖救援，不肯努力战斗。还是让他自己支撑，培养一下独当一面的能力。

他也不想想，现在驻守各地的部队才有多少？他们能顶得住袁绍大军的强力攻击么？就连你公孙瓒都多次被袁绍打得满世界跑，现在却让人家去独当一面。天下哪有这道理。

于是，那些被围的将领，看到袁绍的大军一到，就立马放弃抵抗——反正公孙瓒已经不管他们了，他们就是抗战到底，他也不过来援救。这些各地的守军，有的投降，有的就脱下军装全部跑光。

袁绍根本没费什么力气，大军就进逼公孙瓒的总部所在地——易京城下。

到了这时，公孙瓒才知道，被围困时没有人来救的后果是很严重的。

他派他的儿子公孙续跑去向黑山军的首领们救援，然后打算自己也带精锐骑兵出城，到黑山军那里，带他们去反攻冀州，切断袁绍的归路。

这个方案的可操作性很强，但关靖反对。他说："咱们的士气早已涣散，现在这个易京还能守得住，完全是因为您还在坚强地领导着大家。如果大家没有了带头大哥，易京肯定就会彻底沦陷。不如继续坚守，等袁绍受不住了，自己会退回去的。"

公孙瓒一听，觉得也有道理，就不再出城执行那个方案。

他以为自己不出城，易京就可以守下去。

袁绍的大军已大规模地开到了易京城下，公孙瓒的手下看到袁军一天比一天多，包围圈的厚度一天比一天增加，心里全是悲观的情绪。

公孙瓒在黑山的威望确实还大量地存在。

公孙续见过黑山老大，把情况跟他们一说，黑山军二话没说，马上拨出十万部队去救"白马将军"。

建安四年（199年）的春天，黑山军的带头大哥张燕在公孙续的带领下，分三路过来救易京。

公孙瓒知道之后，在张燕军还没有开到之前，就想玩儿个阴谋诡计，派人拿着他的信偷偷溜出城去送给公孙续。这个信的主要内容是，让公孙续带着五千骑兵到北方洼地埋伏，到半夜就兴火为号，他看到这个信号后就带兵从城里冲出，先对袁绍军进行一次夹击，让他也享受一次失败的滋味。

这个计划不错，可错就错在，他选派送信的人选错了。这个送信的家伙才出城没有多远就被袁绍抓住。

于是，他在落入敌手的同时，那封信也落入袁绍的手中。

袁绍一看那信，就笑了。现在看看到底是谁在夹击谁。

他做好布置，然后就让士兵们按信里讲的那样，举起火来。

公孙瓒这时太需要一场胜利了，早就在那里站着等这把火。这时看到火终于举出来了，也不想想，那个送信的还没有回来，这信到底是落在谁的手中，现在这火是谁在高举着，便带着大军杀出城去。

结果杀进了袁绍的埋伏圈，大败而回。

公孙瓒终于不敢再有什么想法了，老老实实地守城，能坚持到哪天算哪天。

袁绍却还有想法。

他知道他现在再怎么强行攻城，在短时间内也攻不进去。于是就叫部队偷偷挖着地道，地道的终极目标就是城楼下面。

等挖到城楼下面了，他叫大家先用木桩顶住，然后再放火烧那些木桩。

于是，那座城楼就轰轰烈烈地倒在火里。

外城就这样被袁绍搞定了。公孙瓒被逼到中京固守。

公孙瓒在中京里守了几天，就知道肯定守不了几天。他觉得被袁绍破城抓住之后，再把他押赴刑场开斩，不如自己处理自己。

他不但决定自己处理自己，还决定把他的家属也全部处理。他先找来绳子，亲自动手，“悉缢其姊妹、妻子”，然后大叫一声，自己点火，把自己烧死。

袁绍冲进城来，公孙瓒那个最铁的部下田楷战斗到了最后一口气。

只剩下那个关靖了。他在那里发呆，然后说出最后的话：“如果我不建议公孙瓒守城，现在也许还有救，是我把他害了。害死了他，我活着也没有意思了。”于是，他冲进袁绍的军中，死于乱军中。

没几天，公孙续也被匈奴屠各部落杀死。

曾经牛哄哄的公孙瓒就这样玩儿完。

如果刘备还是跟着田楷，那么田楷的下场就是他的下场。在乱世中混，眼光实在太重要了。

第十章
谁胜谁败早知道

袁术是这样死的

在袁绍搞定公孙瓒时，袁术还在那里当他的那个底气不足的皇帝。

袁术从当年讨伐董卓开始，做梦也想当一下皇帝。他以为只要自己当了皇帝，自己就是天下第一牛人，然后靠着皇帝这个招牌批发官帽，其他人就都跑过来跪求自己提拔加工资。哪知，不当皇帝还好，一当这个皇帝，向自己奔跑过来的人倒是不少，可全是举着大刀向他的脑袋砍过来的。他当了皇帝，职务是膨胀了很多，但力量仍然是原来的力量，所以被人家一顿群殴，差点儿连命都没有了，却没有谁同情他一把。

他在这期间，也曾经想取得几场胜利，哪知，几仗打下来，胜利是有的，但全是敌人的胜利。让人家胜了几场，他觉得再打下去，真的没有意思了，于是就把打仗的思想彻底放下来，转而追求起享受来。

当皇帝就是为了享受，而不是为了吃苦。

他不再观察当前的形势，不再管那些军政事务，而是把享乐当成当前工作的重中之重，他现在对自己的部队还有多少人数一点儿不关心，而是觉得后宫的美女太少了。于是大力增加美女数量，使得后宫的人数很快达到几百人。他的审美要求也不低，让她们个个穿着华服，吃着丰富的菜肴。而这时他手下的广大官员，都已经进入粮食紧张时期，个个饿得要命。

有关部门把部队已经缺粮的事向他报告，他一点儿不在意。

没几天，有关部门又报告，现在已经没有钱了，所有吃的用的都已经没有了。恐怕再过几天，连他的口粮也找不到了。

袁术还不信：宫里这么大，怎么连几碗饭也找不到？这不是太夸张了？我找来给你们看看。

他自己转了几圈，到处乱翻，也找不到粮食，这才知道，自己这么多年真的把全国财政吃空了，现在真的一粒米也没有了。

他这才慌了起来，深刻地认识到，再在这里住下去，自己就马上跟这一群美女集体变成饿死鬼了——一个皇帝直接变成饿死鬼，有点儿太丢脸了。

既然人家都能跑，他为什么不能跑。

他在一把火烧掉宫殿之后，这才着装上路。

他这次逃走，还是有目的地的。他的目的地就是去找他的老部下陈简和雷薄。这两个家伙是他大力提拔出来的，他们能有今天，全是靠他袁术一手拉扯的。现在去他们那里搞点儿吃的，他们肯定什么意见也不会有。

哪知，陈简却派人对他说："袁术已经被我们宣布为不受欢迎的人。"

袁术一听，当场发呆了几秒钟。如果在以前，他肯定会大手一挥，向陈简发动军事行动。可现在他手下才几个兵？这些士兵也已经个个饿得连刀都拿不动了，一听到军事行动几个字就想倒下来，哪还能为他去冲锋。现在人家不向他发动军事进攻，他就万幸了。

这时，更加让他郁闷加气愤的是，他手下的士兵也天天有人在逃跑，他终于清醒地认识到，自己事业的终点就在眼前，再也不能前进一步了。于是，他又想起自己的哥哥袁绍。他知道，现在袁绍在北方很无敌，自己可以去投奔一下吧？虽然长期以来，他们兄弟你打我，我打你，闹得很丢脸，但现在自己没别的路走，去他那里混饭吃，他应该没有多大意见了吧？

当然，去袁绍那里，要是顶个皇帝的帽子过去，他肯定会容不下的。于是，袁术宣布辞去皇帝的职位，要把这个职位送给他的哥哥袁绍。

虽然目前除了他自己以及后宫那一帮美女承认他是皇帝外，没人把他当皇帝看，但他手里的那方颗传国玉玺却是正品行货。袁绍对这个还是很感兴趣的，于是就说："咱都是兄弟，矛盾闹过就算了。现在你困难就到我这里来，我有饭吃你就不用饿肚子。"还派袁谭过去迎接这个山寨皇帝叔叔。

他的死对头，袁绍算是原谅了他。

可曹操却放不过他，要求刘备坚决把他堵住，别让他北上跟袁绍会合。

刘备以前怕袁术，可现在一点儿不怕，接到曹操的命令，立即带兵出来，堵住袁术。

袁术当然不敢冲关闯卡，带着手下又跑回他的首都。

六月，已经很饿的袁术来到江亭。他突然觉得自己很悲哀，堂堂一个当过皇帝的人，现在竟到了这个地步。他越想越郁闷，越郁闷越觉得这世界太不像话了。

他哇的一声，吐出来一口血。

他看到他大口吐出的东西后，知道自己马上就要跟这个他最恨的世界拜拜了。

然后他就死了。

袁术死后，他的弟弟怕曹操又杀过来，因此也不敢再待在寿春，带着袁术剩下的人马和袁术的尸体以及袁术的家属投靠袁术的老部下刘勋。后来，刘勋又被孙策搞定。孙策发现了袁术的家属，觉得袁术虽然可恨，但到底是他们父子的老领导，因此对他们还不错。后来，孙权觉得袁术的女儿长得还不错，就让她进入他的宫中了。孙权又让袁术的儿子袁耀当郎中。再后来，孙权发现袁耀的女儿长得很漂亮，就让她嫁给自己的儿子孙奋。

至于那方传国玉玺，被原广陵太守徐璆找到。得到这个东西之后，他并没有像孙坚一样把它收藏起来，而是把它献给了朝廷。

袁术的势力就此消失。

谋士们的争吵

袁绍这时却进入他个人事业的最高峰。他盘点了一下，马上就算出，现在他的力量排名在所有的牛人前面，是实实在在的天下第一牛人。因此，他骄傲得要命。

他骄傲到什么程度？虽然比以前更有钱有势，但上缴朝廷的贡品却越来越少了。袁绍的这个态度跟他已经死去的老弟袁术已越来越接近了。

主簿耿包从他的这些行为上也看出袁绍的心思。觉得这可是巴结老大的大好时机，于是找了个机会，很神秘地对袁绍说："主公，在我们这些小民看来，你完全可以称帝了。"

袁绍一听，马上就兴奋起来。不过，袁绍不是袁术，做事还是讲一点儿策略的，他把这个提到议事日程上来，问一问大家的意见，如果大家都认为他当皇帝没错，那肯定没错，如果大家认为不行，那就先不当。

大家一听，都反对。

袁绍一看，这个动作的阻力果然很大，连自己的死党们都不答应，全国人民就更不会答应了。难怪袁术会死。他为了推卸自己的责任，把所有的包袱全推给耿包，让耿包把所有问题自己扛，然后把他砍死。

不能称帝，但可以做别的一些事来表现一下自己的牛气吧？

现在最能让人家知道他牛的，就是去打仗，而且不是打小仗，只有打大仗，才能显得牛。

于是，袁绍就把目光锁定曹操。要是能把曹操打倒，那才是够威够牛的。于是他决定挑选十万精锐部队，直接进攻许都。

袁绍有一个特点，就是虽然觉得自己很牛，但不管做什么决定之前，总要开个会来讨论，表现得很民主。

这次他同样开会。

沮授说："我认为还是不可出兵。咱们刚跟公孙瓒打了这么久，消耗了很多。现在国库里已没有几个钱了，仓库里也没有多少储备粮了。从老百姓到广大官兵都已经想休息了。所以，还是先让大家都好好休息一段时间。当然我们是休息了，却不能让曹操也休息。我们一边生产，一边制造舆论，然后慢慢进兵黎阳，控制黄河北岸，大量制造船只，不断地派精兵骚扰曹操，让他一点儿不得安定。这样，等我们的实力达到了，要搞定曹操还不容易吗？”

沮授的话一说完，审配和郭图马上起来反对：“前一段历史已经强悍地证明，主公是近来最伟大的军事家，打谁谁完。所以完全可以直接带着大军去把曹操干掉，哪还用得着那么啰唆？”

沮授仍然反对：“你们以为仗着人多就可以去打败别人？这是骄傲的思想。一有这个思想，就根本不用去打仗了。现在曹操控制着皇帝，咱要是向他进攻，等于是向皇帝进攻。这在道义上已经说不过去。而且更要命的是曹操可不是公孙瓒，在那里坐着等咱去打他。他现在手下的部队也是强悍得很。所以咱还是稳重一点儿的好。”

郭图和审配当然不服输：“你的意思是我们师出无名了？告诉你，咱的名义就是讨伐曹操，这不是有名是什么？主公，现在咱再不出手难道等人家强大了才出手？现在老天把这个机会送上门来，咱不要，到时可不能怪老天啊。”

最后，袁绍看到主张和平一方的只有沮授一个人，而主张打的一方有两个人：郭图、审配。于是以少数服从多数的原则，采纳了郭图和审配他们的意见。

如果这只是在会上争论一下，大家有什么话说什么话，不管对错，出发点都是好的，过后就算了。可郭图不这样认为。事情过去后，他仍然很生沮授的气。他认为沮授是在袁绍面前跟自己过不去，那是不给他面子。于是，就开始了对沮授的打击报复工作，只要有机会，就在袁绍的耳边说几句沮授的坏话。在他觉得袁绍接受他的这些话之后，就说：“沮授现在的职务太大了，总管内外，在广大指战员面前人气旺盛得要命。如果再让他的人气旺下去，他的人气就跟主公处于同一档次了。所以，主管军务的人，就不能再插手内部政务了。”

袁绍比袁术其实也高明不了多少，他最看重的就是权力，听了郭图的这个话，立马觉得沮授对他的威胁实在太大了。

于是，他下令进行军队体制改革，把所有武装力量分为三军，由三位都督分别指挥。

这三位都督是沮授、郭图、淳于琼。

从这个兵权的布局看，袁绍已经向死路迈出一大步了。因为，郭图明显是个小人，而淳于琼又是个不成器的将军。就沮授还有点儿战略眼光，可袁绍又不信任他。他的这个布局其实就是让郭图来牵制沮授，搞的是平衡术。你想想，就要与劲敌开战，需要的是万众一心，现在倒好，他却大搞内部平衡这一套——其实是在搞内斗，结果不失败，那就真的岂有此理了。

后来，崔琰又劝袁绍最好叫停这个军事行动。

袁绍不听。

曹操那边也开始了大讨论。

曹操手下的人听说袁绍就要大举进攻来了，“皆惧”。个个把目光投向曹操，看看曹操怎么办。

曹操这时的表现还是不错的，见到大家的脸色怕得很难看，当然不能也跟着怕下去，他大声说：“吾知绍之为人，志大而智小，色厉而胆薄，忌克而少威，兵多而分画不明，将骄而政令不一，土地虽广，粮食虽丰，适足以为吾奉也。”意思是说：我对袁绍的为人最清楚了。这个家伙光有远大理想，可一点儿智慧也没有。虽然表面上牛哄哄，但胆子却小得要命。为人又非常刻薄，一点儿威信也没有。现在虽然他部队人口数量多，但却一点儿不会调度。而他手下的高层个个骄傲得不得了。综上所述，袁绍一点儿不可怕。

可孔融仍然怕，他对荀彧说：“袁绍现在军事力量强大，国土面积也大，又有田丰、许攸为他献计献策；还有审配、逢纪等人做他的帮手。更有颜良、文丑帮他带兵，个个强悍得很。要战胜他，真的很困难啊。”

荀彧说：“绍兵虽多而法不整，田丰刚而犯上，许攸贪而不治，审配专而无谋，逢纪果而自用；此数人者，势不相容，必生内变。颜良、文丑，一夫之勇耳，可一战而擒也。”他一一指出了袁绍手下这些高层的弱项，然后得出了一个结论：这些人虽然个个脑子灵光，智商指数很高，但一个容不下一个，只要相处几天，就会互相猛踢，内乱就是这样形成的。至于那两个武将，除了会蛮干之外，还有什么水平？“可一战而擒也”。

曹操果然不是公孙瓒，知道袁绍要来打他之后，并没有在许都坐等敌人的大军，而是主动开赴前线，进行军事部署。

当年（建安四年）八月，他带着部队进军黎阳——从这可以看出，当时沮授提出先占领黎阳果然是没有错的，再派臧霸等充领精兵，到青州去保卫东方边境，留于禁驻扎在黄河之畔。一切布置之后，他又返回许都。

到了九月，他终于派兵去驻守那个后来著名的地方——官渡。

这个地名一出现，一个史上有名的事件也就拉开了大幕。

大战前奏的各路牛人

袁绍现在虽然牛得有点儿不靠谱，认为打败曹操是一件一点儿不需要啰嗦的事，但他仍然知道，曹操不是公孙瓒，要取得最后的胜利，还是要花一点儿精力的。于是，他也盘点了一下曹操的敌人，认为张绣肯定恨曹操恨得要死。而且现在张绣正处在曹操战略的后方，要是能把张绣拉进自己的阵营，帮自己从背后狠踢曹操几脚，作用也是很大的。本来，在这时请几个外援，实现从四面八方对敌人进行一次群殴，是绝对没有错的。但袁绍错就错在，没有找对人。当时曹操周边全是各种势力，有刘表、刘备、孙策等几大牛人，可他却偏偏选中那个张绣。

张绣虽然是曹操的死敌，但他的势力才那么一丁点儿，而且现在完全靠着刘表而生活，再加上他又有过投降曹操的经历，这种基本难以自保的人，能帮袁绍什么忙？

袁绍对这些没有进行过分析，但知道现在张绣虽然是老大，却靠听贾诩的话而生存——以前贾诩让他投靠刘表，他马上就跑到刘表那里。所以，认真算起来，贾诩才是这个力量里讲话最算话的人。因此，他派人去拉拢张绣的同时，还叫人过去跟贾诩搞好关系。

在袁绍的代表向张绣提出跟袁绍一起夹攻曹操时，张绣还很兴奋，打算很豪爽地跟袁绍签了这份合同。

可张绣还没有出口，贾诩却已经先发言：“归谢袁本初，兄弟不能相容，而能容天下国士乎？”意思是说：请你回去跟袁绍讲，他们兄弟都不能好好相处，还有容天下人的肚量么？

张绣一听，脸色都变了，贾诩怎么讲出这样的话来。

不过，他知道自己现在万万不能得罪贾诩，贾诩要是离开了他，他下一步就真不知道怎么走了。因此，他虽然又惊又怕，但还是偷偷地问贾诩："现在我们这个处境，不依靠袁绍，还有谁可以依靠？"

贾诩的回答很简洁："不如从曹公。"

贾诩此前虽然自觉前来当张绣的手下，但他肯定知道张绣是不会成什么气候的，以后张绣肯定得去投降人家才能生存下去的。因此，他一来就建议张绣去投靠刘表——那时他以为刘表也是个好汉。哪知后来发现，刘表也是个一般的人物。所以，后来他又在心里物色另一个牛人。贾诩一看就知道，现在这个社会上，曹操迟早会成为最猛的牛人。只是没来由地前去投奔，手里的资本也太单薄了，人家会看轻你的，所以，还是在张绣这里先混一混，等混出一些成绩来，再去曹操那里。现在他的成绩已经有了——前次教张绣败中取胜的那一招，曹操肯定已经知道了。当然，投降人家，也不是说投就投，还是要选个最佳时机。

这时，正是投靠曹操的最佳时机。

这时曹操得全力对付袁绍，后方空虚得不能再空虚了。如果带着部队去向他举白旗，他能不高兴得要死？

但张绣显然没有这样的认识，对贾诩说："这个能行得通么？现在曹操的势力比袁绍弱得多。两家打起来，肯定是袁绍大胜，曹操大败。咱投靠总不能找个弱的投吧？而且以前咱们又跟曹操做过死对头。曹操能放过咱们么？"

贾诩说："你听我说说弃袁投曹的理由吧。第一个理由，曹操现在是挟天子以令诸侯，咱们投靠他，算是向朝廷投降，名义上站得住脚。第二个理由是，现在袁绍很生猛，手下部队多得很，咱去投靠他，他能看重我们吗？曹操现兵力薄弱，突然得到我们这支生力军，一定会很高兴。第三个理由，曹操有称霸天下的大气，哪能把个人恩怨天天挂在心里？只要他觉得我们有用，他一定不会跟我们秋后算账。所以，请你不要再有其他想法了。投曹绝对正确。"

张绣本来就是没有什么主见的人，听贾诩说曹操绝对正确，那就绝对正确了。

当年十一月，张绣在贾诩的主导下，宣布向曹操投降，带着部队过去接受曹操的改编。

曹操果然大喜，大摆酒席，拉着张绣的手入桌，然后在一起大吃大喝。他知道张绣还有个女儿，马上就请张绣把这个女儿嫁给他的儿子曹均，然后封张绣为扬武将军。至于贾诩，则被任命为执金吾，封都亭侯。曹操恐怕怎么也想不到，张绣会在这个关键时刻向他投降。真是投降得太及时了。这时，他为了让张绣死心塌地地跟着他打天下，不再搞出什么麻烦事来，就跟张绣结成亲家。曹操的这一招确实厉害。这种事，看来也只有曹操做得出。如果是袁绍，要不然根本不接受你的投降，要不等你来了之后，先给你小鞋穿，再找个机会给你定个什么“坐无知”的罪名，然后砍头。

曹操却不如此。虽然后来张绣被曹丕怀疑，他的儿子张泉也被曹丕害死，但这已经与曹操无关了。从这个方面看，也说明曹丕比他的老爸差多了。

到了这时，大家都知道，曹袁决战已经就要来了。尤其是那些牛人，本来都还风风火火地进行不规则的比赛，一会儿打着这个旗号，一会儿又投靠这个势力，这时都停了下来，像一群不明真相的小民一样围观两人的比赛，个个保持中立。

当然，除了围观之外，还要作点儿评论和预测。

凉州牧韦端派杨阜前往许都办事，回来之后，大家问他两家大战，谁会笑到最后？

杨阜这家伙的眼光倒还不错，说：“袁公宽而不断，好谋而少决；不断则无威，少决则失后事，今虽强，终不能成大业。曹公有雄才远略，决机无疑，法一而兵精，能用度外之人，所任各尽其力，必能济大事者也。”这话跟荀彧的话简直没有什么两样。

袁绍本来以为做张绣的工作会百分之百的成功，哪想到，自己派出的代表还没有回来，张绣已经带着部队到曹操那里报到了。不过，他仍然不灰心。张绣就那点儿力量，他跟谁谁也不会因此而强大起来。真正重要的是刘表。要是能让刘表跟他们联合起来，那才能真正给曹操造成前后夹击之势。于是，他又派代表去见刘表，做刘表的思想工作。

刘表的态度很好，笑呵呵地接受了袁绍的请求。可合同签订了许久，他连个兵也没有派出，好像跟袁绍根本不认识一样。

当然，他更不会帮助曹操。

大家一看就知道，刘表采取的是最让人鄙视的骑墙政策。

韩嵩和刘先认为他这样做很危险，就对他说："现在全国最牛的两个老大正在打拼，而起决定作用的是主公。如果主公想获得最大的利益，现在机会就在眼前。就是在这里等两人斗得累了，再突然发飙，那这个天下就是主公的了。如果主公没有这个远大理想，那就赶快擦亮眼睛，找一个觉得可靠的人来当依靠的对象，然后跟他联合起来，攻打另一个。哪能像现在这样，手里有十多万部队，在这里当围观群众？这样，他们两边不管谁赢谁输，都会把愤怒集中到主公的身上。到时咱这个骑墙政策就行不通了。曹操很会打仗，属于善于用兵的那类牛人，而且他手下的人才也多，所以，最终他一定会打败袁绍。他打败袁绍之后，势力一定会大涨。那时他定了北方，第二个动作肯定进军江汉，咱能顶得住么？所以，现在最可行的办法，就是立即向张绣学习，带着全荆州人民投靠曹操。曹操一定会感谢主公。"

蒯越也劝刘表，要投就投曹操。

刘表又无语了。他觉得现在投袁绍没有错，可投曹操也很对。到底投谁才更好一点儿呢？最后，郁闷的刘表派韩嵩去许都看看情况再说，他还交代韩嵩说："现在谁也没办法知道谁会取得最后的胜利。你还是到许都去看看形势再说。"

韩嵩对刘表说："现在你叫我做什么我都可以拼命去完成。但据我的观察，曹操以后一定会统一天下。如果主公真的再举起大汉的旗号，投靠到曹操的阵营，那就可以派我去许都。如果主公还在拿不定主意，还要叫我到许都，情况就不好说了。因为一到许都，万一皇帝授予我一个职位，我又没有办法推辞，那我就成皇帝的手下而只是主公的旧部了。请你再考虑一下吧。"

刘表一听，以为韩嵩是怕去许都才想出这一大堆理由来的，就下令他一定得去。

韩嵩没有办法，只得跑到许都，面见了献帝。献帝果然任命韩嵩为侍中、零陵太守。韩嵩回到荆州后，把献帝和曹操的人品都大力地赞扬了一番，说投靠曹操绝对没有错，还劝刘表为了表示诚意，最好把儿子送过去做人质。

刘表别的话可以不当一回事，可让他把儿子送过去当人质的话最听不得。他当场生气，认为韩嵩已经有二心，就打算处死韩嵩。

他大声骂韩嵩："你敢对我怀有二心。"

大家一见这个场面，都认为这次韩嵩肯定丢了那颗脑袋，别的什么都可以说，为什么一定要劝人家送儿子去当人质。现在怎么救他？他们不敢直接向刘表求情，便叫韩嵩赶快认罪。

可韩嵩却不认罪，他脸色一点儿没有变化，对刘表说："算起来，是将军对不起我，而不是我对不起将军。"他把他出使许都前对曹操的那个长篇大论再重复一次，请大家评理。

后来，连刘表的老婆蔡氏也觉得刘表过分了，对他说："韩嵩，楚国之望也；且其言直，诛之无辞。"韩嵩是这一带的大名士，人气现在高得很。这种人本来就不好惹。现在他的话又有道理。杀他也得要个罪名啊。

刘表仍然愤怒，但也只能暂时放过韩嵩。韩嵩是大名士，他暂时动不了，就把那几个跟随韩嵩出访的跟班抓起来，对他们来个刑讯逼供，而且真的往死里打。可有几个人被打死之后，仍然没有谁供出韩嵩有过里通外国的可耻行为。刘表这才知道，韩嵩真的没有什么错。可他仍然放不过韩嵩，仍然把他抓起来，关在班房里。

刘表在当时是以礼貌出名的，可从他对待韩嵩的事上看，我们可以知道这个家伙的那些笑容全是装出来忽悠人的。再看他在处理跟曹操和袁绍之间的关系上看，他更是一个菜鸟级的牛人。

这时，孙策却一点儿不管这些事。反正曹操和袁绍离他还有一段距离，他们打得你死我活，还暂时和他没有关系。他把眼光盯在周边的土地，认为只有让地皮不断扩大起来才是王道。现在这个世界是谁也靠不住，因此，谁也不要投靠，要生存只有靠自己。

孙策继续做自己的事

孙策现在的目光盯死了刘勋。

刘勋原来是袁术的死党，袁术死后，刘勋继承了他的遗产。本来，刘勋的势力也不算雄厚，要收拾他难度也不很大。可因为一个事变，使他手下的部队猛涨几千人。孙策一看，就觉得头有点儿大了。

这个事件的经过是这样的：那时扬州地区还有个土匪团伙，这个团伙的带头大哥叫郑宝。郑宝想把他势力范围内的男女老少都迁到江南去。可他又怕这些老百姓不跟他过去。于是他就想出了一个办法，自己辞职，把这个带头大哥的位子让给刘晔。刘晔是大名士，在这个地区人气很高，号召力很大。只要他一大声说话，人家都会立即行动起来，拖儿带女渡过长江去。

刘晔知道郑宝让自己当老大是假的，等让自己带着大家到江南之后，没几天就会搞掉自己，所以很郁闷，不知道用什么办法来对付。正好曹操派了个使者到扬州来办事。这个使者跟刘晔是老相识，刘晔就请他到自己的家里喝几杯。

郑宝这时既想巴结刘晔，也想巴结曹操，知道使者来到后，也主动跑到刘晔家，跟朝廷的使者见面。

刘晔看到郑宝来到，马上就有办法了，留郑宝在自己家里喝酒。

郑宝当然不能推辞，就坐下来又吃又喝。刘晔在他进入状态的时候，突然拔起刀来，向郑宝的头上砍去。郑宝就是打死也想不到刘晔这样的人会把他杀死，连个反抗的声音也没有，那颗头就掉下来了。

刘晔拿着郑宝那颗还滴着血的脑袋去见郑宝的部下，让他们都确认了这是他们老大的脑袋之后，大声对他们说：“刚才曹操派人前来，杀了郑宝。曹操说了，谁敢不服从命令，谁就像郑宝这样。”

所有的人都盯着郑宝的头，不敢说话。

最后，这些人都说，现在郑宝死了，你就当他们的老大吧。

刘晔没有办法，只得当了这伙人的带头大哥。可他又觉得自己是个文化人，现在怎么能去带领一帮土匪？于是，他把这支部队交给了刘勋。

刘勋这段时期以来，天天都在进行收编袁术旧部的工作。袁术那些旧部听说之后，都来投奔他。人口越来越多，口粮就越来越不够。以前袁术就是因为没有粮食，最后根本不用别人动手自己就已经玩儿完。因此，粮食永远是部队的命根子。

刘勋就派他的堂弟刘楷到上缭，请那个地方的老大们给他供应点儿粮草。可那些老大根本不理他。刘楷就劝刘勋过来，把这些牛哄哄的老大打倒，看看他们给不给粮草。

孙策知道这事之后，马上就来了灵感，给刘勋写了一封信，信的开头先把刘勋猛拍一顿，劝刘勋去攻取上缭。他说，上缭那个地方富得流油，他早就想过去搞定它了。只是道路不便，他愿意当刘勋的外援。这还不算，孙策还把很多金银财宝毫无理由地送给刘勋。

刘勋的心情超级爽起来。

但刘晔却认为，不宜这么乐观。

刘勋问，为什么？

刘晔说："上缭城虽然不大，但城防工事却很好。你派大军过去进攻，短时间内未必能攻得下。这时你的后方就会空虚。到时孙策乘机进攻，你拿什么来抵挡？所以，我认为，大军出发之日，就是我们玩儿完之时。"

刘勋一听，不会这么复杂吧？因此根本不把刘晔的话当话，下令部队前进，目标上缭！

刘勋的部队声势很浩大，上缭的那些老大看到这个架势，知道打不过人家，就都逃跑了。刘勋根本不用进攻就拿下了上缭。可他进入上缭一看，这才知道上缭的这些老大不但自己逃了出去，而且把城里所有的动产都带走了。

刘勋跑了大老远，就收获了一座空城。

正在这时，孙策带着部队去讨伐黄祖，要为他的老爸报仇。在刘勋大骂那些上缭老大缺德时，孙策的部队正在石城。他虽然咬着牙要去搞定黄祖，可他还在关注着刘勋的动静。他听说刘勋真的已经带着全部家当去攻打上缭了，现在正在郁闷着，知道机会就在眼前，马上叫孙贲、孙辅带八千部队进驻彭泽，他自己跟周瑜带着两万人去袭击刘勋的根据地皖城。

刘勋留在皖城里的部队根本没有设防。孙策顺利拿下皖城，不但俘虏了刘勋的家属，而且还收编了刘勋留在那里的三万部队。

孙策任命李术为庐江太守，分给他三千兵守卫皖城。那些俘虏就都迁到吴郡。

刘勋知道皖城被孙策拿下后，这才知道孙策比上缭老大们更缺德，马上带兵回来，想把皖城重新夺回。但大军才到彭泽，却碰上孙贲部的截击，被打了个大败。

刘勋没有办法，只得退守流沂，并向黄祖求救。

黄祖当然答应要救他，而且派他的儿子黄射带着五千水军出来援助刘勋。

孙策并不怕他们的联合，照样带着大军前来，把两人猛攻一顿。这一次，刘勋败得更惨，手下的部队全部被消灭光，他只得向北方拼命狂逃，最后投到曹操那里了事。黄射也跑得无踪无影。

孙策又收编了刘勋最后的两千部下以及一千多艘船只，然后全力向黄祖进攻。

连刘表也知道，黄祖根本不是孙策的对手，赶紧派刘虎和韩晞带着五千长矛兵前来支援黄祖。

建安四年（199 年）十二月十一日，两军终于面对面决战。

孙策大败敌军，把援军统帅韩晞杀死在战场上，黄祖拼命逃脱，但所有家属及六千艘战船都被孙策俘获。这一战，黄祖手下的士兵直接损失几万人。

孙策把黄祖打得大败之后，并没有继续向荆州进军。他虽然恨刘表恨得要死，但他知道，凭他现在的力量想搞定刘表还很难，因此就把目光又锁定豫章。

这时豫章的负责人是华歆。孙策对华歆的底细早就摸清，知道华歆要守住这个城，那是困难重重。他把大军摆在椒丘，做出全面进攻豫章的姿态，然后对虞翻说："华歆虽然人气很高，但绝对不是我们的对手。如果他不开门让我们进去，我们就会发动进攻。那时是什么后果就不好说了。你现在进城去，做他的思想工作，最好让他自觉开门。"

虞翻就进去见华歆，把孙策的水平跟华歆的能力进行了一次鲜明的对比，请华歆仔细想想，能不能挡住孙策的进攻。他向华歆下最后的通牒："今大军已至椒丘，仆便还去，明日日中迎檄不到者，与君辞矣。"意思是说：现在孙策的大军已经在椒丘，不信你可以去看看。现在我要回去了。如果明天中午还看不到迎接孙将军的檄文，我就不能再跟你见面了。

华歆等他说完，就说："哪用等到明天中午？我是北方人，在江南住了这么久，老早就想回到家乡了。等孙将军一到，我就立马闪人。"当晚，华歆把迎接孙策的檄文写好，第二天一早就送到了孙策的面前。

这正是孙策要的效果，他马上带着大军进入豫章。

华歆穿着便装出来迎接孙策。

孙策得了豫章，心情很爽，对华歆也很尊重，"礼为上宾"。

孙策分了豫章郡，另立庐陵郡，任命孙贲为豫章太守、孙辅为庐陵太守——正好庐陵的僮芝有病，孙辅知道机会来了，马上就进军，拿下了庐陵，最后让周瑜驻守巴丘。

江东的模样已经初具规模。

煮酒论英雄

这时曹操正渐渐进入他人生中最多事的时期。

他还在官渡前线，准备应对袁绍的强力冲击。

荀彧曾预言袁绍的部下迟早会分裂，会把袁绍的事业搞烂。其实，现在曹操那里也不是铁板一块。曹操集团内部也有人做梦都想把曹操杀死。

当然，这些想杀死他的人跟袁绍阵营里的那些人还是有区别的。袁绍那些人并没有想杀死袁绍，他们都是把自己当成袁氏的死党。他们虽然因为闹矛盾，最后配合袁绍把事业直接搞烂，但他们的出发点却不坏。曹操阵营中的这些反对党并不是曹操手下的核心智囊，而是那些权力边缘的人。

首先出来跟曹操过不去的人是徐他。

徐他是什么人？

他只是曹操的一个侍卫。连曹操也说不出，到底是在什么地方得罪了这个家伙，弄得他非要砍死曹操不可。

这家伙还有点儿人脉，居然还联系了几个同党，一起谋划着把曹操搞定。他们按照计划，进入曹操的帐篷，想把曹操杀在那里。这几个人都是侍卫，按说顺利完成这个任务是没有问题的。哪知，这几个人只有干掉曹操的想法，胆子却有点儿小。他们进入曹操的帐篷时，眼看离成功不远了，哪知，他们看到许褚站在那里。

其实许褚并没有发现他们的行动，更没有看透他们的动机。哪知，他们一见许褚，脸色就大变起来，身体也跟着发抖，不管从哪个角度看过去，都像个想干坏事的坏人。许褚现在的职业是保镖，一看这几个人的样子，马上断定他们是来行刺的，当场出手，把他们全部杀死，为曹操捡回那条老命。这种反对党没有什么根基，杀了他们就可以治标治本。

另外的一批反对党就复杂多了。

这个反对党的带头大哥是车骑将军董承。

董承的身份不但是车骑将军，而且还是汉献帝的岳父。

汉献帝虽是中国最窝囊的皇帝之一，但他并不昏庸。而且从他不断敢于派使者去调停那些牛人之间矛盾的事上看，他还是很想有作为的。只是他身边太缺乏人才也太缺乏力量了，所以这个皇帝也就越当越窝囊。以前在长安窝囊，现在在许都同样窝囊。

他很想把皇帝真正的权力拿回自己的手中。要实现这个伟大的目标，唯一的办法就是把曹操搞定。

他把这个希望寄托在他的岳父大人董承的身上。

当然，他还把希望寄托在另一个人的身上。这个人就是刘备。刘备是否真的是大汉皇室的后裔，谁也说不清楚。但对于汉献帝来说，刘备自称皇室后裔，就已经够了。不管刘备是什么人，但至少他姓刘，他把自己当成皇室的人，完全可以当作自己人。于是，这个密诏就传到了刘备的手中。

那件密诏是董承夹带在衣带中带出来的。当董承把密诏打开在刘备的面前时，刘备也兴奋了起来。

曹操手下所有的人都知道，刘备是不会安于现状的，迟早会做出让曹操麻烦到底的事来。刘备现在寄居在曹操的地盘上，时时刻刻都在寻找机会，做出自己的事业来。这时一看到这个密诏，那根神经立即活跃起来：原来皇帝也把他当自己人，这样就进入了政治的核心区了。

不过，刘备不是别人，那根神经虽然天天保持活跃状态，但神态却与往常保持一致，谁也不知道他现在想的是什么。

曹操大概也很想知道刘备心里的水到底有多深，就请他来吃饭，然后跟他讨论了那个后来很著名的话题：现在天下到处是牛人，但谁是真正的英雄？

刘备罗列了一大批，曹操全部一一否定。

最后，刘备说，那这个时代就是一个没有英雄的时代了。否则，就是英雄还没有浮出水面。

曹操哈哈大笑："今天下英雄，惟使君与操耳，本初之徒，不足数也！"

如果是别人听到这话，会觉得真爽。可刘备却当场吓得连手中的筷子都一齐落在地上。刘备比谁都明白，曹操这时把他当英雄，就意味着他的危险期已经到了。这个英雄是个"高危"的英雄。

正好这时，天上又打雷又下雨，刘备忙说："圣人云，'迅雷风烈必变'，良有以也。"

经过了这一次对话，刘备知道自己真不宜待在曹操的地盘上了。这时正好董承来找他，他当然愿意合作。他们当然知道只凭他们几个人去努力，是搞不定曹操的，于是他们又找来长水校尉种辑以及吴子兰和王服，天天在一起开秘密会议，讨论着搞定曹操的方案。可讨论了许久，还是讨论不出什么好方案来。

曹操在那次煮酒论英雄之后，出现了一个历史性的"忘记"——忘记了刘备是跟他一样的"英雄"，硬是派刘备带兵，跟朱灵一起去打袁术。

刘备本来就天天开动脑筋，想着如何才能离开这个危险的地方，这时看到曹操不但放他出去，而且还给他配备了一支强悍的武装力量，再不走，他就是最蠢的了。

他接到命令的当天，就立即带着所有该带的东西出了许都。

程昱、郭嘉知道曹操这个命令后，立刻过去找曹操，说让谁带兵出去，也不能让刘备带兵出去。

曹操一听到两个顶尖智囊的话，也知道自己搞砸了。急忙派人过去，向刘备宣布，有新的任务需要他去完成。

可刘备这时跑得比风还快，根本追不上。

刘备和朱灵两个人合作，打败了袁术，如期地完成任务。

按照道理，刘、朱两人都应该回到许都，向曹操汇报。可后来只有朱灵回到许都，而刘备却乘机把徐州刺史杀死，然后占领了徐州，任命关羽当下邳太守，他自己带着大军到小沛驻扎。刘备在这一带还是很有号召力的，他一宣布脱离曹操集团，东海一带的地方武装以及各路土匪，也跟着大喊打倒曹操的口号，跟刘备干。

刘备手下人数立马狂涨，有了几万人。当然刘备知道，曹操肯定会马上派部队前来围攻他。凭他这数万之众，还远不是曹操的对手。不是曹操的对手，那就只好去跟曹操的敌人联手，共同对付曹操了。

袁绍现在肯定是曹操最头痛的敌人，因此他就派人到袁绍那里，说："我们合作吧。我准备带我的部队去跟你会师。"

袁绍当然同意。

曹操这时又犯了一个错误，认为以刘备现在的力量，派个杂牌军过去就可以把他搞定。于是，他派刘岱和王扶带兵过去，要求他们把刘备抓回来。

双方接触的结果，刘岱不但没有能够完成把刘备抓回来的任务，反而被刘备打了个满地找牙。

刘备取得了这一场胜利，也牛了起来，对刘岱说："像你这样的人，一百个同时出来，也不能抓到我。如果曹操亲自来，最后谁胜谁负就难说了。"

刘备很幸运。

如果他还在许都，现在绝对被关进大牢里了。

因为，就在他对刘岱说那些话时，他的那几个同伙已经彻底暴露在曹操面前。

建安五年（200年）的正月，董承可能是酒喝多了，居然把那个"衣带诏"的秘密泄露了出来。

曹操得知居然还有这么一个想要他性命的"衣带诏"，哪能放得过董承？他立即下令把这些家伙全部抓起来。

于是，董承、王子服、种辑这三个"衣带诏"事件的骨干成员都被抓获归案。曹操问都不问一声，便大手一挥："皆夷三族。"让所有想跟他为敌的人看看，如果没有把握就跟他作对，这就是下场。

曹操这时对刘备已经非常愤怒，决定亲自向刘备进攻。

很多人都反对曹操亲自出马跟刘备对垒——现在重要的对手是袁绍，刘备那里算什么？何必让曹操亲自过去？而且，如果去跟刘备纠缠，袁绍突然在他们的背后猛踢一脚，那不好说了。

曹操说："你们什么都不知道。这个刘备是个大野心家，如果让他一成气候，以后咱的麻烦就会无穷大。"

郭嘉也坚决同意曹操的说法："袁绍这个人动作向来迟钝，而且性格又多疑，即使他想到要来进攻，也会先让那几大谋士们相互猛砸几天砖头，然后才开始行动。刘备现在虽然口头很牛，但脚跟还没有站稳，我们赶快进攻，不费什么力气就可以把他搞定。"

大家看到连郭嘉都说没有错了，当然就没有错了。

这时，袁绍那边也有人认为，现在是攻打曹操的最佳时机，要求立即发动进攻。

第十一章
官渡之战

就是不听你的

这个人就是田丰。

田丰知道曹操要全力去跟刘备对抗之后，便在第一时间里找到袁绍，说：“现在曹操跟刘备干仗，正是咱们的好机会。我们赶快向曹操的后方进攻，一战就可以把曹操摆平。”

不管从哪个角度看，田丰的这个建议都是绝对正确的。

如果袁绍能听从这个建议，那么以后的曹操肯定不是现在历史上的那个曹操了，以后的袁绍也不是现在历史的那个袁绍了。

可袁绍居然一点儿不激动，他不认为这是个历史性的机会。他拒绝了田丰的这个建议，而且拒绝的理由很雷人。

田丰一听，几乎要吐出血来。最后田丰没有办法，举杖击地曰：“嗟乎！遭难遇之时，而以婴儿病失其会，惜哉，事去矣！”

曹操带部队过去，果然像郭嘉预料的那样，只一接触就把刘备的部队打得大败。刘备这次又像那次被吕布搞定时那样，只身逃出，连家属都没带出来。

曹操接着攻打下邳，关羽不但挡不住，而且也逃不出，被曹操一把抓住。

刘备早就跟袁绍有过联络，因此，打了败仗，第一投靠的选择当然就是袁绍了。

袁绍对他还是很看重的，叫袁谭在青州隆重接待刘备之后，再派兵护送他去邺城。

袁绍亲自出城两百里来举行隆重的欢迎仪式。

刘备就在邺城住了下来。他手下的那些兵听说他在邺城，也都跑来找刘备。

曹操收拾完刘备之后，并没有回到许都庆祝胜利，而是立即回到官渡。他很庆幸，袁绍没有利用他去打刘备的这个时间过来打他。

袁绍认为可以去打仗了，于是开了个会，说："现在打许都的时机成熟了吧？"

别人还没有出来发表自己的意见，田丰已经抢先发言。

袁绍看到田丰抢先发言，以为他本来就是个主战派，上次人家都没有作声，他都独自跑过来建议打曹操。现在肯定是过来支持自己的。

哪知，田丰这时却反对他去打许都："曹操已经打败刘备，肯定已经回军许都。现在的许都肯定一点儿不空虚。曹操老奸巨猾，他部队的数量虽然不多，但他善于用兵，谁轻视他谁就会吃亏。所以，现在不如来个持久战，看形势的发展再说。咱们一边跟他持久对峙，一边慢慢盘活我们手里的四大州，把各项建设都搞上来；一边大搞外交活动，争取联合更多的朋友，形成一个抗曹统一战线。然后就选好精兵，分成几路，不断地对他进行骚扰，让他顾都顾不上来。到时，我们还有力量，他已经又困又累了。用不到三年的时间，就完全可以把他拖垮。现在硬是把全部力量集中在一起，跟他决一死战，如果成功了，当然是好事，如果不成，以后咱们就只有后悔了。"

田丰这话虽然不能挑动人们的神经，但绝对是合理的建议。

可在袁绍这里，正确的意见永远不会被采纳。袁绍每次开会，似乎都是为征集把自己事业推向失败方向的意见。

这次他听完田丰的话，当场就否决了。

田丰还在继续说。

袁绍就生起气来，说他这是在扰乱军心。扰乱军心当然要受到处分的。于是，田丰被戴上了刑具关在牢房里。

别的人看到田丰这个下场，哪敢再说什么话。

袁绍看到大家都没有意见了，便向各州下发文件，罗列了曹操的一大堆罪状。现在因为曹操有这么多罪，所以就打他。

这些前期工作都做好之后，袁绍于建安五年的二月，高调宣布：向黎阳进军。

一场史上有名的大战就此拉开大幕。

当然，此前如果袁绍听从沮授和田丰的建议，这个大幕根本不用拉开，估计现在他已经进驻许都，把皇帝牢牢控制在自己的手中了。可这家伙对时机向来麻木，对正确意见向来不敏感，以致白白丢了几次大好时机。

沮授终于彻底认清了袁绍的面目，知道这家伙从此之后，只有从失败走向失败了。他在出发之前，把自己的亲戚朋友都叫来，然后把自己的财产分给他们，并说："这一次出战，我恐怕连命都保不住了，留下这些财产有什么用？"

他的弟弟沮宗说："现在袁绍的部队比曹操的强悍多了，哥哥哪用这么悲观？"

沮授说："你只看到表面现象。现在曹操其实很有优势啊，皇帝在他的手里，他在道义上就有主动权。咱们连年跟公孙瓒打仗，虽然现在取得了完胜，但已经累得眼睛都睁不开了。但袁绍和各位将领却没有考虑到这一点，个个都在那里骄傲着。在这样的情况下，这一仗还能打么？"

曹操这边也在忙着备战。

曹操别的优势都有，唯独兵力不占优，这是双方的共识。

袁绍那边的人知道，曹操这边的人更明白。

这时，程昱当鄄城的一把手，可他手下只有七百人。

甄城是曹操起家的地方，他也怕程昱守不住，因此又拨两千士兵给程昱。

可程昱却坚决推辞："不必再给我增加兵力了。袁绍现在带十多万大军前来，看到我只有几百人马，肯定不会把我当一回事，懒得向我发动进攻。如果再增加人马，那就不一样了。他经过这里时，肯定会大举进攻。这样，即使多两千人，也挡不住他的大军一击啊。鄄城这方面，主公就不必担心了。"

后来袁绍的大军过来，听说程昱就几个老兵在那里守着，天天只是在大街上维持秩序，真的不把他当一回事，连望都不望一眼。曹操知道后，也不得不佩服程昱："程昱之胆，过于贲、育矣！"贲就是孟贲，育就是夏育。两个人都是古代有名的大力士。

斩颜良

到了这时，双方都已把前期工作准备好，第一场比赛终于开始。

袁绍的首发是他常挂在嘴边的河北名将颜良。颜良这次的任务是去进攻白马。

沮授对袁绍说："颜良性格太火暴，不能独当一面，请主公再派其他人。"

袁绍一听，他说颜良能独当一面，颜良就能独当一面。现在在这里，是他说了算，而不是沮授说了算。他仍然派颜良出发。

曹操接到报告后，马上决定带兵去救白马。

荀攸说："现在我们兵少。所以必须分散袁绍的兵力，这仗打下去才不吃亏。现在最可行的办法是，主公先带着部队到延津，做出准备渡河去攻袁绍后方的样子。袁绍肯定怕他的后方被我们拿下，因此他会向西来对付我们的。等他的部队向西移动时，主公突然轻装狂奔向白马。这样就可以打颜良一个措手不及，再将他往死里猛打。"

曹操一听，这个办法很猛，就带部队天天喊着"打到袁绍后方去"的口号，到延津集结。

袁绍知道后果然上当，带着大部队到那里等曹操的到来。

可他等了很久，也等不到曹操的主力部队。最后却等来了颜良被打死的消息。

曹操看到袁绍带着大军上当了，马上就按荀攸的计划，带着部队向白马方向狂奔而来。

直到与颜良部队还差十里的时候，颜良才知道曹操的主力部队已经全面杀了过来。

他也慌了起来，但再慌也得出来迎战。

曹操派张辽和关羽为先锋，与颜良大战。

这次战斗，战场上的明星不是颜良，更不是张辽，而是关羽。

关羽此前被曹操抓住，就投降了曹操。曹操觉得关羽是个有用人才，所以对他很好，拜为偏将军，礼之甚厚。这次出来跟袁绍对敌，也把关羽带来，而且还让他当了先锋。

关羽在战斗中，一边英勇杀敌，一边观察敌人的动态。他远远地看到一顶华丽的麾盖，就知道那肯定是颜良的指挥部。颜良肯定就在那底下。颜良是袁绍的爱将，平时生活过得很奢侈，在战场上也使用这样华丽的奢侈品，正好成了关羽攻击的靶子。

关羽那时脑子里到底是闪了个什么念头，他后来没有说出来，现在谁也说不清，但大家都知道，他当时马上拍着马，向那里冲过去。史上记载这个动作是“策马刺良于万众之中，斩其首还”。于万军之中，手起刀落——好像不是大刀，而是长矛之类的武器，把袁绍几乎天天挂在嘴头的河北名将颜良搞定。颜良连个反抗动作也没有，就没命了。关羽后来还上前割下颜良的脑袋，然后往回冲，“绍军莫能当者”，整个袁绍军中没有一个人能够挡他一下。

关羽阵前斩掉颜良，不但把关羽个人的声望推上了几个新台阶，而且给曹操奠定了打败袁绍的一个坚实的基础。颜良被割下脑袋后，颜良手下部队的士气立即归零，被曹操一口气杀败——遂解白马之围。打破了袁绍的整体战略部署，同时也把袁绍全军的士气打落下来。

袁绍很快就知道颜良死掉的消息，郁闷得不行。他从来没有想到，颜良居然死得这么窝囊。现在不但不能鼓励士气，反而挫伤了士气。他决定立即回军，去找曹操大战，不信真的打不过曹操。

他下令部队渡过黄河去，为颜良报仇。

沮授又过来劝他：“请主公不要再激动了。现在应该把部队暂时留在延津，然后分出一部分部队到官渡，如果这支部队打赢了，再回来接应大军也不晚。如果大家全部出动，要是打败了，我们连个退路也没有。”

虽然此前已经证明沮授的话都很正确，不听他的话，袁绍最后都失败了。可袁绍就是不听正确的意见，一听到正确的意见，不管是谁，他就是无条件不听，连个反驳的理由也不给，只是直接加以否定。这一次，他仍然果断地拒绝听从沮授的建议。

沮授这时彻底失望，对着滚滚黄河东逝水长叹：“上盈其志，下务其功，悠悠黄河，吾其济乎！”意思是说：袁绍这么狂妄自大，手下高管个个贪功，黄河啊黄河，我们能成功么？

他知道再跟袁绍混下去，没几天就会混到绝路，因此向袁绍辞去了一切职位。

沮授头脑聪明，跟袁绍也跟了多年，但对袁绍就是看不透。他根本不知道，袁绍是天生与正确意见为敌的人，你想达到目的，最好提出个相反的意见来。现在他向袁绍提出辞职的请求，袁绍根本不考虑，立即在上面圈上不批准几个字。

可过了一会儿，袁绍觉得他太啰唆，就又下个文：解除沮授的兵权，把他的部队全部并入郭图的手下。

郭图一看，高兴极了。

袁绍现在最想要的是一场胜利，而且他觉得他有取胜的所有条件：他的大将比曹操的大将猛，他的士兵比曹操的士兵多。只要碰到一起，他们就没有失败的理由。

没几天，他又碰到了曹操，双方展开第二轮角逐。

袁绍大军渡河之后，到达延津之南。当时曹操正在南阪下安营，听到远处传来的声音很大、很无敌，就知道袁绍大军要开到了。

曹操叫人爬上营垒上张望，看看到底是有多少敌人来了。

报告：有五六百骑兵这样。

再看。

骑兵越来越多，步兵更多，基本没办法估算。

曹操说：不用再看了。大家都下马休息。

这时，从白马运送的军用物资已经上路了，很多人认为敌人的骑兵数量太多，要是硬碰硬，肯定会吃亏，不如回到营垒里坚守。荀攸说：“现在回营固守当然容易。可那就太没有意思了。现在正是忽悠敌人上当的好时机。哪能回营去睡大觉？”

曹操一听，对着荀攸笑了笑。

这时袁绍的部队越来越多，刘备与另一个河北名将文丑也带着五六千骑兵来到现场。

大家对曹操说：“敌人来了这么多，也该够了吧？咱们是不是可以上马了？”

曹操仍然说：“不要急啊，还没到时候呢。”

又过了一会儿，袁军更多了，而且已经开始向曹军的辎重车队发动攻击。

曹操大叫：“上马！”

大家立即上马。这时，曹操的骑兵不到六百人，队伍很单薄，可一上马上之后，这六百人却勇猛得很，曹操也亲自上阵，带着大家大砍大杀。

袁绍军想不到曹操突然攻击，都乱了阵脚，被曹军打得大败。

这一次，袁绍败得更难看，无数大军被曹操的六百人打得全面崩溃，而且连河北名将文丑也被干掉。他死得比颜良更难看，更加没有面子。关羽至少还是个猛人，颜良死在他手下，虽然有点儿不甘心，但也算有面子了。而砍向文丑那致命的一刀，到现在仍然来路不明，大家只知道他就在这场战斗中死了，谁是凶手也不知道。这对于号称河北名将、曾被袁绍寄予最大希望的文丑来说，丢的脸实在太大了。后来罗贯中又把这个账记到了关羽头上。

当然，丢脸也算不得什么。可因为袁军对这两个人的期望太大了，现在才一交手，打了两场没有多大规模的小仗，这两个袁绍的头号前锋就先死掉了。大家一想到这两个人的死，心都一冷到底了。

只此两战，绍军夺气。

关羽搞定颜良之后，知道刘备就在袁绍那里，就决定跑去跟刘备。

曹操抓到关羽后，很想把他转变成自己的死党，但他很快就知道关羽不会跟他到底。他还不死心，又叫关羽的好朋友张辽去跟关羽谈心，进一步了解关羽的想法。关羽直接就对张辽说：“曹操对我好，但刘备对我更好。我跟刘备这么久了，受他的恩惠太多了，既是保持高度一致的上下级关系，又可算是同生共死的兄弟关系。所以，我一定要去找到他。不过，也要报答一下曹操才走。”

张辽把这话转告给曹操。曹操更加佩服关羽，知道无论如何关羽也要离开他。等关羽杀掉颜良后，曹操就知道关羽要走了。

曹操对待关羽还真厚道，马上给关羽很多赏赐。

不过，关羽也很会做人，在离开曹操时，把曹操给他的所有的东西都盘点清楚，打好封包，全都写好清单，留在那里，然后给曹操写了一封信。之后，出门而去，直接跑到袁绍军中找刘备。

曹操手下的人看到关羽说走就走，实在太不像话了，便都向曹操请求，去把这个家伙追回来，不能让他这么嚣张。

曹操只说：“彼各为其主，勿追也。”

于是关羽毫无阻力地离开曹营，顺利地找到了刘备。

罗贯中在《三国演义》里，把关羽的这个经历又夸大一番。说关羽在离开曹营之后，由于证件不齐全，人家硬是不放行，使得他不得不闯关冲卡，过了五道关卡，杀了六个大将。故事情节很引人入胜。可真实的情况并非如此。当时，刘备已奉袁绍之命到了汝南，从事联络刘辟骚扰许都地区的工作。关羽也知道了刘备的行踪，因此就直接南下找刘备，根本没有北上。而罗贯中硬是让关羽先赴河北，再南折汝南。他在编这个故事时，很成功很吸引人，可他却犯了一个地理常识的错误。如果关羽真的去河北，也应该直接走延津，或者白马一线，再渡过黄河，进入冀州境内。关羽既曾在河北混过，又刚在白马那里斩颜良，不会存在不识路的问题。可罗贯中却让他先通过东关岭（这个地名也是他创作出来的），然后又折向西北，狂奔了一千多里，来到洛阳，绕了一个大弯，再折回东方，经过汜水关、荥阳、白马，从那里过河，写了一个大大的“之”字，行程差不多有三千里，把关羽狠狠地折腾了一把。

把故事复杂化本来也没有什么，只是复杂得没有了常识，就有点儿不靠谱了。当然，罗贯中那是在写小说，小说是允许不靠谱一点儿的。但不管如何，关羽都顺利回到了刘备的身边。

孙策死于关键时刻

这时，曹操的后方又出了一回险情。

孙策跟陈登发生了一次摩擦。

本来，孙策还没有公开暴露出跟曹操闹什么矛盾的意思来。他现在只想专心去攻打黄祖，为老爸报仇。虽然上次把黄祖打了个满地找牙，但只是把黄祖手下的人杀了个痛快，而黄祖本人的性命却一点儿没有伤害。于是，孙策便又带着部队去找黄祖算账。

这本来不关陈登的事。可陈登当了这么多年的广陵太守，好像什么事情也没做出来，觉得也太无聊了。他知道孙策虽然天天在江南喊打喊杀，牛得要命，但手里的部队并不多，这次出来打黄祖，肯定是带了大部分军队来的，后方一定很空虚。于是，他就想在孙策的后方做点文章。当然，他并不想自己出马，而是派人去跟严白虎的余党取得联系，教唆他们出来搞点事，打发一下时间。

孙策当然不答应，马上回军，大叫着定要把陈登海扁一顿。

孙策回军到丹徒，必须等待粮草送来才能进军。孙策有个爱好，就是喜欢打猎，没事的时候就往山上跑，而且带的警卫人员不多。虞翻曾经多次对他说，这很危险。不光虞翻认为这很危险，就是从没有跟他见过面的郭嘉也认为孙策很危险。

本来，孙策看到曹操在官渡与袁绍对垒，马上就知道这对于他来说，是历史性的机遇，准备在两人打得白热化时，向许都大举进攻，不费什么力气就可以把曹操拿下。那时，袁绍的部队在跟曹操死拼之后，即使大获全胜，也已经大累大困，战斗力没剩下多少，那时拿下袁绍也不难。他的这个计划很快就传到曹营之中，曹操所有的手下都怕得要命。只有郭嘉不怕。他对大家说："策新并江东，所诛皆英豪雄杰，能得人死力者也。然策轻而无备，虽有百万之众，无异于独行中原也。若刺客伏起，一人之敌耳。以吾观之，必死于匹夫之手。"意思是说：孙策现在虽然很牛，但他有一个致命的弱点，就是爱单独行动，到处乱跑。这样的牛人，虽然有百万大军，其实跟他孤身一人没有什么区别。如果突然对他开展行动，要把他杀死还不是一件容易的事。我看他以后一定死得很难看。

当然，后来孙策确实是这个死法，跟郭嘉的预测没有一点儿误差。不过，郭嘉在这个时候说孙策要完蛋，就彻底排除孙策不会进攻许都，实在有点儿不大合理，因为他也不可能预测到孙策会在这个关键时刻死去——假若孙策只多活几个月，郭嘉对孙策的预言虽然都对，但对曹操还有什么意义？

然而，郭嘉很幸运，曹操更幸运。

他们的幸运在于，孙策在没有向许都发动攻击之前，就被几个人杀死了。

这几个人算不上牛人，甚至连他们的老领导也算不得牛人。他们的领导叫许贡。

许贡本来是长安朝廷任命的吴郡太守。可由于当时吴中太乱，到处是不明身份的武装力量，他拿着任命书，根本没有办法去宣誓就职。后来就去跑到刘繇那里。再后来，又返回吴郡，但一点儿作为也没有。

孙策在江东大搞大闹时，他看孙策一点儿不顺眼，天天给朝廷写信，状告孙策。请朝廷把孙策招去当京官。他的这些信，有一些落入孙策的手中。孙策很气愤。孙策后来平定江东，就把许贡处死了。

许贡死后，他的那几个家奴并没有死。

这几个家奴对许贡很忠心，天天想着要把孙策搞定。

这几个家伙显然对孙策的行为研究得很透，知道孙策喜欢打猎，而且喜欢自由行动。于是他们密切注意孙策的行踪，以便等到机会。

机会很快就来。

孙策在丹徒等军粮时，才半天就无聊起来，于是带着几个警卫人员进山打猎。

他的马比警卫们的马好多了，没跑几步，就与那几个警卫人员拉开了距离。

他觉得很过瘾。

可当他来到山里时，眼前突然出现三个人。

他一看，这三个人手里都拿着兵器，不像土匪也不像猎人。

他不认识那三个人，但那三个人都认识他。

三个人在他迟疑的时候，都举起了弓箭向他射击。

孙策哪知道这三个人就是专门来杀他的，想躲也来不及，额头中了一箭。

正好这时，那几个警卫人员赶到，把三个人都杀了。但杀死了这三个人，对孙策的伤一点儿用也没有。

孙策受的伤很重，他知道自己这回真的完了。他把张昭叫了过来，对他们说："现在中原正乱得像一锅粥，咱们江东已经初成规模。只要守得好，政策适当，守住三江之险，就什么都不怕。我死后，就让孙权当你们的领袖。你们一定要好好地帮助我的弟弟孙权。"

然后，他把孙权叫来，把那枚公章挂到孙权的身上，对孙权说："带兵到战场上跟敌人打仗，你肯定比不过我；可挑选人才，任用死党，让他们超水平发挥，保住江东，我是比不过你的。"说完这些话之后，他就没有再说什么了。建安五年（200年）四月，江东奠基人孙策因伤逝世。

那年孙策二十六岁。当时，他已经凭着自己的水平，占有江东整个地皮，打下了孙家的一方天下。他虽然对孙权说："举贤任能，各尽其心以保江东，我不如卿。"其实这话完全是鼓励孙权的话，怕孙权底气不足才说的。看看他的成长过程，看他任用的那些人，哪个不是有用的人才？看他对待太史慈，看他对付华歆、拿下豫章，不是靠人才去取得的吗？而后来孙权时代的骨干人员，基本都是他笼络过来的。当然，他也有不听谋士的话的时候——比如不听虞翻的劝告，造成了这个严重的后果。可他在军政事务上不但能听取别人的意见，而且自己也有很多正确的想法。这是孙权远远做不到的。相比而言，孙权只是个守天下的，而孙策是个打天下的。

如果孙策不死得这么早，甚至不是在这个时候死去，历史肯定会是另一个模样。

随着孙策的死去，江东一脚迈入了漫长的孙权时代。

随着孙策的死去，江东的凌厉攻势也突然收住。

孙权拿着那枚大印，只是天天哭泣。

张昭对他说："现在绝对不是哭的时候。有很多事等我们去完成。再哭下去，咱就会完了。"

孙权这才擦干泪，跟着张昭视察各营，开始工作，后来周瑜也从巴丘带兵前来，也留在吴中，跟张昭一起帮助孙权。孙策这些年来，忙于到处打仗，抢夺地盘，因此，还没有理顺很多关系，那些被他打败了的牛人，虽然不敢再嚣张，但还没有跟孙氏形成真正的君臣关系。孙策一死，他们那种观望的姿态便马上表现出来。如果光靠孙权，肯定收拾不了他们。幸亏有周瑜和张昭很好地处理了这些矛盾，最终将局势稳定了下来。

江东势力突然发生这个巨变，对曹操来说，无疑是个巨大的利好消息。

且不说孙策大军乘虚攻许，曹操的麻烦有多大，就是那些小打小闹的小集团，做出的一些动作，也让曹操觉得很烦人。

刘备又提前跑了

当时南阳还有一支黄巾军。这支黄巾军的首领叫刘辟。

刘辟这时认为，曹袁之争斗，结果肯定是袁绍得胜，以后这个天下就是袁家的天下，因此就觉得既然想到了这个结果，就应当提前巴结袁绍，到时才有胜利果实吃。于是他给袁绍写了一封信，说只要袁绍有命令，叫他干什么他就干什么。

袁绍对刘备说："刘辟是你的本家，你过去接应他吧。"刘备带了部队，一路进行宣传工作，很多地方都积极响应刘备的号召，纷纷改换招牌，加入袁绍的阵营，弄得曹操很被动。

袁绍觉得很好，于是又派人去找李通，做李通的思想工作。正巧刘表也派人过来进行同样的工作。

可李通却一概不理。李通手下的人也劝李通还是跟袁绍有前途。可李通却"按剑叱之"："现在曹操才是真正的英雄。以后只有他才能统一天下。袁绍现在虽然看上去很厉害，但到头来肯定会成为曹操的俘虏。我绝对不会背叛曹操。"他做事很绝，为了表示自己死也跟着曹操死，便把袁绍的使者砍死，然后把那颗头送给曹操。

曹操一看心情才不再紧张。李通又带着部队把他辖区内的其他武装全搞定，使江淮一带的社会得到了稳定，为曹操免了不少的后顾之忧。

刘备却没有停止行动。

他在汝、颍之间活跃得很，使得许都以南地区群众的情绪很不稳定，弄得曹操很郁闷。

曹操的堂弟曹仁说："现在主公跟袁绍正在关键时刻，肯定不能去过问那些地方。但刘备还是可以搞定的。他现在刚带袁绍的兵，情况还没有熟悉，做事肯定很不顺心。如果我们突然向刘备发动进攻，肯定能够打败他。"

曹操一听，既然他这样说，他就过去完成这个任务吧。

曹仁带着骑兵过去，果然一仗就把刘备打败。

刘备只得又逃回去，对袁绍报告：不是敌人太厉害，是我太无能了。

曹仁顺便把那些零星武装也全部摆平——刘备都完了，那些人肯定支撑不下去。

刘备这段时间跟袁绍混饭吃，袁绍对他也很好，但他知道，袁绍虽然现在牛气冲天，但到头肯定会以失败而告终。因此，他就开始在心里酝酿离开袁绍的计划。他自己近来每打一仗，就收获一次失败，但他仍然不放弃自己的远大理想，想把自己的事业做大做强。而此时，他手头的资本等于零。

他认为，现在是离开袁绍的最佳时机。

他做好了所有的计划，然后去找袁绍，建议袁绍最好跟刘表结成统一战线，前后夹击曹操，这对曹操是最有力的打击。以前老是花工夫去跟那些既没有立场，又没有实力的人拉关系，一点儿不值得。刘表跟他是同族，让他去说服刘表，刘表肯定会答应的。

袁绍一听，觉得有理。他也不把刘备的话过一下脑子，马上就让刘备带着原班人马过去执行这项任务。

刘备带着部队来到汝南，跟当地的老大龚都取得联系，然后宣布联合起来，部队人数马上就涨了几千人。

曹操当然不能容忍刘备的势力在这个时候和这个地方膨胀起来，立即派蔡杨过去围剿刘备。他以为刘备这次肯定也会像上次一样，刚带着袁氏的部队到达汝南地区，军心民心都还处于不稳定的状态，只要一打，就什么都结了。

哪知，蔡杨不是曹仁，领任务时，胸脯拍得很响，可与刘备对垒时，不但没有打败刘备，反而被刘备打得大败，连性命也丢了。

刘备就这样，又开始了他的单干之路，当然，现在他仍然处于起步阶段，处境仍然很恶劣，稍微不小心，就会出现问题。

到了这时，袁绍在与曹操的比赛中，基本都处于被动挨打的局面，好像袁绍的败局已定。其实，这些前期的战斗虽然精彩，但规模并不大，胜利的一方，并没有取得决定性的胜利，失败的一方，也没有搞得一塌糊涂。认真算起来，袁绍现在不但兵力比曹操雄厚，而且综合实力也比曹操强。唯一比不过曹操的就是袁绍的脑子。

如果这时袁绍突然清醒过来，调整自己的战略战术，要胜曹操仍然是有机会的。

而且他手下也向他提出过这方面的正确建议。

仍然是沮授提出来的。

沮授以为，这么多次了，总该听一次吧？就再向袁绍建议："主公，现在咱部队的数量虽然比曹操庞大。可战斗力比人家弱得多啊，这个通过前几次交手完全可以看得出来。曹操的战斗力虽然强悍，但他的军用物品比咱短缺。因此，他是最不愿拖下去的，最想速战速决。而我们有粮有草，完全有跟他比耐心的资本，因此我们应该来个持久战，做长期的打算，跟他耗下去。"

这仍然是个好的建议，是一个可以让袁绍取得最后胜利的建议。

可袁绍仍然坚持否决正确建议的原则，对沮授的话，采取选择性的失聪。

建安五年的八月，袁绍按照他的部署，又向前推进，依沙丘扎下营寨。袁绍这一次摆出的场面很大，军营从东到西，摆了几十公里，人口总量比现在的一个小城还多。

曹操虽然想速战速决，但肯定不能一来就主动进攻。他前几次战斗基本都是运动战，而且都是袁绍先动，他才后发制人，在运动中消灭敌人，取得胜利。现在袁绍大军一字排开，他当然不敢冲上去速战速决。他也把部队驻扎下来，与袁绍的军营相对。只是他的军营显得很紧凑。

最后关头

双方现在是敌对状态，又是战争状态，所以扎下营寨后，就免不了练练。

这一次，曹操没有取得胜利。

如果袁绍能把这次战斗跟前几次战斗拿来进行一次全面的对比，他就会得出一个结论，只要稳扎稳打，不急不躁，按最古老的规矩来做，曹操打他才打，而且只在主战场上较量，大家公开透明地开战，曹操再怎么厉害也干不过他。

这样一来，曹操会很郁闷很无奈的。

其实这一战，曹操就已经很郁闷很无奈了。这次是他主动出击，被袁绍痛打一顿之后，只得关紧营门，高挂免战牌。

袁绍这时已经完全掌握了战场的主动权。他看到曹操躲到军营里，当然不能让他躲得那么舒服，躲得无所事事。他命令士兵们在军中建造了一座木高楼，堆起了座土山，然后叫全军的射手们都上到高楼顶、爬到人造土山上，对着曹营放箭。看到曹操走路要射，看不到也要射，不要怕浪费弓箭。

弄得曹军真的很难受，白天在自己的军营里走，都得用盾牌挡着箭头。

曹操当然不能这么甘心地处于被动挨打的局面。于是，他也发明了霹雳车。这个东西比弓箭更厉害，它可以发射石块，最后把袁绍的那个木高楼都砸得稀巴烂。

袁绍觉得地面上搞不死曹操，那就来个地下战，他叫士兵们挖地道，目标是曹操的军营。

曹操很快就知道袁绍搞这个动作，马上组织大家在自己的军营内也挖了一道长长的深沟，大家在深沟里做好准备，只要袁绍的地道打通过来，对方的士兵一探头，就立刻砍死。

这个方法很有效。可如果长期这么玩下去，曹操会吃亏到底的。因为，现在袁绍不但部队多，而且粮草足。而曹操就不行了，就那点儿兵力那点儿粮草，天天跟敌人比建设工程项目，会把他累死的——人家士兵多，可以轮换干活，他这点儿部队能这么干么？

玩儿了几天，曹操的部队和曹操一样，都已经很累了。而后方传来的消息是，因为近来为了对付袁绍，收的税太多了，小民们的意见很大，已经没有什么交上来了。很多老百姓受不了曹操的赋税，决定集体投奔袁绍。

曹操听说之后很郁闷，他写信给在后方主持全面工作的荀彧，说现在真的挺不住了，想退回许都，然后引诱袁军深入，再在运动中找机会消灭他们。

荀彧却坚决反对，写了回信给曹操：现在袁绍的全体力量都集结在官渡，跟你赌个胜负。你现在处于绝对的弱势，如果不能取胜，就彻底被敌人打垮。这是最关键的时刻。袁绍有能力把那么多的人才团结在他的身边，却没有能力用他们。你为什么要怕他？何况，现在粮食虽然不多，但还远没有到最后的时刻。现在你的部队只有袁绍的十分之一，却能坚守不动，死死地扼住袁绍前进的道路，使袁绍一点儿动弹都不得，相持已经达半年之久。可以说，现在已经到了最后时刻。到了这时，战场一定会发生重大的变化。我们要在这个变化中寻找机会，找到袁绍那个致命的弱点，然后一把将他打死，绝对不能放弃。

这信的原话是："绍悉众聚官渡，欲与公决胜败。公以至弱当至强，若不能制，必为所乘，是天下之大机也。且绍，布衣之雄耳，能聚人而不能用。以公之神武明哲而辅以大顺，何向而不济！今谷食虽少，未若楚、汉在荥阳、成间也。是时刘、项莫肯先退者，以为先退则势屈也。公以十分居一之众，画地而守之，扼其喉而不得进，已半年矣。情见势竭，必将有变。此用奇之时，不可失也。"

曹操读完这封信后，虽然不能说信心又满满了，但想来想去，退回去只有退到死路上去，而守在这里，还是有取胜的机会的，因此又不得不坚定信心，硬着头皮继续跟袁绍玩下去。

到了九月，袁绍运送粮草的车队来到官渡，整个车队有几千辆，看得曹操的眼睛发红。

荀攸很快掌握了袁绍这支运粮队的底细，对曹操说："袁绍的运粮车队马上就要到了。这支队伍的大将叫韩猛。这家伙虽然勇猛，但跟袁绍一样，很骄傲。如果我们去打他，肯定可以搞定他。

曹操说：“谁可以去完成这个任务？”

荀攸说：“徐晃。”

于是，曹操把徐晃和史涣叫来，让他们现在马上过去，在半路上攻打韩猛，然后烧掉他们的粮草。

两人接受任务之后马上出发。韩猛果然像荀攸预料的那样，好像谁也不敢对他怎么样，一点儿想不到徐晃居然突然冲上来，对他一顿猛扁，他最后只得拼命逃跑。徐晃一声令下，把袁绍的这一批军用物资全变成了灰。

袁绍接到报告后，当然很郁闷。如果这家伙郁闷之后，能总结经验教训，再积极防范，完全可以避免下一次的损失。可这家伙只会郁闷，却不会总结。于是，第二个更大的损失又来了。

到了十月，袁绍又派了一个大型车队运送粮食。这一次他把护送粮草的任务交给淳于琼，而且护送的队伍有一万多人，看上去好像很保险。这个车队现在就宿于离袁绍大营以北四十里的地方。

袁绍以为，这很安全。

但沮授认为，这更危险，对袁绍说：“应该再派蒋奇带一支人马在运粮队的外围巡防，以防曹操又派兵袭击。”

这时，另一个关键人物出场。

这个人就是许攸。

许攸这时也提出了一个能把曹操彻底搞定的作战计划。他对袁绍说：“现在曹操所有的军队都在这里跟我们对垒，许都必定空虚得不能再空虚了，我们可以派出一支小分队，连夜狂奔过去，一定能把许都拿到手。拿下许都之后，我们就可以把皇帝带到这里来，那时曹操根本不用再打，就已经彻底破产。即使他没有彻底失败，肯定也得来回狂奔，顾完这边又得顾那边。他能顾得来么？最后胜利仍然属于我们。”

许攸这话说得很有激情，而且可行性也很强。这是袁绍开战以来最好的机会，也是袁绍手下谋士提出的最牛的办法。

可袁绍说：“我要先拿下曹操，然后再拿下许都。”

当然，如果只这样下去，袁绍离彻底失败还会有一段时间。

直接把袁绍送上失败之路的，是审配的一个动作。

审配这个家伙，别的本事不是很大，但很铁面无私。正好这时，许攸家人做了违法乱纪的事，留守邺城的审配就把主从犯全部抓获归案，要求有关部门要从严从重从快处理，不管他们的背景有多大，后台有多硬。

许攸知道后，当然生气，觉得跟这些人混下去，还有什么意思？自己的妙计被否决，自己的家属被逮捕。袁绍是个废材，审配是个疯子，他虽然没有能力搞定他们，但他有办法。他可以借曹操的手来灭掉这两个家伙。

许攸从袁绍的营里跑出来，直接去找他的老朋友曹操。

曹操当然知道许攸是个人才，因此听说许攸来了，高兴地说："子卿远来，吾事济矣！"

他当时正在床上，立马赤着脚跑过来迎接。

他拉着许攸来到他的房间，让许攸坐下。

许攸是个性格很牛的人，直接就对曹操说："现在袁军强大得很，你怎么对付他们？别的先不说，现在你说说你还有多少口粮。"

曹操一听，这家伙还真的有水平，一来就抓住他的弱项，他笑着说："不多了，只够一年。"

许攸一听，当时就说："够一年？你再说一次。"

曹操差点儿大骂起许攸来，但他仍然不能得罪这个老朋友，说："刚才是开玩笑了。告诉你吧，最多只够半年了。"

许攸看到曹操这么不诚实，知道再问下去，他仍然会继续忽悠，便说："好啊，老朋友。你对自己的情况也太不了解了。但我很了解。据我掌握的情况，现在你的军粮已经全部吃光了。你已经到了最危险的时刻。不过，你是我的老朋友，我还是有个办法救你一次。告诉你一个情报，现在袁绍有一万多辆装军用物资的车队，集中停放在故市和乌巢。那里虽然有部队保卫，但那些部队防守得一点儿不严密。如果你派部队以最快的速度狂奔到那里，再次烧掉那一大堆物资。不出三天，袁绍就会彻底崩盘。"

曹操一听到这个主意，当场说这个主意是现在全世界最好的计谋。

他立即进行部署，叫曹洪和荀攸主持大营的全面工作，他亲自带着五千步骑去完成这个纵火任务。

曹操知道，这次执行任务需要越过敌占区，被发现的风险很大，因此，就叫全军都打着袁军的旗号，还叫士兵们都在嘴上衔着小木棍，把马嘴也堵住，以防马叫人咳嗽，然后半夜从小道出发。出发时，每人都抱着一捆柴草，以便到时能顺利放火。半路还真的碰到敌人的盘问。曹操早就有所准备，让前头的人回答："主公怕曹操去袭击后方的军用物资，所以派我们去加强看守。"

袁绍的这些手下，也跟袁绍一个样，脑子简单得要命，一听到这话，马上就放行。

到达乌巢之后，那里的守军果然个个都在睡大觉，连个盘问的都没有。这里的一把手是淳于琼。他原来是西园八校尉之一，跟袁绍和曹操是老同事，资深得很。后来成为袁绍的高管，袁绍对他还很重用，从沮授那里收回兵权，进行军队体制改革把全军分成三个部分时，就让他带领其中的一支。只是他的水平却很欠缺，混了这么久，也没有混出什么成绩来——上次他就跟颜良一起去攻打白马，最后只身逃回。袁绍这次又把保卫粮草的任务交给他。他愉快地接受了这个任务，可防备意识却差得要命。

曹操一看，叫士兵们围住袁军的物资放火，要把这些物资全部烧光。

等大火从四处烧起来时，袁绍的守军才发现发生火灾了，但突然面对这么大的火灾，所有的人都慌了，整个军营都乱成一团。

这时，天已经亮了起来，淳于琼也醒了过来。他倒也不慌乱，认真地看了一下形势，看到曹操的部队也不怎么多，就带着部队在营外摆开阵势，要跟曹军再打一场——物资烧完了，但要是抓住曹操也是不错的。

这个想法绝对没有错。可哪想到，人家的部队虽然不多，但士气却旺盛得要命，自己的部队人数虽然很多，但都经过了大半夜的慌乱，这时一点儿战斗意识都没有，哪能跟人家打仗？

曹操看到淳于琼的军队在营外，便指挥部队向淳于琼发起猛攻。

淳于琼被打了个大败，只得又退回营寨，先坚守再说。

第十二章
烽烟更甚

曹操真太猛

曹操却一点儿不怕，指挥部队又向淳于琼的营寨发起进攻。他不得不进攻。他知道，现在淳于琼部队的战斗力已经全部丧失，虽然个个穿着军装，拿着兵器，人数是他们的四倍，但只要攻进营寨，这两万人就会成为他们猛烈屠杀的对象。他现在如果快速逃走，淳于琼反而会追杀上来，如果半路袁绍的支援部队又迎头赶上，他就会被敌人两面夹击，他能逃得出去么？虽然烧了人家的粮草，可自己的命也没有了。

这就是曹操。

袁绍很快就知道曹操绕道过去猛扁了淳于淳一轮。他一点儿不在乎，在第一时间里，对他的儿子袁谭说："现在曹操去打淳于琼，其实也没有什么可怕。就算他能够拿下淳于琼，咱也可以拿下他的总部。咱拿下他的总部，让他体验一下无家可归的生活。"

他的乐观不是盲目的，他有他的根据。他以为曹操去打淳于琼，肯定是带着主力部队过去的，现在留守总部的，只是那些跑不动的非战斗人员和后勤工作人员，要打败这些人总是可以做到的。曹操要是总部没有了，他还能跑到哪里去？难道他能直接跑回许都？他就是直接跑回许都，他们也可以直接跟着他打到许都，他能受得了么？

他的这个想法好像很不错。可错就错在，他根本没能对曹操有个全面的认识。曹操虽然多次敢于冒险，可这次他能冒险么？他能没有预料到袁绍会乘机攻击他的后方么？

曹操早就算到了，因此他把主力部队全留在总部，他只带着五千部队去执行烧粮草的任务。

袁绍把高览和张郃叫来，说："现在交给你们一个任务。这个任务就是乘曹操大军去乌巢还没有回来时，你们把他的总部拿下。"

张郃说："曹操带着精锐部队去攻打淳于琼，肯定能把淳于琼打败。如果淳于琼玩儿完了，粮草就没有了。粮草没有了，咱们也统统完了。所以现在最重要的是去救淳于琼。"

后来的事实证明，张郃的这个建议没有错。

但错就错在郭图又出来发言。他是袁绍最倚重的智囊之一，可长期以来，不但没有给袁绍提出过好建议，反而在袁绍准备采纳好的建议和执行正确决策时，他就站出来把好方案搅黄。在张郃提出这个可以救袁绍一命的正确建议时，他又出来反对。

张郃还在坚持："如果我们一定要去攻打曹操的营垒，肯定是打不下。如果淳于琼那边的事一坏，咱就会全变成曹操的战俘人员。"

袁绍一听，觉得也有点儿道理。可他还是觉得他的决定才是最正确的，而且还有郭图的力挺，而张郃的建议目前只是他一个人在坚持。按照少数服从多数的民主原则，张郃属于一小撮。但他又不好让张郃难受，就采取一个折中的办法，派一部分部队去支援淳于琼，派一支部队去攻打曹操的总部。这方案好像还真不错。其实这全是忽悠张郃的方案，因为派去支援淳于琼的只是一支小部队，仍然派重兵去攻打曹营。大军向曹营发动猛烈冲锋，战斗场面虽然激烈感人，但却没有攻下曹营。

而去支援淳于琼的部队，果然正碰到曹操的部队正在猛攻淳于琼，而且还没有攻下。如果他听从张郃的方案，这时曹操就是有天大的本事，也难以逃得性命。可惜，袁绍只派了一点点部队。

曹操手下的人看到袁绍的援兵来了，都慌了起来，请曹操赶快分点儿兵力去抵挡一下。

可曹操却大怒，骂道：“他们到了我们的背后再报告给我。”于是大家又拼死猛打，终于大败袁军，当场把淳于琼斩杀，然后放火烧掉袁军的全部粮草。

曹操知道袁绍的援军很快就要到来，如果他们接着战斗，肯定打不过人家。他就想到了一个缺德的办法，让大家赶快把一千多名袁军士兵的鼻子全部割下，然后再割下俘获牛马的嘴皮、舌头。他们完成这些工作后，袁绍的支援部队正好来到。

曹操让士兵们把这些东西都展览出来，请袁军免费参观。

袁绍的那些部队心理素质超差，一看到这些东西就“皆惧”。曹操不用战斗就把这支部队搞定。

消息传到袁绍的指挥部，郭图在第一时间知道了这件事。郭图知道这个失败是他弄出的结果，而且这是有可能让袁绍全面崩盘的结果，袁绍如果追究起来，就可以把他处死。

郭图除了跟内部人员的斗争做得很杰出外，贡献破坏性的建议很丰富外，没有想出过一个对袁绍有用的计谋。如果说以往是因为水平问题，才出现那些错误，那还可以说是出发点很好。可现在他知道自己的错误之后，不好好地反省一下自己，赶快向领导报告这些真实情况，想办法挽救回来，而是想着如何把责任推掉。他也知道，这个责任是无法推卸的。不能推掉责任，就找一个错误比自己的错误更大的人来，让他挡在自己的面前，冲淡自己的责任。

找谁呢？

张郃！

他在第一时间就想到了张郃。他此前的意见很正确，可硬是跟自己作对。现在只好把他拿来垫底了。

袁绍知道乌巢被烧之后，已处于大乱状态，不知道下一步该怎么走。

郭图跑了过来，对袁绍说：“报告主公。张郃听说淳于琼牺牲、乌巢被烧后，正幸灾乐祸呢。他说不听他的话，现在后果当然严重。”

袁绍相信了郭图的话，于是袁绍的失败又向前迈出一大步。

张郃这时正在努力打仗，听说郭图在袁绍面前努力诬陷自己。他跟袁绍已经跟了许多年，知道袁绍对郭图的话，从来听得很顺耳，现在又在大败之下，他肯定更加相信郭图的话，估计不出半天，处分自己的文件就会下达。

张郃当然不能在这里一边打仗，一边等自己的领导过来把自己整死。

他对高览说："咱不管怎么样，回去是死定了。"

高览说："怎么办？"

张郃说："现在还能怎么办？只有来个阵前倒戈。他们既然把咱当成敌对分子，那咱就做他们的敌对分子。"

高览说："好。"

两人当场下令，停止进攻，放火烧掉所有的攻坚器械，然后高举白旗，向曹营投降。

曹洪带着士兵们拼了老命，抵挡了整整一夜，这才勉强挡住张郃的进攻，这时突然看到张郃向他高举投降的旗帜，真的不敢相信：好像敌人的战斗力还很强啊，怎么突然向我们投降了？不是在玩什么阴谋诡计吧？他不敢接受张郃的投降。

幸亏还有荀攸。

荀攸说："张郃肯定已经跟袁绍闹了不可调和的矛盾，心里很生气，这才投降过来的，不用再怀疑了。"

曹洪听荀攸都这样说了，就接受了张郃的投降。

张郃的投降，直接造成了袁绍最后的崩盘。

袁绍大营里的广大官兵听说张郃在阵前倒戈，都受到了史无前例的打击，觉得袁家的末日已近在眼前，哪还有心思去战斗？

袁绍也知道再在这里待下去，跟等死没有什么区别，便叫他的儿子袁谭赶快一起逃走。

袁绍来的时候，很从容，从上到下，军容整齐。可现在他只戴着一顶头巾，穿着睡衣，带着八百骑兵渡过黄河，然后拼命狂奔。

曹操派骑兵猛追，可仍然追不上。袁绍向来行动迟疑不决，动作超级缓慢，但这次跑路，动作却快得像风。

曹操这次虽然大获全胜，把当前力量最雄厚的袁绍打得全面崩溃，但胜得极为困难，他被袁绍逼得差点儿发疯，承受了前所未有的压力。幸亏袁绍的失误太多，这才让曹操最后取得胜利。

因此曹操这时很恨袁绍，虽然取得大胜，但还是觉得心头的郁闷在坚硬地塞着。他一看到袁绍的士兵，心里的火气就大暴发起来。最后，他下令，不管是战俘人员，还是投降过来的袁绍士兵，统统集中起来，“尽坑之”。据统计，这次曹操坑杀袁兵的数量为七万多人。

曹操这些年来经常突然发飙，不是屠城，就是杀降，而且每次行动的规模都很庞大，场面惊人，因此被很多人封为“三国第一屠刀。”

知错就是不改

那个经常向袁绍提正确建议而从不被采用的沮授，在逃跑时却远远比不上郭图。人家早就抓紧时间渡河过去了，他这才发现局势有点儿不对头，急急忙忙地逃跑，可还是被曹操的部队抓住。

他在被抓的时候，怕袁绍会拿他的家属问罪，因此就拼命大叫：“我是被俘虏的，我没有投降。”

他希望他的这个叫声能传到袁绍那两只在正确的话面前选择性失聪的耳朵里。

曹操跟沮授原来是很好的朋友，知道他的水平很强大，也知道他给袁绍贡献过很多足以让自己失败多次的妙计，可是袁绍统统一票否决，因此觉得应该把他变成自己人。他看到沮授被俘后，亲自跑过去迎接老朋友，在大家的面前说：“原来是老朋友来了。咱们长期没有联系，哪知，现在你却成为我的俘虏。”

沮授说：“袁绍不听我的话，让我的水平得不到发挥。现在我被抓，是理所当然的。”

曹操说：“袁绍哪会重用你的计谋？现在你可以跟我一起打天下，你可以发挥你的水平了。”

沮授说：“我的叔叔和弟弟现在都掌握在袁绍手中。我要是跟你，他们的命就会没有了。如果你真的对我好，就请你赶快杀我。”

曹操还是说：“如果我早就跟你合作。现在天下的事早就平定了。”他还是宣布沮授无罪，并给他很好的待遇，希望这个老朋友跟着他好好地干。可沮授还是要逃。曹操当然不能让沮授再回袁绍的身边，只得把他抓起来，叫人拉下去砍了。

曹操在清理袁绍的文书时，看到很多信件。他打开一看，原来全是许都城内自己手下的人写的，个个断言曹操迟早会被袁绍搞定，因此他们就提前表态，等袁绍大军进入许都时，他们就过来打开大门迎接袁绍。

很多人看到曹操的脸色那么难看，以为这回他拿着这些信回去，一个一个地对号入座，不用审问就完全可以把这些人都定罪，然后排头砍下去。这些信堆在那里，足足有一大堆，要是认真算起来，许都城里估计有一大半大大小小的官员都得杀头了。

可曹操的脸黑了一阵子之后，又转回原色，叫人把那堆书信都烧了。

有人问："主公，为什么要放过这些吃里扒外的家伙？"

曹操说："前段时间，袁绍太强了，我都已经处于全面崩溃的边缘，何况这些人？"

这时，冀州属下的很多郡县看到袁绍在前线崩溃，便都向曹操投降。

袁绍跑到黎阳的黄河北岸。蒋义渠的军营就在这里，他是袁绍的死党。袁绍到了这里，才感到人身有了安全。他对蒋义渠说："现在我把性命也交给你了。"

蒋义渠很聪明，立即把大指挥部让出来，表示一切行动继续听袁绍的指挥。那些被打散的士兵听说袁绍还没有死，便又跑了过来——如果曹操不坑杀降卒，可能这些散兵也会选择投降曹操。

你还记得那个田丰吧？在袁绍准备跟曹操摊牌的时候，他就极力反对袁绍的做法，而主张慢慢来，一步一步地吃掉曹操。可袁绍不但不听他的话，反而把他关了起来。曹操对袁绍的情况很熟悉，后来听说田丰已经被关押，没有跟袁绍前来，就高兴得要死，说："绍必败矣。"到袁绍大败之后，曹操还在说："如果袁绍听从田丰的话，现在谁胜谁败，谁也说不清楚。"从曹操的这些话中，可以看出，田丰确实很有水平。

在袁绍大败的消息传到冀州时，有人对田丰说："等袁绍回来，他肯定会重用你了。"

田丰说："袁绍平时好像很有肚量，但内心世界狭窄得要命，又是忌恨的性格，他并不知道我是多么地忠于他。他只记得我多次直言劝阻他，一点儿不给他面子。如果这时他打了胜仗，心情愉快，可能还原谅我，然后会放了我。现在他大败回来，心里全是愤怒，正想找人泄愤。我是不能再活下去了。”

袁绍的部下们在总结教训时，都说：“如果田丰在这里，我们肯定不会失败。”他们说这话时，脸上都流满了泪水。

袁绍听到之后，也有点儿脸红起来：“以前田丰曾劝我不要轻易出兵，我硬不听他的话，现在想起来，真的很惭愧。”如果他这话只是自言自语，田丰的性命还是可以留下的。可他的这话却是对那个田丰的死对头逢纪说的。

逢纪跟郭图没有什么两样，对袁绍的失败倒不怎么在乎，但对自己内部的敌人是坚决不放过的。他听到袁绍提起田丰，马上就抓到把田丰往死里整的机会，说：“主公太过善良了。其实田丰这个人坏得很，他听说主公失败了，就在那里鼓掌，说他的预言真准确，主公不听他的话，后果果然很严重。”

这话的杀伤力果然很大。

袁绍听说之后，说：“我没有用田丰之计，现在果然被他笑话。”他可以接受官渡之战的失败，但绝不能接受田丰的笑话，而且这个笑话还是逢纪临场创作出来的，本来跟田丰无关。但他不管这些，为了保住脸面，还是下令拿田丰开铡。如果他没有认识到自己的错误也还罢了，现在明明知道了自己的错误，仍然不改，他能不失败才是天下最奇怪的事情。

田丰离前线很远，但最倒霉：战前就被关在监狱，战后又被砍了脑袋。不过，审配也不比他幸福多少。审配这次也没有到前线，而是当留守邺城的一把手，所有的失败似乎都跟他没有一点儿关系。可他的两个儿子却成为曹操的俘虏。

本来，这在政治上仍然跟他没有什么关系。可孟岱却认为有关。他对袁绍说：“主公要注意审配啊。他现在是邺城的最高领导人。这家伙向来有独断的爱好，而且他的家族人口众多，势力庞大，手中还掌握着大量精锐的部队。现在他的两个儿子在曹操那里，我们还不知道他们的情况怎么样了，说不定早就背叛了我们。这样审配的立场就得重新考虑了。如果他也来个叛变投敌，咱可就彻底完了。”

袁绍把这个问题又去请教郭图和辛评。这两个家伙更是个极端自私的人，只要跟他们没有关系，谁被拿下他们都不会心疼，当场就举双手同意孟岱的话。

既然两个人都说审配要出卖他，那审配可能就真的要出卖他了。

他马上下了个文件，免掉审配的职务，任命孟岱为监军，去当邺城的一把手。

如果这事就这么定下来，审配的下场会比田丰还要惨。幸亏逢纪还很正常，对袁绍说："我最知道审配的性格。他绝对不会因为两个儿子在曹营中，而做出这些可耻的事来。主公最好不要怀疑他。"

袁绍一听，就觉得有点儿怪，他征求逢纪的意见，是因为逢纪跟审配向来不和谐，只要一开会，立马就发生口水大战，现在居然帮他求起情来，便说："你不是跟他闹矛盾么？现在你真的不恨他？"

幸亏逢纪这时显得很高尚，说："我跟他争吵是个人的小事，现在我说的是军政大事。这两个事不能放在一起讨论。"

袁绍一听，觉得太正确了——这也是他这么多年来听取的唯一的正确的意见，而这个意见还是逢纪冒了很大的风险说的——如果逢纪不是审配的反对党，袁绍就会把他们划为同党，就会一起受到处分。

袁绍下令取消了这个文件，让审配继续当他的邺城一把手。从此，审配跟逢纪的关系越来越亲密。

曹操虽然大获全胜，当时造成的影响也很巨大，冀州各地的郡县都已经宣布脱离袁绍集团，但因为曹操的力量还很有限，取得胜利之后，不但已经没有力气再前进一步了，而且因为处理了几万降卒，造成了巨大的负面影响。那些本来已经举起曹字大旗的地方，又偷偷地把旗放下来，重新归顺到袁绍的阵营中来，让袁绍又缓过一口气来，并逐步收复平定了冀州全境。

孙权开始表演

曹操取得官渡之战大捷后，信心很满，虽然没有再追击袁绍，但听说孙策死了，就认为这是搞定江东的最佳时机。

可他的话还没有打上句号，张纮就出来反对，说他“乘人新丧”攻打人家，是一件很不厚道的事，还不如好好地跟他展开外交关系。

曹操当然知道，现在这个社会是你死我活的社会，对待敌人只要有机可乘就完全可以猛冲猛打，管他是不是新丧旧丧。但曹操终于没有出兵江东，反而上表任命孙权为讨虏将军，领会稽太守。主要原因是他再次把自己和双方的现状进行了一次全面的评估，自己刚打了一场规模最大、激烈程度最高的大战，不管是士兵们还是百姓都已经累得睁不开眼，而四面的敌人也还睁着眼看着自己的动静。如果这时出兵打孙权，估计后果会很严重，所以就叫停了这个南征的方案。

曹操想，既然不能过去打他，那就想办法拉拢他。

他派张纮到江东，担任孙权的助手。他想把张纮安插在孙权的身边，向孙权输出那些忠君爱国的理论——现在忠于曹操就是忠于汉王朝，热爱曹操的政府就是热爱祖国。

张纮来到吴郡之后，孙权的老妈一看张纮很不错，什么也不说立即让他和张昭一起，共同当孙权的得力助手。张纮一点儿不马虎，真的天天努力工作——只是并没有像曹操期望的那样，而是尽力帮助孙权处理江东事务。曹操后来才发现，自己居然把一个有用人才无偿送给了自己的敌人使用。

虽然有很多人对张纮采取怀疑的态度，说他是曹操派来的，动机肯定不纯，对他还是小心的好，不要给他参与那么多重要的事务。但孙权却不听。

这时，另一个后来江东的牛人也开始冒泡。

这个人就是鲁肃。

鲁肃本来是跟周瑜过江而来的，但一直没有再就业。这时觉得很无聊，就打算北上回老家去。

周瑜听说后，马上去找他，劝他不要回去，然后把他推荐给孙权：“肃才宜佐时，当广求其比以成功业。”意思是说：鲁肃是个有王佐之才的人，如果不重用就太浪费人才了。现在不但要重用他，而且还要去挖掘出大量像他这样的人才，事业才能越做越大。

孙权马上把鲁肃请来，再把鲁肃留下来单独聊聊。

孙权说："现在天下乱成这个样子，我们大汉王朝已经离崩盘不远了。你看看，我能取得齐桓公那样的成绩么？"

齐桓公的成绩是什么？就是把周王朝救了一回，他自己成为春秋的霸主。放在三国时期，就是想当一个全国说话最算话的权臣。

孙权以为自己这个想法就是个远大理想了，提出来时还神秘得很。

鲁肃却认为，只当个权臣算什么英雄？现在大汉王朝名存实亡，而曹操更不能一下子就会被谁消灭。所以，他建议孙权最好先把江东搞好，等待形势的变化。要是曹操把他的精力放在北方，就可以乘机向西行动，先消灭黄祖，再搞定刘表，长江流域就全控制在孙权的手里。这是帝王的基础啊。

他的原话是："肃窃料之，汉室不可复兴，曹操不可卒除，为将军计，惟有保守江东以观天下之衅耳。若因北方多务，剿除黄祖，进伐刘表，竟长江所极，据而有之，此王业也。"

鲁肃这番话一点儿不复杂，也不算长篇，但却提出了保江东、望天下的策略，为孙权的事业指出了一条新路子，其功效并不比后来诸葛亮的《隆中对》逊色。

孙权一听，两眼立刻放光。

在孙权大力赞赏鲁肃太有才时，张昭却一点儿都不服鲁肃，就是看鲁肃不顺眼，然后就找机会在孙权的面前说鲁肃的坏话。让孙权不要天天跟鲁肃这样的人在一起——这种年轻人能懂得什么安邦治国的大事！

但孙权却不听，还是天天跟鲁肃在一起，大力重用鲁肃，还赠送了他很多财物。

从孙权对待鲁肃上看，他笼络人才还是很有一套的。所以，当时许多江东人才愿意跟他合作。当然还是有些人不把他放在眼里的。

庐江太守李术就认为孙权肯定干不出什么事来，就开始不理孙权的命令，不把孙权当领导看。

孙权虽然对人才的态度很好，但对反对派的态度还是鲜明的。他看到李术这么牛起来，心里当然不爽，于是就决定把李术摆平，让大家看看他是不是真的太嫩了。

孙权知道，搞定李术这样没有什么水平也没有什么力量的人，肯定是手到擒来。但他怕去动李术时，曹操突然出手，那他就没有什么好果子吃了。他就给曹操写了一封信：“严刺史昔为公所用，而李术害之，肆其无道，宜速诛灭。今术必复诡说求救。明公居阿衡之任，海内所瞻，愿救执事，勿复听受。”意思是说：以前严象刺史是你任命的，可李术却把他干掉了。所以必须把这个祸国殃民的家伙除掉。我现在将要去执行这个任务，帮你除掉这个家伙。只怕我出兵时，他一定会到你那里请求支援。请你不要听他的话，更请你给各级政府的领导发指示，不要插手这件事。

其实，李术杀严象之事确实有，但这件事的幕后推手却是孙策。那时李术是孙策的拥护者，孙策叫他去干掉严象，他就去了。现在孙权把这个责任让李术一个人扛，而曹操居然也听孙权的话。

孙权得到曹操的认可后，立即进军皖城，进攻李术。李术当然挡不住，果然向曹操求救。他哪知孙权狡猾得很，早就把曹操忽悠到底了。曹操接到李术的信后，丢在一边。

孙权很快攻下皖城。他对李术是真的很生气，进入皖城之后，就给士兵下屠城令。然后砍下李术的人头。

李术部下两万多人，都被他全部收编。

这时刘表也牛了起来，他在曹操跟袁绍苦斗的时候，也乘机拿张羡开刀。他围攻张羡几年，几乎没有进展。后来张羡死了，刘表这才把长沙、零陵、桂阳全部划归自己的版图，一下使自己的地皮扩张了一千多里，部队人数也达到十多万。刘表一看自己的势力突然变强，野心就膨胀起来，不再向朝廷进贡，自己的衣食住行，都参照皇帝的标准来制定。大家这才发现，这家伙原来跟袁术完全可以划归同类，只是他表演的水平比袁术高一点儿而已。

曹操看到刘表摆的这个模样就很生气，觉得不把这个家伙猛揍一顿，这个天下就更加乱套了——如果个个都抢着当皇帝，他手里的这张皇帝牌还有什么用处？

建安六年（201 年）三月，曹操认为，现在袁绍刚吃了败仗，肯定不会再有胆子到边境骚扰了，现在经过休整，士兵们的气力恢复了，粮草也征得够了，完全可以利用这个时间把刘表搞定，看看谁敢再不把皇帝放在眼里——其实是他最不把皇帝放在眼里。

荀彧却反对："现在袁绍刚大败了一场，军心不稳，冀州广大人民群众的情绪也不稳。我们可以趁机再一锤打过去，把他彻底搞定。如果我们在江汉一带搞事，就会给袁绍提供机会。他肯定会再乘虚而来，在我们的背后猛踢一脚，我们能挡得住么？"

曹操一听，果然就后怕起来，叫停了讨伐刘表的计划，又向北出兵，沿黄河一带，先举行一次大规模的阅兵式，顺手攻击袁绍驻仓亭的部队，把那支部队打败，然后再回到许都。

曹操决定北上与袁绍打最后一仗时，还是先去敲刘备一下。

他可以不惹刘表，但不能放过刘备。

这时刘备仍然在汝南，跟他形成统一战线的仍然是龚都。而龚都就是黄巾军的首领。原本这些牛人是靠打黄巾军起来的，现在他们却跟黄巾军结成同盟。

刘备在汝南的实力并没有多少，因此曹操大军一出现，刘备立马被打垮，各找各的路子乱跑。刘备最后去投靠刘表——他本来的任务是帮袁绍来联络刘表的，可他一到汝南，就坐在这里，做扩大自己力量的事，早把本来任务丢到一边，根本没有去见过刘表一面。直到这时，他才跑到刘表那里。

刘表听说刘备来了，穿着盛装到郊外举行欢迎仪式，欢迎他的这个同宗的到来。刘表对刘备还真的很客气，看到刘备的部队太稀少，就拨出一支部队送给刘备。刘备从此就在刘表这里住着，驻扎地点在新野。

益州基业

这段时期，另一个刘姓的辖区也乱得要命。

这个地区就是刘璋管理的益州地区。

刘璋后来也很著名，不过他的著名是因为太菜。他能成为益州的一把手，完全是靠他老爸刘焉打下的基础。

刘焉是正宗的皇家后裔，曾当过幽州第一把手，后来又调到朝廷工作，被任为太常，这个级别比太守高了几个档次，但他很快发现，这个职位虽然很大很吓人，但除了工资级别高之外，什么好处都没有。哪比得当太守的好处多？而且他到朝廷之后，看到灵帝太不像话了，朝廷越来越乱，怕还留在这里当这个高官，以后会被人家搞定。于是，他就建议，现在的地方官他们都控制不了了，得从中央选调一些大臣，空降各地，当州牧，管管这些人。

朝廷一看，觉得他这个建议很好。

本来他提出这个建议的意图，是想让朝廷把他安排到最南方当那个交阯牧。那里离权力中心很遥远，不管朝廷乱到什么地步，都跟他无关。

可朝廷还没讨论他的这个建议，那个董扶却先来找他了，对他说："现在首都就要出现乱子了。益州才是好地方。据说那里有天子气。"

刘焉一听，情绪立即波动起来，把益州当成自己的下一个目标。

没多久，几个州的刺史果然嚣张得不靠谱，连续发生了几起规模巨大的群体事件，并州、凉州的刺史先后被那些不明真相的群众杀死。

于是，朝廷决定采纳刘焉的这个方案。

这样，刘焉就成了益州牧。

刘焉去益州上任时，太仓令赵韪也辞去一切职务，和董扶一起跟他到益州去创业。

刘焉听了董扶的话之后，就已经在心里树立了不可告人的远大理想。那时益州真的很乱，有几个人组织了个民间武装，后来力量强大起来，觉得什么头衔都不好听，干脆自称皇帝。刘焉到益州后，把这些土皇帝全部消灭光。

那时，这个地区还有个宗教组织"五斗米"教，这个教的第一代领导人叫张陵，也就是现在道教中的张天师。现在是张陵的孙子张鲁当带头大哥。他手下的粉丝很多。他的老妈是教中的资深人士，据说功力很深很强大。刘焉后来也相信这个东西，经常请张鲁的老妈到自己家中来，做那些神神道道的东西，再加上这个能与鬼神直接通话的寡妇还"有少容"，很合刘焉的胃口。

于是，刘焉就让张鲁当督义司马，让张修当别部司马。然后让两人带着部队去攻打汉中。张修跟张鲁一样，都是当地的带头大哥。他派这两个人去打汉中，是在下一盘很大的棋。在张鲁和张修干掉汉中太守苏固之后，就叫他们封锁了益州到长安的交通要道——斜谷阁。他还特别交代，如果看到朝廷来的使者，问都不要问，直接就杀头。然后他就给朝廷上书："米贼断道，不得复通。"交通要道被邪教组织截断了，以后不能再跟中央取得联系了。这跟不再听从中央的命令一样，与宣布独立没有本质的区别。

甩开了中央政府，刘焉就把所有的精力投入经营独立王国的事业上来。没几天，他又找了个借口，搞定了州中的几个首富，在全州广大人民群众面前树立了他绝对的权威。

犍为太守任岐与校尉贾龙看到刘焉居然拿本土人士开刀，实在太欺负人了，就决定出兵打他一顿，出一口粗气。结果反被刘焉打得性命也丢在战场上。

刘焉想不到事业发展势头这么猛，心情很激动，居然制作了一大批天子的用品和只有天子才能乘坐的御车。刘表知道后，就上书告刘焉的状——他这时气愤地告刘焉，一脸的大义凛然，哪知，过不了多久，他搞得比刘焉还猛。

当时刘焉的三个儿子刘范、刘诞、刘璋都在长安，跟汉献帝在一起，只有他的小儿子刘瑁跟他在身边。汉献帝看了刘表的告状信后，也很生气，就派刘璋到益州，代表皇帝做他的思想工作。

刘璋一到益州，刘焉就不让他再回首都。

到了兴平元年，马腾与李傕发生冲突时，刘焉那两个在长安的儿子都死了。在他两个儿子死的时候，他的办公楼又被雷击。刘焉觉得再把首府定在绵竹实在有点儿前景不妙，就把首府迁到成都。可到了成都之后，他的霉头更大。在成都没办公几天，就"疽发背而卒"。

刘焉虽然有远大的理想，但从没有想到自己会这么早就死掉，因此也没有立下什么政治遗嘱，指定个接班人。现在他留下了两个儿子，一个是刘璋，一个是刘瑁。大家就都来开会，决定让哪个来当他的接班人。

那时，这个集团中权力最大的就是赵韪。

赵韪很自私，把老领导的两个儿子拿来进行对比后，发现刘璋比刘瑁的智商低多了。他觉得现在最好让刘璋来当一把手。这样以后大权就落在他的手里。于是，他在会上力挺刘璋。

别的人还能说什么？既然赵韪说刘璋才是合法的继承人，那他就是合法的继承人。

于是大家联合上表，请朝廷任命刘璋为益州刺史。

汉献帝不同意．他听说刘焉死了，心里很高兴：如果这老家伙还活着，还不好下文免去他的职位。现在他自己死了，那是再好不过。他马上任命扈瑁为益州刺史。

这时益州又发生了一件大事，刘璋手下的几个人沈弥、娄发、甘宁突然反叛，向刘璋发动进攻，反而被刘璋打败，最后全部逃入荆州。

朝廷很快知道这件事，知道刘家在那里的根基已经打牢了，就是再派十个扈瑁过去，也不够刘璋杀的。于是，他把前文收回，再下个文件，任命刘璋为益州刺史。

刘璋就成为益州的一把手。刘璋当然不知道，他的这个任命一生效，对后来的历史产生着巨大的影响——尽管他不是一个对历史有影响的人。

张鲁很快就发现刘璋比他的老爸弱多了，觉得以后天天听这样的人指挥，实在有点儿丢脸，就立即决定单干。他的这个想法一出现，马上就行动起来，先把张修搞定，收编了他的部下，然后宣布独立。

刘璋的性格虽然很好，但这时也大怒起来，要对张鲁狠狠地报复一回。他这时报复张鲁很容易。因为现在张鲁的老妈还在刘璋的家中。这个老妈跟刘焉跟到现在，生活很幸福，觉得没有离开的必要，就还留在成都。她也没有料到自己的儿子突然发飙，跟刘璋作对了。更料不到刘璋也不看看她跟刘焉多年的份儿上，硬是把她抓起来，连同她的那个小儿子也抓起来，然后一起处死。

张鲁可不管老妈成为刀下鬼，继续干他的事业，以最快的速度占领了汉中地区。

刘璋马上派他老爸的那个死党庞羲去干掉张鲁。但庞羲却干不过张鲁。两人只打了个平手。刘璋的性格很好，虽然庞羲没有成功，但仍然任命他为巴郡太守，驻守阆中，继续跟张鲁对抗。

庞羲还没有请求刘璋，就在那里大搞征兵活动，壮大武装力量。有人马上就向刘璋告密，说庞羲天天征兵，肯定是图谋不轨。

这些话说多了，刘璋也怀疑起来。

赵韪多次对刘璋说，庞羲很纯洁，不要乱去怀疑。

可刘璋还是怀疑。

赵韪一看，就生气了，于是心里的想法就复杂了起来。

当初，由于中原一带越来越乱，而益州地区相对好一点儿，南阳及三辅地区的老百姓都跑到益州来避难。据统计，那时在益州的外来户有数万家之多。

刘焉马上意识到这是一支不可忽视的力量，就把他们全编入伍，称为“东州兵”。到刘璋当权时，由于他一点儿威信也体现不出来，这些东州兵就开始无组织无纪律起来，对原住居民进行没完没了的骚扰和打劫活动。刘璋虽然多次发文，要求他们遵守纪律，可没人听他的。于是益州的老百姓对刘璋的意见很大。

赵韪还是有点儿水平的，也会笼络人心，这时对刘璋生起气来，就利用民间的这些不满，突然起兵向刘璋叫板。

建安五年（200年）底，赵韪带着几万人向刘璋进攻。为了能彻底地打倒刘璋，还给刘表送去了一大批礼品，请刘表跟他一起搞定刘璋。

别的郡县也都起来响应老赵的号召。

刘璋直接进入最危险的时候。

建安六年（201年）三月，赵韪的大军把刘璋死死地包围在成都。刘璋只吓得在那里发傻，一点儿办法也没有想出来。

所有的人都预言，若无意外，刘璋这次必死无疑。

可后来硬是发生了意外。

那些东州兵虽然很无组织无纪律，但他们知道，他们都是外来户，要是被那些本土的人杀进来，人家能放过他们么？如果再不拼死抵抗，就只有伸着脖子等人家来屠杀了。于是都组织起来，个个玩命作战，硬是把赵韪的部队打得败退下来。在赵韪撤退后，他们还一路猛追猛打，一直追到江州，最后将他杀死。

庞羲听说赵韪死了，也怕了起来，派程祁去给他的老爸汉昌县令程畿传达他的命令：马上组织军队过来，与刘璋决战。哪知，程畿一点儿不买账，说自己是刘家的下属，庞羲是庞太守的死党，各为各的首领负责。

庞羲一听，马上大怒，派人过去对程畿传话：“如果你再不跟庞太守保持一致，你们程家就会被你玩儿完。”

程畿却一点儿不在乎全家被玩儿完的威胁，说：“我就是不跟你合作。”

庞羲知道自己的手下没有多少兵马，终于不敢动手，叫人拿了一大堆礼品送给刘璋，还写了一份检讨书，把自己狠狠地批斗了一番。刘璋于是提拔程畿担任江阳郡太守。

曹操看到益州现在已经乱成这个样子，便任命五官中郎将牛亶为益州刺史，调刘璋到中央任职。刘璋当然不去。朝廷也没有办法。

于是，益州进入了刘璋时代，为以后蜀汉政权的建立打下了一个基础。

张鲁现在也很爽，他说自己的眼光如何厉害，可以上知天下知地，更可以看穿人。大家只要跟他走，什么妖魔鬼怪都不怕。现在这个世界，人们最怕的是什么？肯定不是曹操，更不是刘璋，而是鬼神。

张鲁利用人们的这个心理，到处进行传教活动，还真的拉了很多人入伙。他比那个张角有水平多了。张角只是一碗符水，无所不治，只要是天下有的病，他那碗符水都可以治好。张鲁则用宗教来进行洗脑，他让病人坦白自己干过什么坏事，然后再由他帮他们向上天请求，免除他们的病痛。一看这个动作，纯属迷信活动，可人家就是信。于是，大家都争着去找张天师要求入伙。张鲁也很有一套，他对犯法的人一般可以宽大三次，超过了三次之后，才动用大刑。他虽然搞定了汉中，是汉中的一把手，可他硬是来个彻底的政治体制改革，整个政权组织也不设置什么官吏，官员全叫祭酒。

别看他这一套有点儿土，但因为简洁，那里的人文化素质不高，最容易接受这些东西，所以越来越多的人都崇拜他。

不久，他又拿下巴郡，势力越来越雄厚。

朝廷虽然看他不顺眼，但实在拿他没有办法，干脆也采用老一套，承认他算了，给他发了一张任命书，让他当镇民中郎将，兼汉宁太守。

张鲁打死也想不到，他居然成为朝廷命官。

后来，张鲁手下人又说他们发现民间有人从地下挖出一方玉印。然后他们把这方印拿到张鲁的眼前，然后对他说，这方印不是一般的印啊，拿到它的人是可以称王的，他们代表全体汉中人民，强烈要求天师称汉宁王。天师不称王，我们绝不吃饭。

张鲁的心情也波动起来，很想明天就拿着这颗出土大印称王。后来阎圃出来反对他，说现在汉中地区已经是他说了算，为什么一定要称王？如果一称王，有可能惹出祸事来。

张鲁想想也是，目前在这个地方，自己的权力跟皇帝也没有什么区别，何必一定要称什么鬼王。这个天师就够用了。

第十三章 定四州

兄弟之争

曹操牢记荀彧的教导，现阶段的头号敌人必是袁绍无疑，虽然官渡一战，已经把他打得没有脾气，但他目前手里还有四个州，所占国土面积仍然是所有牛人中最大的，人口数量也还很庞大，如果让他再缓一口气，以后的麻烦就不可估量。所以当前工作的重中之重就是在打残袁绍的基础上，继续把他往死里打，让那四个州全部划到曹氏的名下，从此消除北方最大的威胁，然后把精力转到南方，慢慢收拾南方的那些大大小小的牛人。

建安七年（202 年）的春天，曹操在举行春节团拜会之后，就启动了对袁绍最后一战的程序。

他率军再次来到给他带来好运的官渡，很有雄心地向袁绍叫板。

袁绍这时却已经走到了他生命的终点。他打了败仗回来以后，勤于反省，觉得无论从哪个角度上看，自己崩溃得简直没有道理。他最后终于认识到，他并不是被曹操打败，而是自己玩儿完了自己。

袁绍虽然又牛又多疑，但脸皮还不算很厚，通过这次反省之后，心里全装满了“羞愧愤恨”的心情。这种心情在胸口存在久了，就会发生病变，而这种现象引发的病变，一般后果都会很严重。

袁绍没有多久就病了，而且开始大口大口地吐血。

到五月，袁绍终于把血吐完了，彻底咽气。

其实，从事实上，他的存在也已经没有多大的作用了。他已经不可能再带领他的集团重新振作起来。如果因为他的死，让一个有作为的人上台，也许才是冀州集团的希望。

然而，后来的事实证明，他一死，冀州集团更糟。

更糟的原因仍然是他造成的。

袁绍虽然没有像袁术那样自己当皇帝，但他早就把冀州当成他家的天下，他老早就认为，他死之后，由他的儿子来接他的班。

他公开地流露这些想法时，不但没有谁说他自私，而且都举手附和。因此，他在这方面算起来没有错。

可错就错在，他有三个儿子：袁谭、袁熙、袁尚。按当时的惯例，这三个儿子都有继承他遗产的权利，他爱给谁就给谁。

他也曾经在心里作过打算，尽快指定个接班人。

如果参照皇家的办法，那就很好办。皇家的原则就是“立嫡以长”四个字。有嫡立嫡，无嫡立长。如果按这个办法来处理，那当然是袁谭来继承了。

可袁绍在这个方面，继续践行他迟疑不决的作风。袁谭是他的长子，可袁尚是他最爱的刘氏的儿子。这个刘氏虽然目前是冀州的第一夫人，但不用像袁绍一样日理万机，整天没事干，就想着袁绍死后她们怎么办。所以，在袁绍还没有死之前，她就在袁绍的耳边吹风，要立袁尚为法定接班人。

袁绍本来就是个没有主见的人，听得刘氏天天这样说，也就认为袁尚最乖。他想把这事定下来，又觉得有点儿违反了惯例，因此不敢明说。不过，他还是作了一个安排，把袁谭过继给自己死去的哥哥，然后让他离开邺城，去担任青州刺史。他作了这个安排之后，觉得自己很聪明。

可沮授却反对，对他说：“世称万人逐兔，一人获之，贪者悉止，分定故也。谭长子，当为嗣，而斥使居外，祸其始此矣。”意思是说：有个故事说，一万个人同时追赶一只兔子，最后一个人抓到了它，别的人就都止步。这就是所有权已经确定，别人也不能再争抢了。现在袁谭是你的长子，按理应该让他当继承人。现在，你却把他排斥在外。冀州的祸害从此开始了。

袁绍当然不能说沮授的话不对，但他还是为自己争辩："我现在计划把儿子们都分到各州去，锻炼一下他们，也顺便看看谁最有水平。"这话说得很有道理，连沮授也没有办法再说什么。于是，他又派袁熙为幽州刺史，让他的外甥高干当并州刺史。大家一见他这个安排，又看出他的私心来了——袁尚还留在冀州。

袁绍手下的那几个谋士看到这个样子，意识便超前起来。有的去当袁谭的谋士，有的加入袁尚的班子。袁绍还没有完蛋，这些家伙就已经为后袁绍时代作自己的打算。

逢纪、审配这时已经成为同一战壕里的战友，但袁谭很讨厌他们，而辛评、郭图则紧密团结在袁谭周围。

两个集团就这样形成，而袁绍根本没有办法摆平。他死时，仍然没有把接班人定下来。这就等于给后袁绍时代两个集团的争斗留下了无限广阔的空间。

袁绍一死，大家在讨论谁来当老大时，都认为袁谭是长子，他不当谁当？

审配他们一听，心里就不舒服了，他们只怕袁谭一掌权，新官上任的那把火会烧到他们的身上。他们看到袁谭的支持者较多，如果再在会上以民主的方式讨论这个事，他们只有等着袁谭对他们的处理了。

既然不能通过民主的程序，那就再来个集中的程序。他们伪造了一个袁绍的政治遗嘱，说他在咽气的当天，叫大家让袁尚当老大，如果大家不同意，他就死不瞑目。

大家一听，当然都闭嘴，而且现在袁尚就在冀州城内，谁知道他和审配、逢纪都已经采取了什么措施，要是不同意，恐怕什么麻烦都会找到他们的头上。尤其是审配那个老头儿，杀人从来不问出身和性别的。

袁谭听说老爸死了，马上就从青州赶来参加老爸的追悼会——当然更想参加权力争夺的斗争。

可他一到邺城，看到权力大棒已经落到弟弟的手中，便赶紧回到黎阳去，任命自己为车骑将军——注意，以前袁绍刚当上冀州老大时，也是自称车骑将军。

这时曹操的部队已经步步逼近，黎阳离前线已经不远了。

于是袁尚就划了一支部队给袁谭，让他好好地守住黎阳，还派逄纪去协助他。

袁谭刚开始听说袁尚还给他拨部队，心里还温暖了一下。可出来一盘点送来的部队，才那么一丁点儿。这才知道，他的这个弟弟送这几个兵的目的，原来是想把逄纪塞进来监控他。

袁谭也不好发作，只是要求再给他增点儿兵力。

报告送到审配那里，审配认真研究之后，觉得不能满足袁谭的要求。

袁谭气得抓狂，就把怒火全迁到逄纪的身上，将他抓起来，然后根本不给出理由，杀掉。

在兄弟两人的矛盾不可调和的时候，曹操的大军已渡过黄河，向袁谭进攻。

袁谭看到曹操的部队很强大，知道自己挡不住，就向袁尚求救。

两人这时虽然已撕破了脸皮，但还没有撕破到底，因此两人的矛盾仍然是内部的矛盾。现在外部的敌人杀进来，当然得先把外部矛盾处理干净再说。况且黎阳要是守不住，冀州的安全系数就跟着大大降低。袁尚基于这些因素，还是决定带着大军亲自过来救救他的这个大哥，而让审配继续当邺城留守的老大。

兄弟俩一起上阵，与曹操进行对抗，连打了几场，都失败了。两人没有办法，只得退守营寨。

新野那场火的真相

袁尚在正面与曹操大干的同时，还开辟了一条新的战线：任郭援为河东太守，让郭援与高干以及匈奴的南单于一起，去进攻河东，还派人跑到关中去，跟马腾他们取得联系，让他们一同起兵，把曹操群殴一顿。

马腾他们觉得很有道理，于是暗中答应了袁尚的请求。

郭援这一路刚开始的势头还很猛，一路打过去，河东郡的州县都连连被他拿下。最后一直打到绛县。绛县的第一把手就是贾逵。他守城的本领没有多少，但骨头却硬得要命，而且还很得人心，城里的那些大佬都是他的粉丝。因此，他们在准备投降时，跟郭援签了个协议：不能杀贾逵，他们才投降，否则就只有拼死到底了。

郭援答应了这个条件。他看到贾逵这么得人心，肯定是个人才，因此就想叫贾逵做他的手下。

贾逵不答应。

郭援就生气了，说再不答应，他就用武力了。

贾逵说不怕他武力，不信可以试试。郭援手下的人看贾逵这么牛，都过来动手动脚，要强迫他向郭援叩头。他不但不叩头，还把这些人大骂一通。

郭援也生气了，喝令拉下去杀了，这种人一个也不能留着。

可他这个命令才下达，很多人就都跑过来，用身体挡住贾逵，坚决不让郭援动手，还大声对郭援说："如果你一定要杀他，我们就和你拼到底。"

最后，郭援也没有办法，只得把贾逵关在地下室里。

贾逵做了一个看守工作，那个看守就把他放走了。

在郭援他们一路得势的时候，曹操当然不能不闻不问，他派钟繇过去对付南单于。钟繇很快就把南单于包围在平阳，正准备向平阳发动总攻时，人家的援军已经大规模地开了过来。

钟繇知道，如果不打破袁尚和马腾的联合，他们就永远没有办法维护好这一带的社会稳定，曹操就无法专心在那边打仗。

他派张既去见马腾，对马腾进行了一次思想工作，里面使用了大量威胁语言，让马腾怕了起来。

最后马腾在他们的动员之下，决定向郭援他们倒踢一脚，派他的儿子马超带一万部队与钟繇组成联军。

于是战场形势发生了逆转。

本来，郭援的兵力很多，钟繇手下的人都觉得很可怕，建议还是先放弃平阳，可钟繇不同意。

钟繇说:“现在袁军势力雄厚，主将郭援又是个自我感觉很良好的人，一定会轻视我军。他们一来就会什么也不管地渡过汾河。我们可以趁他们渡到一半时，搞个突然袭击，肯定能够大获全胜。”

郭援过来时，果然直接下令大军渡河。连他手下的很多将领都劝他，要他牢记历史上已经多次出现过的“击其半渡”的事例。可他说，他们现在敢出现么?

可人家就出现了。

郭援的部队才渡到一半，钟繇和马超联军果然大规模出现，向他们发动了猛烈的攻击。

郭援部跟历次被“击其未济”的部队一样，一点儿反抗的能力也没有就被全部歼灭，连郭援也被杀死了。

郭援是大书法家钟繇的外甥。战斗结束后，钟繇叫大家帮找一下外甥的头。可大家找遍了战场，也找不到郭援的脑袋。

后来，庞德说:“我这里还有个人头。”他从箭袋里拿出那个人头，给大家认一下。

钟繇一看到那个人头，就放声大哭。

南单于看到郭援那么强大，都被钟繇杀死了，自己再坚持也没有什么意思了，便投降了。

于是，曹操这边的压力全部归零。

可这边压力才归零，刘备又冒出来，在南部搞小动作。

刘表这时肯定很后悔，以前没有配合袁绍把曹操搞定，以致让曹操的势力越来越强大。现在看到曹操把主力继续投放北方，要把袁氏的最后势力铲平，就觉得机会又来了。虽然他知道这是个机会，但在出手时却太不大气，只派刘备带着本部人马出场，向北进攻。自己仍然坐在家里等消息。

刘备带兵向北出发，进攻叶县。

曹操派夏侯惇和于禁带兵去跟刘备对垒。

本来，夏侯惇的兵力比刘备的要雄厚一点，而且战斗力也比较强悍，要跟刘备打是没有多大的问题的。

刘备知道自己没有对抗下去的资本，就想了个阴谋诡计。他大声命令部队，准备火把。

大家说，现在去烧敌人的营寨，好像成功的可能性不大啊。

刘备说："谁说去烧敌人的营寨了？现在是要烧我们自己的营寨。这有什么不成功的？"

刘备将自己的营寨一把火烧掉，然后下令撤退。

夏侯惇一看，刘备原来是个胆小鬼，已经夹着尾巴逃跑了，哪能让他逃跑？于是下令猛追。

李典说："要想好了再追啊。现在咱跟刘备还没有接触，他就突然没有理由地撤退，肯定是在埋伏了。所以让他退吧，咱不能追。"

夏侯惇说："我就是追。你怕中埋伏，你就当大营留守。"然后带着部队追下去。结果真像李典说的那样，狂奔大半天之后，就直接冲进人家的埋伏圈里，被打了个大败。直到李典过来援救，刘备这才宣布结束战斗。

这就是《三国演义》里的新野之战，战斗的结果一样，可过程却是另一个情节了。罗贯中硬把这个计策说成是诸葛亮想的，把功劳全归于他的头上。其实，现在的诸葛亮还没有跟刘备见过面，还在他的茅庐里当卧龙。

兄弟继续为敌

曹操的后方连续出现几起事故，曹操很烦恼、很不放心。他突然想起，现在跟他玩儿的这几个家伙，不是手下没实力，就是脑子不够用，因此很容易摆平。如果江东那伙人发动起来，就非常危险了——现在孙权手下既有部队又有人才。他马上给孙权下文，让他派自己的弟弟或者儿子到中央来。

孙权接到这个信后知道曹操是对他不放心，要他把人质送过去。

他没有办法决定，就请张昭他们来商量。

大家开了大半天的会，有的说还是送去吧，现在曹公势大，他们惹不起；有的说，不要送过去，为什么这么怕曹操？

双方各说各有理，最后统一不了意见、达不成共识。

张昭不知道怎么办了，孙权也不知道怎么办。

孙权去把周瑜请来，然后带周瑜去见他的老妈，对他说："现在就由你作决定了。"孙权在处理这个事时，真的很聪明，如果决定派他的弟弟过去，老妈要是反对，那就不好说了，因此在她面前决定这个事，免得以后麻烦。

周瑜坐在那里，说了一大篇，分析了送和不送的利与弊。送过去了，好像封个侯，可什么实际意义都没有。当了这个高级别的官员后，以后曹操就可以天天向他们发布命令，他们稍一不理他，他就会拿这个人质来威胁他们，那时他们想动弹一点儿都不能。至于有人说，现在曹操势大，他们惹不起。这种人的想法大错特错。现在曹操没有搞定他们，并不是他不想搞定，而是实在没有办法下手。等哪天他觉得他有了这个能力，孙权就是亲自到那里做人质，他也要打过来。因此，不宜送过去。

孙权老妈一听，周瑜这话太对了，并交代孙权说："公瑾与伯符同年，小一月耳，我视之如子也，汝其兄事之。"意思是说：周瑜只比孙策小一个月，历来就像我的儿子一样，以后你一定要把他当哥哥看。

曹操继续进攻黎阳。

袁家兄弟继续保持失败的记录。兄弟俩坚持到建安八年（203 年）的二月，又在黎阳城下跟曹操决战一场，不但没有取得胜利，反而败得更惨。两人知道，黎阳是守不住了，于是一起逃回邺城。

四月，曹操大军追到邺城下。

袁家兄弟这时头脑已经发晕，不但找不到对付曹操的一点儿办法，反而连城外的小麦也被曹操全部收割。

曹操手下的人看到这个样子，个个都信心爆棚，认为可以直接圈住邺城，向袁氏的老巢发动进攻了。

但郭嘉不同意。

郭嘉说："以前袁绍都喜欢这两个儿子，想让这个当接班人，又想让那个当。可到死也没有决定下来。现在这两个儿子的权力和势力都一样大，而且各有各的班子，正在准备开展一次权力争夺战。现在情况危急，他们不得不团结起来跟我们死磕；如果给他们创造一个比较宽松的外部环境，他们肯定就会着手解决这个内部矛盾。这个内部矛盾一公开化、透明化，就只有你死我活了。到时，我们再出手，不费什么力气就可以全部摆平他们。现在还是把力量转到荆州方向，那里才是现在最大的隐患。”

曹操一听，大叫：“好！”作好部署后，带主力部队回许都。

在曹操宣布撤退时，袁谭对袁尚说：“我的部队装备太落后，所以跟曹操干时，老是被动挨打。现在曹操大军撤退，士兵们个个都想回家看看，所以在他们未完全渡过黄河时，我们出兵追击，完全可以把他们打败。这是最后的机会了，一定不要错过。”

袁尚刚一听，也觉得这个计划很正确——即使因为曹操太狡猾，手下的人也太厉害，但跟他玩儿一下敌进我退敌退我进的游击战术，曹操也会被玩儿得很郁闷。

可袁尚又怕袁谭有别的打算，因此学他的老爸，在那里迟疑不决，既不给哥哥增加人马，也没有给他更新一下装备。

袁谭看到这个样子，就立即愤怒起来。郭图和辛评一看，这可是搞定审配的最好机会——注意，他们不是在找搞定敌人的机会，而是找到了搞定自己人的机会。他们对袁谭说：“告诉你一个不该告诉的秘密：以前你老爸把你过继给你的伯伯，完全是审配的主意。”

袁谭一听，思维系统就更加混乱，觉得跟这些人没有什么道理可讲了，直接用大刀说话。于是带着部队向袁尚打过去。

袁尚对这个哥向来保持高度警惕，一看到袁谭带兵过来，马上迎战。双方在邺城大门外大打了一场。最后，袁谭先顶不住，率军回南皮。

袁谭的别驾王修听说老板被打了个大败，急忙组织一批军民结合的武装力量前来支援。

袁谭看到突然来了一支生力军，信心又膨胀起来，打算转回头去，再跟袁尚开打一场，不信打不死这个弟弟。可王修却劝他不要再玩儿这种事了——都是兄弟，为什么一定要你打我，我打你？兄弟生下来，是为了团结互助，而不是为了自相残杀的。现在老大要做的，不是去跟兄弟厮杀，而是把那些不遗余力做挑拨离间工作的人抓起来，全部杀掉，然后兄弟再精诚团结，还怕天下不太平？

这话无论放在什么时候都是对的。可在袁谭这里就是不对，他还是决定打回冀州去。

可他的口号才喊出口，那边就传来消息，袁谭的另一个下属刘询在漯阴宣布与他脱钩。刘询一站起来，全州的人士都起来响应。

袁谭这才觉得前景不容乐观，终于很疲劳地说："现在全州人民都这样对待我。这个世界到底怎么了啊。"

袁谭是不敢再去攻袁尚了，但袁尚越想越生气：我前次都还去黎阳救你，你一翻脸就带兵过来打我。你以为你是哥哥就可以乱来？我也去找你打打。

于是，他亲率大军过来进攻袁谭。袁谭当然更不是对手，又逃到平原，然后关起城来死守。

袁尚仍然放不过袁谭，又把平原包围得死死的。

袁谭一看，知道自己这个老弟这次肯定是要把自己往死里打了。如果自己再没有外援，肯定会被他困死的。可现在谁来当他的外援啊。虽然现在全国到处都有牛人，可此前他都没有跟这些牛人打过交道，一点儿外交关系也没有建立过。

后来，他一咬牙，觉得还是求曹操。虽然他跟曹操闹得不可开交，但他认为，现在曹操肯定需要他。于是，他派辛毗到曹操那里求救。

刘表看到袁家兄弟杀来杀去，搞得比敌对势力决战还要激烈，就有点儿看不过了，给两兄弟分别写信，劝他们不要再这样玩儿下去了。现在刘表也清楚地认识到，如果袁家在北方彻底玩儿完，曹操就会全力来对付他了。因此，他比袁家老妈还希望两兄弟能够团结一致，共同对外——当然，这个对外不是对他刘表，而是对曹操。

但两人都不听。

辛毗跑到西平，这才见得着曹操，把袁谭要跟他合作的意思对他说了。

曹操手下的那些人认为，现在袁家兄弟正处于闹矛盾的高潮时期，肯定无力给他们制造特别的麻烦，正好趁这个机会南征刘表。要是让刘表发展壮大起来，也是一件头痛的事。

荀攸却不同意这个方案，他说："现在天下大乱，正是大搞自己事业的最佳时机，可刘表盘踞荆州这么多年，坐守江汉之间，本来是开创个人事业的风水宝地，他可什么也没有干成，只是守着现有领地，对天下形势麻木得很，可知他是没有什么远大理想的，完全可以不把他当一回事。但袁家就不同了，现在四个大州都掌握在他们的手里。袁绍以前还是很得民心的，袁家在北方的人气指数还是很高的。如果袁氏兄弟真的团结起来，守住自己的祖业，应该不是一件困难的事。这对我们来说，就太困难了。现在正好趁他们处于自相残杀的高潮期打过去，什么都结了。如果再等下去，他们一个灭了另一个，则力量就会集中起来，那时我们再过去打就费力了。”

曹操当场表示同意荀攸的看法。

可才过几天，曹操又觉得还是先打刘表的好，还是继续让二袁把那个兄弟相争的戏演下去。

辛毗还在等着曹操的正式答复。可等了几天，就是没有看到曹操对他说什么。他估计发生了变化，就去找郭嘉，请郭嘉去问问曹操现在到底是什么态度。

郭嘉把这事跟曹操说了。

曹操把辛毗叫过来，问他：“袁谭真的那么可信么？袁尚真可以一仗打败么？”

辛毗的口才很好，当场把两人的情况分析给曹操听，让曹操很满意。辛毗这番话的主要意思是：袁家本来是兄弟相争，跟别人无关。如果袁谭不是到了最危险的时候，他会向你求救么？如果袁尚真的很有实力，在袁谭都已经差不多精尽人亡的时候，他还能不拿下袁谭么？所以现在你出兵向邺城发动进攻，袁尚肯定要回军去救。袁尚一回军，袁谭能不追着他打么？以你的力量，再加上袁谭的夹击，袁尚还有活路么？

曹操一听，这话太正确了。

建安八年（203 年）十月，曹操终于发兵去救袁谭。大军进入黎阳。

袁尚接到报告后，只得放过袁谭，带着大军回邺城。可他的两个手下吕旷和高翔却在半路宣布脱离袁尚，跳到曹操那里重新就业。

袁谭看到老弟解围而去，心里很爽。他比他的老爸狡猾得多，自己一获得自由，就把曹操丢到一边，觉得自己还是单干的好。他知道吕旷和高翔离开袁尚后，就赶紧派人去请。

那两人早就把他们袁家兄弟全看透了，哪能听他的话？他们把袁谭的信都交给曹操。

曹操一看，居然跟他玩儿阴的。那就一起玩儿，看谁的忽悠功力更深、手段更恶劣。

曹操并没有直接跟袁谭翻脸，而是派人去对袁谭说，为了把这个友谊巩固到牢不可破的地步，建议大家结为亲家。他的儿子曹整还没有娶妻，请袁谭把女儿嫁给他。

袁谭一看，就在那里笑了，都说曹操老奸巨猾，是个忽悠大师。可现在看来，他也没奸猾到哪里啊。现在不是被自己忽悠了？这不是曹操太无能，而是自己太厉害了。

曹操要的正是这个效果，看到袁谭在那里安心跟袁尚继续为敌，就又班师回许都。

有个比曹操聪明的家伙

到了第二年的正月，曹操终于决定再次出兵灭二袁，不要再留尾巴了。

曹操渡过黄河。他派人"堵住淇水，使其流入白沟"，以便运输军粮。

二袁却不知道曹操已经把大军开过来，要拿下他们的脑袋了。袁尚这时对他哥哥的愤恨已到最高顶点了。他现在把精力都集中到平原那里，根本不关心南方曹操的动静。他看到邺城的城外没有一个敌人，认为邺城现在安全得很，就叫审配和苏由负责留守邺城，自己带着大军又去攻打人哥。

苏由看到袁家兄弟一直内斗，觉得再跟他们下去，结果只有死路一条，就打算也向吕旷他们学习。在曹操进军洹水时，苏由就开始策划着当曹操的内应，把邺城贡献出去。可行性方案做得很可行，但保密工作做得太马虎。曹操还没有开到，审配就已经知道了他的这个计划。

在审配还没有动手前，苏由在第一时间知道方案已泄，立马逃出城外，投奔曹操。

曹操大军一开到邺城外，马上就组织对邺的军事行动。士兵们筑土山，挖地道，搞得邺城外全是热火朝天的劳动场面。

袁尚还不知道邺城已经危险得不能再危险了，他想，只要保住粮道，他可以坚守邺城到海枯石烂。然而曹操能跟他对垒到地老天荒么？他派尹楷带着部队到毛城驻扎，保护向上党的粮道。

他的这个想法貌似很有道理。可曹操能答应吗？

曹操一看袁尚这个布局，马上就知道他内心的想法，决定把他的这个想法彻底打得粉碎。曹操有一个特点，在关键的点都是亲自出马，如官渡之战去烧乌巢的任务，就由他亲自去执行。这时，要搞定尹楷这个关键点，他仍然亲自带队过去，又留下曹洪看守大营——这个作战方案简直就是全面抄袭官渡之战的版本。

不同的是，现在曹军已经很强大，而尹楷连淳于琼还不如。双方一接触，尹楷大败。

曹操打败尹楷后，又去进攻邯郸，轻松拿下。

这时，易阳令韩范、涉长梁岐知道，这次袁家再怎么挣扎也是垂死挣扎了，自己完全没有再跟着他们的必要了，于是都采取投降政策，把县城献给曹操。

曹操当然一一笑纳。

徐晃对曹操说："现在袁家兄弟还有抵抗的能力。冀州辖区各级政府的官员都在观望，有的想投降，又怕投降了没得到什么好处。所以，现在应该开个表彰大会，大力表彰韩范和梁岐这两个人。"

曹操一听，这也是个好办法，于是把两人封为关内侯。

这一招果然让那些正采取半围观政策的人立刻改变立场，毫不犹豫地弃袁投曹。而最让曹操高兴的是连张燕的态度也软化下来，派使者来见曹操，表达了投降的良好愿望，并强烈请求曹操下令，派他去攻打袁尚。张燕是黑山军的首领，以前是公孙瓒的人，后来又投靠袁家，势力还很可观，是袁家最得力的外援。这时张燕一换招牌，对袁家的打击很大。曹操马上任命他为平北将军。

到了五月，曹操觉得再那么大规模地造人工山，挖人工隧道，已经没有意思了，就下令把这些工程全部破坏，然后大力开挖露天壕沟，包围邺城。这个工程也是很庞大的，整整有四十里。

曹操在挖沟时，还是搞了个诡计。他怕他们在施工过程中，审配会派人过来进行破坏干扰活动，因此就叫大家先挖得浅一点儿，好像个儿戏工程一样。

审配这个人还是很有责任心的，每天都到城上看看曹操又在搞什么名堂。他看到曹操的部队都在努力挖战壕，但挖的战壕都很浅，人们就是闭着眼睛也可以一步越过。他就在那里哈哈大笑。

他本来想派点儿部队过来破坏的，但看曹操这么小儿科，也就算了，让他们浪费力气吧。

从这一点上看，这家伙的脑子很有问题。

哪知，曹操在让审配得意之后，突然拿出他的撒手锏来，全军出动，连夜把这些壕沟挖成深二丈、宽二丈的深壕。他还把漳河的水全引进壕沟里，完全断绝了邺城与外界的联系。

没几天，城中首先出现了吃饭问题。

于是，开始有人饿死。

然后有大批人饿死。

不久，城中大半的人都饿死了。

到了七月，袁尚那颗脑袋终于明白，邺城现在真的危险了，如果邺城被曹操搞定，他就是把他的哥哥打死也没有意思了，于是带一万部队回来救邺城。

他还没有到达邺城时，就想让审配知道他已经回来了，好让他的信心多涨一涨，就派主簿李孚进城去跟审配见个面。

现在的邺城已经被曹操围得死死的，连头牛也进不去，何况袁尚的这个死党。这个任务对于任何人来说，都是很艰巨的。

硬冲进去是不行的，所以，得想办法。

李孚真的有办法。

他先砍下树枝做成一副打人的刑杖，系在马的身上，自己也作了一番化装，把自己打扮成一个威风凛凛的武官，然后带着三个骑兵出发——在这个情况下，你就是带再多的跟班也没有用。

李孚先在天差不多黑下的黄昏时分来到邺城外。再走一步，就是曹操的军营了，于是他开始了他的表演，自称自己是都督。都督就是主管军队纪律的官员。他说是来巡逻的，看看谁不遵守纪律就得打谁的屁股，打屁股的板子就在这里。

他还真像个都督一样，一路不断地批评这个批评那个。而到了曹操的大营时，他仍然脸色不变，还是那个派头，而且故意站在那里，对着邺城正南的章门，大声责骂着那里的围城将士，最后把他们都捆起来。这些人看到他在曹操的门前执行纪律，更以为他是新来的都督，否则，谁敢在这捆人？所以，谁也不敢怀疑，只是在那里自认倒霉。

李孚把那些人都捆了之后，就打开营门，拍马急奔到城下，大声向城上的人呼喊。

城上的人一看，原来是自己人来了，马上放下绳子，把他吊了上去。审配看到李孚，全身都激动得发抖。

曹兵把这个事向曹操做了报告，说我们太丢脸了。

曹操说：“这个人进去之后，还会再出来的。等他出来，咱再把他抓起来。”他不相信李孚这次能玩儿过他。

哪知，李孚还要玩儿他。

李孚确实像曹操断定的那样，还会出来。但李孚知道，这次出去，难度更大，如果再假冒曹兵出城，那就等于送死。

李孚向审配建议：“现在城中的粮草太短缺，不如让那些非战斗人员都出城去投降，可以节约点儿口粮。”

审配觉得有理，就挑选了几千名老弱士兵，让他们都高举白旗，从三个城门同时出去，向曹操投降。

李孚跟他的三个跟班也夹杂在这些人当中，举着白旗出来，连夜突围而去。

曹操的部下知道袁尚回军时，都劝曹操还是先避一避。理由是：他们是思归兵，肯定拼死作战。

可曹操却说，如果袁尚是从大路来的，就避开他们，如果是从西山来的，就把他们打倒。

袁尚好像是听从了曹操的安排一样，从西山向邺城进发。

他们在距邺城十七里的阳平亭的滏水边扎下营寨。袁尚还怕城里的审配不知道他们来了，便点火为号，向城里的人表示，他们来了。城中的人看到，也点火回答：知道了。

审配这时也率军出城，驻在城北，准备与袁尚一起夹击曹操，一举冲破这个包围圈。曹操当然不会让他们得逞，立即出兵，先把审配打回城里，然后又把袁尚猛扁一顿。

袁尚退到漳河拐弯处扎下营寨。

曹操又派部队包围袁尚的营寨。

袁尚在打他的哥哥时很猛，可这时却怕得要命，看到曹操的包围圈就要合围了，知道自己这个水平，只能打败哥哥，但比曹操差得远了，还是不玩儿了，就派人过去对曹操说，他愿意投降。

破冀州

哪知，投降也不是什么时候想投就可以投的，更不是什么人都可以投降的——这时如果他手下某个人举着白旗跑到曹营面前大叫投降，曹操肯定很欢迎。但袁尚就不行了。

曹操断然拒绝了袁尚的这个要求，下令部队以最快的速度把包围圈收拢。

袁尚知道这个包围圈一合围，自己就没有活路可走了。于是，连夜逃跑，退到祁山那里，再死守。

曹操又追了上来，继续采取包围的政策。

最后，袁尚的部下马延和张颤终于受不了了，宣布向曹操投降。这样一来，袁尚全军崩溃。全军崩溃之后，人家可以去向曹操投降，但袁尚知道他不能投降，于是自己逃到中山。

曹操缴获了袁尚大量的军用物资，连同袁尚的公章等证明他身份的物品也一件不少地拿到手中。

曹操把这些东西拿去给邺城的守军看，说他们的主公已经完了，他们还为谁打仗？

守军的情绪马上不稳定起来。

审配大声对大家说："现在敌人已经疲劳到极点了。而袁熙带的幽州援军已经到了半路，不用怕没有主公。"

这又让士气恢复了点儿。

曹操这时觉得胜利的果实已经差不多落下来了，心情超爽，便带着巡逻队出来巡逻。审配一看，那个巡逻队的队长不是曹操吗？于是，叫几个人出来，埋伏好，等曹操再来时，集体放箭。

曹操差点儿被箭射中，变成另一个孙策。

审配虽然是百分之百的强硬派，只要还有一个人，他就坚决把邺城守到底，可他的侄儿审荣的意志却薄弱了起来。他的侄儿是东门校尉，负责看守城门。他的信心已经完全丧失，觉得老是这么待下去，是吃完苦头，再丢掉性命的做法。

八月初二，他在半夜打开城门，把曹军放进城来。

审配怎么也想不到他的侄儿会是个投降派，而且是在最关键的时刻、最关键的地方投降。但曹操已经入城，他想再多已经没有用，于是带着部队在城中作最后的抵抗，结果被曹军活捉。

本来辛毗的全体家属都被关在邺城监狱里，辛毗进城后，马上就跑到那里，想把他们救出来。哪知，审配下手更快，早已被他全部处死。

辛毗只得愤怒地回到大帐。这时，士兵们正好把审配押送过来。辛毗一见，心头当然火起，挥起鞭子猛打审配的脑袋，还大骂："你这个疯子，今天你死定了。"

审配一点儿不怕，瞪着辛毗说："都是你们这些内奸叛徒，冀州才会有今天。我就是做梦也想把你们杀光。告诉你，你这种人只有当不当叛徒的决定，但绝对决定不了我的生死。你一个内奸，有什么资格在人家这里这么嚣张？"

过了一会儿，曹操回来，看到审配后，说："那天我巡视部队，你怎么有那么多的弓箭？"

曹操的这个问话，一听就知道是准备给审配一条生路的。

审配说："我还恨那时的箭太少了，没有把你射死。"

曹操还为他找台阶下，说："你是袁家的人，就应该那样做。"

可审配却不说话了，只在那里昂着头，一副求死的样子，好像今日不死，对不起苍天一样。再加上辛毗又老在一边痛哭，要求曹操一定要为他报仇。

曹操看到审配至死也不投降了，就下令把这个满脸流血的老头儿拉下去砍了。

这时刘子谦过来了，他原来也是袁家的人，在见势不妙时就提前投降了曹操。他以前还跟审配做同事时，两人关系就很不和谐，这时看到审配就要被押赴刑场时，就笑着对审配说：“你以前总说你比我牛，现在比我怎么样？”

刘子谦竟然在这个时候出来跟审配说这样的话。这是什么话？而且曹操绝对也不喜欢他说这样的话。

他的话才一停，审配的砖头就猛拍过来：“我们能比么？你是投降的，我是忠臣一个。现在我要的就是赶快去死。你敢跟我比这个么？”

作为军事家，曹操拿下了冀州，但作为政治家的曹操，这时还要去表演一下。

他是去袁绍的坟墓前表演的。

他找到袁绍的坟墓，亲自到那里上香敬酒，然后当着大家的面哭得泪流满面，其悲伤的程度跟当年他老爸被人家砍死时一样。

据说他在袁绍的墓前还含泪进行了一番演说，深情地怀念了他与袁老大在一起的那些事儿，说当初他跟袁老大一起讨董时，袁绍曾经问他：“如果我们的事业打败了，你打算到什么地方从头再来？”他反问袁绍：“你呢？”袁绍说：“吾南据河，北阻燕、代，兼戎狄之众，南向以争天下，庶可以济乎！”曹操说：“吾任天下之智力，以道御之，无所不可。”从这段对话中，我们就可以看出袁绍和曹操的差距了。

然后，他又到袁绍的家里，对袁绍的亲属表示亲切的慰问，并退还曾经没收过的袁家的所有财产，让袁家的人继续过着以往的幸福生活。

这时，还发生了一段香艳的八卦。

在破邺之后，曹操下令保护袁绍的家小，不许任何人进入袁家的豪宅，不许乱杀袁家的任何人。于是曹军某部就把袁家全部围起，不让任何人出入。

不让其他人出入是可以的，但曹丕进来的时候，那些士兵能拦么？

曹昂死后，曹丕未来接班的可能性最大，谁敢拦他？

于是曹丕大步地进去了。

他来到大堂上，看到一个贵妇人坐在那里，一个美女伏在贵妇的膝盖上哭泣。

曹丕好像对这里的人很熟悉一样，走过去，一双诗人的眼睛紧盯着那个伏在贵妇膝盖上哭的美女。那个贵妇一看，就知道曹丕肯定是为美女而来的，于是把美女扶起来，让曹丕验收。曹丕把散乱在她面前的头发撩起来，看到了一张他有生以来见到的最漂亮的脸蛋。于是，他笑了。

那个贵妇人就是袁绍的老婆，而那个美女就是袁熙的老婆甄氏。据说甄氏是当时全国有名的美女，当时有“江南有二乔，河北甄氏俏”之说。她的老爸是上蔡令，虽不算是贫苦家民出身，但她才三岁的时候，老爸就死掉了。后来，天下大乱，到处闹粮食紧张，老百姓没有米，都把手中的金银珠宝拿来贱卖。当时她们家有很多米，就用米来换了很多这些东西。她对老妈说：“现在是乱世，到处都是杀人放火的人，如果咱们老用米换这些东西，好像是赚了很多。可那些抢劫犯知道咱家有这么多的金银，不举着大刀砍上来才怪。还是把米都分给大家吃，算是积大阴德吧。”大家一听，觉得很有道理，就照她的话去做。从这点上看，这个美女不但脸蛋儿美，心灵也美。

后来那个著名的相面学家刘相过来帮她看相——刘相为什么跑来帮她看相，我们不知道，但我想可能这个美女太漂亮了，刘相就好奇起来，想过来看看她到底有多漂亮——反正自己的职业就是看相。于是他就跑了过去，大饱眼福之后，留下七字评语：“此女贵乃不可言。”这话出来之后，其他情节也跟着发生，据说，他们家所有的人都说，每天她洗脚上床睡觉时，“家中仿佛见如有人持玉衣覆其上者”。这些话不说古代，就是在现代说出来，都还有人相信。这个现象与刘相的评语一挂钩，她不富贵那就没有天理了。

袁绍听说她很漂亮，就帮儿子袁熙讨她做了老婆。那时，袁绍是全国头号大牛人，大家一看，甄美女果然就富贵了。

哪知，结婚没有几天，袁绍的事业就直线下滑，最后全面崩溃。很多人都以为，甄美女不但不富贵，反而是祸水——虽然袁绍的全面破产，她没有一点儿责任，但她嫁到袁门之后，袁家就完了。

袁家可以破产，但她却可以更加富贵。

因为曹家父子也知道她是大美女。

曹丕进城之后，第一时间就赶到袁宅，看看美女还在否，看看美女是不是真的那么漂亮。一看，比传说中还要漂亮。

曹丕的心情很激动，马上就要求老爸帮他讨了这个美女。

曹操也过来验收，呆了一呆之后，说："这个美女可配我儿。"

于是，曹大诗人携得美人归。

据说，曹丕把美女带在身边后，曹操很郁闷。本来，他最先想把这个美女占为己有，可因为动作不够迅速，最后让儿子先得手。儿子得手之后，曹操郁闷地说："今天攻城，正是为她。"——这估计是后来文人创作出来的情节。曹操为了一个美女而攻城，这话说得也太不靠谱了。而且，文人们的八卦仍然继续，又把曹植扯了进来，说曹植也爱甄美女爱得要命，偏偏让哥哥抢到手。其实当时曹植才多大啊？告诉你，十三岁，哪知道去吃哥哥的这碗醋？

当然，甄美女漂亮肯定是无疑的。因为当时她已经二十三岁，而曹丕只有十八岁，且她又属于离异（相当于丧偶）的人，曹家父子仍然让他当曹丕的正室。后来，她生下儿子曹叡，也成为曹丕的接班人。如果长得次一点，她是不可能享受这个待遇的。

九月，朝廷任命曹操为冀州牧，曹操辞去以前兖州的所有兼职。从这个任命上看，就知道冀州对于曹操的重要性。以前袁绍虽然天天大叫"四世三公"，在朝中的人脉虽然深广，人气很旺，但在地方上的势力并不大。其基础还不如很多太守。这从后来袁绍起兵时，居然连块根据地也没有，不得不带着部队依靠他人供养就可以知道。后来，他采取一系列计策，从韩馥手里拿到冀州，短短几年之内，就把自己打造成天下第一牛人。他的发迹过程比曹操更顺利，阻力更小，因为冀州当时的资源比其他州更加丰富。

曹操此前虽然抢占了中原一带，把皇帝牢牢地控制在手里，但实力发展得很慢，一直被袁绍压着。幸亏袁绍的智囊虽然很多，但他本人的智商太不够用。官渡一战，被兵力远少于他的曹操打得只穿着裤衩回去，然后就死掉了。他的兄子又自相残杀，最后被曹操一把端掉。曹操后来的实力迅速发展壮大，可以看不起天下所有的人，靠的就是冀州的资源。

曹操在拿下冀州后，当场翻阅了冀州的户口本，一看就笑了:“昨按户籍，可得三十万众，故为大州也。”可以一口气抓到三十万壮丁，冀州几乎可以称天下第一大州。

如果当时在冀州的是孙氏父子或者是刘备这些人，曹操手里就是控制了十个皇帝也是没有什么用的。因此，虽然后来大家都说，曹操最后三分天下有其二，能够横扫中原，是因为“挟天子以令诸侯”。但我认为，这个策略固然有作用，但袁绍是他的邻居才是他最大的幸运。

这时，袁绍旧势力还有幽州、并州、青州掌握在袁熙、高干、袁谭的手里。但这几个州的力量比较单薄。冀州一垮，这几个州也顶不住了。现在并州的老大是高干，他是袁家亲戚，所以当上了并州的老大，这些年过得很幸福，袁家在前线与曹操大战，他一点儿不关心，而袁家兄弟努力内斗，他也不参与。这时，袁家大势已去，他也不再高举袁家的伟大旗帜了，直接向曹操投降了。

曹操一看并州才那么大，而且又在北方边境，如果治理得好，他也赚不到多少，如果政策一出偏差，麻烦事倒不断。既然高干在他还没有带兵过去的时候就主动缴械，那就继续让他当并州刺史吧——反正他在这里已经多年了，人气应该不错。

现在还有袁谭和袁熙。

第十四章
建安十四年的几件事

灭袁谭

在袁谭宣布又跟曹操为敌之后，拿下了甘陵、安平、勃海、河间等地，好像又有了点儿基础。如果他是个做事业的人，这时肯定会让自己几个晚上睡不着觉，把他们袁家从暴发到现在的过程进行一次详细的回忆，然后再进行一次深刻的总结，他就能得出一个很简单的结论，强敌在旁，而兄弟却在家里你打我、我揍你，哪有不被人打掉的道理？可他只善于跟弟弟内斗，却没有这种批评与自我批评的本事。

他在占有了这几个地方后，并没有想到曹操现在随时就可以过来把他打死。而他这点力量与曹操比起来根本算不得什么，但他却又把凶恶的目光投向他的那个弟弟袁尚。

他发现，现在是他打败袁尚的最好时机。

袁尚刚被曹操一顿海扁，正躲在中山，现在还害怕得发抖。袁谭带着部队狂奔而来，直接攻打中山。

袁尚当然不是对手，被大哥打得大败，只得逃跑，投奔到二哥袁熙那里。袁熙这段时间以来，只做他的幽州刺史，对大哥和弟弟的争斗，一直没有表态。

袁谭把袁尚的残部全都收编，然后到龙凑驻扎。

曹操很气愤，他恨不得把袁谭一口气扁死——虽然他老早就知道这小子对他的投降是假的，但大怒的曹操仍压住怒火，使自己变成政治家曹操。他给袁谭写了一封信，把他这些不讲诚信的行为批斗了一通，然后宣布与他断绝婚姻关系，把袁谭的女儿送回去。

袁谭的女儿回到家后，曹操的部队跟着就打了过来。

袁谭在弟弟面前虽然很牛，把弟弟打得一点儿没有面子，但看到曹操来了，马上就老实起来，自觉从平原撤走，退回南皮。

曹操顺利进入平原。

其实这时，北方的形势还是比较复杂的，除了袁家的势力外，还有辽东的公孙度以及如乌桓之类的少数民族武装。

曹操要彻底把北方的维稳工作做好，除了扫平袁家势力外，还得跟那些势力打交道。否则，以后他还会麻烦不断。

目前曹操跟这些势力并没有挂上钩，而且连边也没有沾着，要跟他们取得联系，还得通过敌占区。如果是别人，估计是不会理那些人，等直接面对面打了再说。

可曹操不是别人，他下的棋历来都是很大的。

他派人去见公孙度，拿着公章和委任状去封他为武威将军、永宁乡侯。

公孙度对武威将军这个职务没有意见，但对那个“永宁乡侯”就有点儿不爽了：“我老早就是辽东一把手，跟辽东王完全没有什么区别，现在你曹操只封我一个乡侯——连个县侯也不是啊，我为什么要接受你这个东西？”便把那个乡侯大印放到武器库中，算是当成文物来收藏。

可没有多久，这个家伙就死了。他的儿子公孙康成了辽东最高领导人。公孙康在这方面虽然向他爸爸学习，坚决不接受曹操这个太小气的封号，但又把那颗乡侯的大印找来，让他的弟弟公孙恭当了永宁乡侯。

从这个角度来说，公孙康还是不敢跟曹操为敌到底的，还是留了点可以和平的尾巴。

曹操同时也对乌桓采取政治攻势——对这些少数民族，能够和平解决，最好不要动用枪杆子。他知道以前袁绍就靠牵招去忽悠这些少数民族的，因此便又让牵招发挥特长，再去帮他控制这些部落。

乌桓部落先是归附公孙瓒，后来公孙瓒被袁绍搞定，他们又高举袁绍的大旗。现在袁绍玩儿完了，他们马上又没有上级领导了——这些少数民族虽然经常蛮干，但却很少有单干的思想意识。

正在这时，曹操的代表牵招和公孙康的代表韩忠也前来，请乌桓部落接受收编，可以任命乌桓部落的峭王为单于。而当时，峭王在内心里仍然把袁家当成他们的领导，听说袁谭现在十分危险，已经动员五千部队准备出发去救袁谭。可他一看到几家老板都过来拉拢他，情绪就有点儿波动起来，开了个会，让大家进行一次大讨论。他的民主意识实在很强，连牵招和韩忠也可以参加这个民主大讨论。

峭王对牵招说："有个问题请牵招回答。以前袁绍说他是代表天子的，然后他叫我当了单于。现在曹操又说他是天子的代言人，又来个重新任命。而公孙度先生还是让我当单于。虽然都是单于，可不知道哪个单于才是过硬的单于？"

牵招说："以前袁绍当天下盟主，确实是可以代表天子下发任何任命文件的。所以以前他用那张委任状是合法的。但现在曹操替代了他，当然要重新任命一次，这是现在最合法的。至于辽东，算什么东西？他们只是一个郡的规模，哪能任命单于？单于只有皇帝的任命书才生效。"

韩忠马上起来争辩，他其实理由也不少，但口才太菜，气势也不足，把理由说过之后，就很文明地坐在那里。可牵招就不同了，一边站起来，大声驳斥他，一边就抓住韩忠的头发，要韩忠在坚硬的地面上叩头，然后又抽出大刀，准备当场把韩忠的脑袋砍下来。

连峭王也怕了起来，赶紧跑过去，抱住牵招，说了很多好话，请牵招就原谅了韩忠这一回。

牵招说看在大家的面子上，这回给他点儿面子，然后回到座位上，对大家进行一次当前形势的教育，说只有跟曹操干，大家的前途才光明。谁要是跟曹操对着干，谁的下场就会很惨。不信，可以看看袁绍。袁绍原来的力量比曹操大得多吧？可一跟曹操对着干，后来不是全部完了？大家想想看，现在谁比得过袁绍？比袁绍差多了。

峭王他们一听，牵招说得还真有道理。于是集体向他行礼，第二天把韩忠送走。然后就解散了那五千准备去救袁谭的骑兵。

于是，袁谭的最后一支外援断绝。

建安十年的正月，曹操正式发动对袁谭的最后一战，猛攻南皮。

袁谭出城与曹军作战。

这一次袁谭的部队有点儿进步，杀了很多曹兵，让曹操的部队损失惨重，惨重得连曹操都有点儿怕了起来。

曹操看到自己的部队大片大片地倒下，就觉得受不了了，看来得先缓一缓。

曹纯说："不能放松。现在咱们是孤军深入，不能坚持多久。如果再不能把敌人打败就后退下来，战斗力就会大打折扣。"

曹操一听，就当场亲自擂鼓，下令全军不要怕死，果然攻下了南皮。

袁谭看到曹军涌进城来，这才急忙跑路。虽然成功出城，但仍然没有成功逃命。曹军追出来，在路上把他杀死。

于是袁谭的势力彻底玩儿完。

智平河东

本来，在袁绍的三个儿子中，袁熙从不参与那两个兄弟的争吵，地皮也与曹操离得很远，在两个兄弟被玩儿得一死一残时，还在幽州管着他的独立王国。哪知，在两个兄弟的霉倒完之后，他也跟着进入倒霉期。

他的倒霉比较窝囊，是因为他的两个部下焦触、张南突然在没有预兆的情况下宣布造反，说要割下他的人头献给曹操，以求大功。袁熙搞不过这两个手下，只得逃出，跟袁尚一起，走上了投靠乌桓部落的道路。

焦触宣布自己接替幽州刺史，下文要求大家立即改变立场，从今天起大家都万众一心，高举曹操的旗帜。他把那些官员都集中起来，杀白马，歃血为盟，满脸横肉地对大家说："有不听话的，一律砍头。"

在场的个个怕被砍头，就都把那碗血酒喝下去了，只有韩珩说自己受袁家的恩情太重，自己不好宣布背叛他们，因此他不反对谁投降曹操，但他不能投降，要杀他他也愿意。

焦触还真放过他，然后带着大家投降曹操。曹操当然很高兴，把所有的人都大大地提拔使用。

原来袁绍势力的地盘就这样全部划归曹操的名下，袁家的招牌到此基本被砸烂。但麻烦仍然存在。

曹操刚任命的幽州刺史和涿郡太守被赵犊和霍奴杀死，又成了一个新的单干集团，辽东和辽西的乌桓部落也出来闹事。

曹操当然不能让这些人这么大闹下去，于是带着大军再次出发，先把赵犊杀死，又过去平定乌桓部落。

乌桓部落虽然个个长得很高很大，看上去很威很猛，可打仗水平太菜，跟曹操一接触，立马崩溃，又退到塞外。

这时，曾经投降过曹操的高干大概觉得自己也算是个牛人，掌握着一个州的党政军大权，在整个北方都搞得这么轰轰烈烈的时候，自己居然没有一点儿动静。于是，在曹操大军去猛扁乌桓时，高干觉得这也是个打破寂寞的机会，于是宣布从现在起跟曹操对着干，派兵守住壶关口。

曹操马上派乐进和李典去攻打高干。

如果只高干一个人在闹事，也没有什么——本来曹操对这个家伙也没有抱多大的期望，可张晟也煽动不明真相的群众起来与高干相呼应，而且他一发号召，就集中了一万多人，到处又打又砸又抢。张琰看到张晟干得那么有成就感，也宣布加入张晟集团。

更让曹操郁闷的是河东郡的郡掾卫固与中郎将范先也起来跟他作对。这两个人本来是河东太守王邑的手下，估计王邑不是太菜，就是太懒，事情基本都让两个手下去处理，到头来自己手中倒没有什么权。于是，朝廷下文让王邑回到中央任职。

卫固一看，要是王邑走了，另一个牛人出来当这个太守，自己还能说话么？于是他就去面见这一带的一把手大书法家钟繇，要求继续让王邑当他们的领导。

钟繇当然不答应。

卫固就跟高干取得联系，一边在表面上开展挽留王邑的活动，一边进行与高干秘密往来的工作。

曹操知道关中的这些将领从来没有真正高举过他的大旗，在自己还坐镇中原的时候，他们就什么话也不说，个个都在那里观望。只要自己在某个地方碰到麻烦，他们的思想就活跃起来，想办法给他再添点儿麻烦。可他现在又分不出身手过去收拾他们。

他对荀彧说："这些势力现在虽然不很猛，但要是他们跟刘表联合起来，我们的麻烦就十分巨大了。现在我们又没有部队可以去干掉他们。你就帮我找个人才来，让他去摆平河东事件。"

荀彧说："让杜畿去吧。"

曹操立即同意，任命杜畿为河东太守。

钟繇催王邑赶快过来做好工作的交接工作。哪知，王邑并没有去见钟繇，而是带着公章直接跑到许都，说是要向朝廷办理这个手续。

王邑一走，卫固就宣布接管了河东郡的全部权力，派几千部队去切断了陕津渡口，谁也不允许过来，弄得杜畿来到河边之后，却过不了河，很郁闷地在那里等了几个月。

曹操一看，觉得态度不强硬一点儿，这个卫固还真的觉得自己已经牛得不能再牛了，便把夏侯惇叫来，让他带兵过去把他们全部搞死。

杜畿却不同意——如果动用军队，就不必用他了，而且他的不同意确实也不全是为了让自己表演，而是顾全大局的。他说："现在河东有三万多户的老百姓，他们并不是个个都想跟我们作对的，相信他们百分之九十都是不明真相的。他们只是在旁边围观。如果我们用大军一逼，就会造成他们心理的紧张。在这个时候他们的情绪一不稳定，就会全倒向卫固那边去了。这样的结果是谁也不希望看到的。现在卫固虽然嚣张，但他还没有公开地宣布背叛，而是打着挽留老领导的招牌来干这些活动的。因此，他现在还不会对我怎么样。我就只带几个身边的工作人员去就职。卫固虽然头脑不简单，新鲜点子很多，但拍板能力太差，到时肯定先假装对我很好。我只要能在那里安全待一个月，就可以搞定他。"于是，他绕过黄河，到了东郡。

杜畿到了东郡后，范先就想把他杀死算了。后来又想，还是先观察他的态度吧，考验一下这个新领导。于是，他在政府门前大开杀戒，一口气砍下了三十个官员的脑袋。然后又满脸横肉地看着杜畿的脸，看看这个新领导有什么话要讲。

哪知，杜畿好像政府门前从没有什么发生过这么个特大命案一样，脸色一点儿变化也没有。

范先把这个现象报告了那个卫固。卫固说：“杀了他也没有什么好处。他在这里又没有什么势力。如果杀掉他，除了起到破坏咱的名声、降低咱的人气外，没有别的作用。所以不如让他做这个挂名的太守，大权都掌握在咱的手中。”

范先当然听卫固的话。于是，他们承认杜畿是太守，是他们的领导——其实是他们在领导杜畿。

杜畿知道自己第一步走得平稳了，以后在这里生存应该没有多大问题，于是对他们说：“卫家和范家是河东的大族，人脉很深，谁要是不理你们两家，谁就不必在河东待了。以后，我的工作得全靠你们的支持，有什么事咱都先商量好再决定。”然后让卫固为都督，代理郡丞的职务，还让他兼功曹。范先也很舒服——全郡的部队都交给他指挥，是这个地方合法的军方领导人。两人一个管政事，一个管军事，算起来，杜畿除了那颗公章之外，什么也没有。

两人每天计算着自己手中的权力，心里都高兴得不得了。卫固觉得杜畿比王邑还好欺负多了，因此就更不把他当一回事。但杜畿却有自己的办法，利用他们的这个心态，在关键的时刻总能把两人扩大势力的行动叫停。后来，杜畿还建议说，现在咱这里也没有什么大事，大家都很想家。所以，他建议，让各级工作人员都轮换休息，等到真正有任务时再把他们叫来。

卫固觉得也没有什么，反正现在也不需要那么多官员，就同意了杜畿的这个办法。他以为杜畿这些办法很无聊，一个太守还没上班几天，就给人家放长假。他觉得，现在就是太守自己放长假也没有什么——只要他和范先天天上班就行了。

哪知，杜畿只这么一个建议，就把他们的很多死党都调离了，力量一下减弱了很多。更要命的是，两人的反对党就这样轻松出去，为杜畿组织力量。

正在这时，有一支来历不明的部队突然现身，向东桓进攻。高干这时也带着部队杀来。

杜畿知道，在首府跟等死没有区别，而且河东郡下属的很多县都已经听从他的指挥，于是他突然玩儿失踪，从首府消失。其实他是带了十个骑兵跟班来到一个早已准备好的营寨那里，布置防守。而各县的领导们都带着手下群众，拿起武器，天天喊着保卫家乡的口号，作好守城的一切准备。他们纷纷带着部队去跟随杜畿。过了不久，杜畿的手下已有四千多人，比范先掌握的部队人数还要多。

卫固这才知道自己上了人家的当，难怪自己要大规模征兵时，杜畿说还是募兵的好，不用强制手段，广大人民群众才拥护——这话说得很好听，其实是在阻止自己扩大力量；说是放假，原来是让他的铁杆休息，杜畿自己的死党却去到处发展。他马上联合高干、张晟去进攻杜畿的营寨。可杜畿老早就有所准备，只守不出，短时间内哪能攻得下。后来，杜畿的营寨还没有打下，军中的粮草已宣布告急。于是又四处去抢劫粮草，可什么也没有收获。卫固这才知道这个杜畿确实是个缺德到底的人。

这时，曹操又派人去叫马腾等人对这支联合部队猛攻。可卫固他们连杜畿刚组织起来的部队都拿不下，哪能挡得住马腾军的冲击？双方一开打，战场形势就一边倒。马腾大军冲杀过去，大获全胜，斩杀了卫固和张琰。

河东从此太平。曹操的这一块心病从此标本兼治。

曹操过后觉得很危险

建安十一年（206 年）正月，曹操亲自去收拾高干。

高干同样也是个只有造反胆量，没有造反能力的家伙，而且他的手下也没有几个铁杆兄弟——壶关口是最要紧的军事要道，按说派去守那里的人应该是个又有水平又对他忠心不二的人。可曹操的大军一来，把壶关一包围，壶关就顶不住，激烈的攻守之战都没有发生，守将就献关投降。

壶关一失守，高干的信心也失守，跑去向匈奴求救。哪知，匈奴单于也嫌他的人品有问题，根本不给他一点儿面子。他这时身边只有几个跟班，知道已经没有办法从头再来了，再投降曹操也等于送死，于是想跑到荆州，到刘表那里混口饭吃。可路程太远，虽然闯过几道关卡，但最终还是被上洛都尉王琰抓到，直接被砍头。于是，并州全境无事。

袁氏的势力范围现在已经全部被曹操收编。

袁尚还在。

袁尚还在，隐患就仍然存在。

袁绍以前拉拢北方少数民族的政策很成功，所以那些少数民族的老大现在对袁尚仍然很热情，仍然把他当作他们的上级领导。袁尚利用他们的纯朴的感情，就恢复了老大的姿态，把他们个个封为单于——这些人也都是头脑简单，本来他们就是一个地方的老大，谁也管不了他们。就是想做单于甚至做大单于，只要他不捞过界，只在自己的地盘上，谁也不会对他说什么。可他们就是在乎中原政府给他们发一张单于的任命书。现在袁尚已经一穷二白，连自己的性命都难保了，到这里来，完全是要靠他们吃饭，但他们仍然在乎他。

袁尚觉得光一张任命书好像还不牢靠，于是又到处找民间美女，然后说是自己的女儿，向那些单于集体发放。这些单于一看，不但能当单于，还可以免费得到美女，这个袁老大比他的老爸大方多了。于是所有的单于都成了袁尚的女婿。

在这些辽西乌桓部落的老大中，蹋顿是最有实力的。他对袁家的感情也是最深厚的，所以袁家兄弟把他当成投靠的首选对象。蹋顿多次出兵，想帮助袁家兄弟恢复他们的元气。

曹操知道，袁尚兄弟要是真的重新占领冀州，以后他的麻烦就不是一般的大，因此决定再次出兵，把袁尚彻底搞定。

在所有前期工作都准备好之后，曹操于建安十二年春天，打算进攻乌桓。

当他把远征乌桓提到议事日程时，会场上几乎都是反对的声音。

反对的理由很有道理：现在袁尚不过是一个在逃犯，还能有什么作为？那些乌桓算什么？他们只有看到好处，才会卖命。现在袁尚能给他们什么好处？如果大军深入塞外跟乌桓作战，刘备就会教唆刘表来袭击许都。那时，许都空虚得要命，只有后悔了。

只有郭嘉说一定要征，而且一出兵就可以取得胜利。乌桓只要还有势力，北方的危险就还存在。乌桓以为离许都这么远，一定不会想到咱会出兵去攻打他们，警惕性已经丧失。只要来个突然袭击，就可以一战搞定他们。这不是一个简单的乌桓问题，而是一个战略性的问题。袁家在北方的根太深太厚。如果现在放过他们而去征刘表，袁尚就会利用乌桓的力量，再次组织起来，青州和冀州马上就又成为袁家的基地了。刘表除了口才好，别的能力都很菜。他也知道他比不过刘备：要是重用刘备，他又怕管不住刘备；要是不给刘备点儿权力，又怕刘备不为他所用。一天到晚他就在这个矛盾中生活，什么事也想不开。即使把全国所有的部队都调走，刘表也认为跟他无关。还怕什么？

郭嘉的这个建议一出来，再次证明，有时真理真的就掌握在少数人手里。

曹操无条件地听从了郭嘉的这些话，下令全军出击，目标乌桓。

大军来到易县，郭嘉认为这个行军速度太慢了，就对曹操说："要记得兵贵神速啊。现在咱是千里奇袭，军用物品太多，行动一点儿不方便。如果乌桓得到消息，咱的计划就全面泡汤。不如放下辎重，全军轻装前进。"

这话说起来很容易，但做起来很困难。因为现在已到了夏季，几乎天天都在下雨，路上难走得要命。再加上乌桓知道南部还有他们的敌人，所以老早就在要道上分兵把守。

曹操虽然下令加倍速度前进，可还是没有办法。

如果没有田畴，曹操这次北征的结果到底如何，谁也料不到。

但田畴出现了。田畴是当地名人，袁绍曾多次请他出来当官，但他不出来。袁绍也曾经派人拿着公章到他的家里，要硬塞给他，他同样硬不接受，弄得袁绍很郁闷。后来，曹操平定四州，田畴又回到老家。他看到乌桓爱杀本郡的名士，心里就很生气，就想把这些家伙全部打死。可他的力量太过薄弱，哪能动得了手？于是跑过来见曹操，请曹操跟他合作。

而曹操正需要他这样的人。

曹操问他："现在道路都走不通了，我们该怎么办啊？"

田畴说，可以走另一条。

于是大军从无终退下来。而且在撤退时，曹操还在水边的路旁留下了块留言板："方今夏暑，道路不通，且俟秋冬，乃复进军。"意思是说：现在天气很热，道路又积水不能走，等秋天到了，我们再来打。

如果稍有一点儿脑子的人，一看到这样的牌子就会笑的——你想骗谁啊，但乌桓的侦察兵一看，也笑了：这帮南方人太蠢了，连这样的军事秘密也写在这里。然后狂奔回去向老大报告。

曹操这时却在田畴的带领下，开辟了一条新进军之路，紧急行军五百多里，向柳城方向进军。直到离柳城两百里左右时，乌桓人听说那边突然出现很多人，于是派人去看到底是哪一部分的。

一看之下才知道是曹操的部队。这才明白，那块牌子原来是忽悠他们的。于是紧急备战，袁尚、袁熙和蹋顿全都忙碌起来，带着辽西那几个单于一起去迎战曹军。

一看这个形势，曹操已经赢得没有一点儿悬念了。

可事实上，曹操仍然碰上了一次几乎丢掉性命的危险。

他知道乌桓大军来了，就登上白狼山，想看看乌桓到底来了多少人。他虽然想到这次袭击肯定会大获全胜，可打死他也想不到，他来到白狼山时，乌桓的主力部队也来到了。当时，他身边的战斗人员不多，大家看到乌桓军队数量众多，便都怕了起来，个个估计这次是跑不出去了。

曹操却不怕——怕也没有用，不如不怕——他登上山顶，把乌桓全军的面貌再看一遍，发现这群部队虽然人数不少，但军容一点儿不整齐，表现得很麻木，就下令马上发起冲锋，叫张辽为先锋，不要管人家的数量，只管把敌人往死里打。

乌桓兵虽然很多，战士们也个个长得肌肉发达，装备也不落后，可因为指挥太落后，碰上这么个好机会，反应却超迟钝，思维程序还没有启动，人家就猛砍猛杀过来，根本没有去组织力量进行还击的想法。于是造成万众大乱的形势。万众大乱的结果就是被人家大肆砍杀，而蹋顿也在大乱中被一刀砍死。

这本来是乌桓集中力量搞定曹操的一个大好机会，哪知最后却成了这个结局。曹操在这一仗中，凭自己的经验，硬是把乌桓主力打败，顺势收编了胡汉降兵二十多万人。从这一战可以看出，主将的意志是多么的重要。如果曹操也像他手下那些人一样，这一仗就根本不用打了。当然，如果蹋顿的智商稍高一点，曹操再怎么有水平，也逃不过这一劫。但这些都是如果。历史是不允许有如果的。

袁尚和袁熙只得继续投靠别人。

他们决定投靠公孙康。当时跟他们过去的有一千多骑兵。如果只有他们两条光棍儿过去，他们的性命也许还能多留下几天。

曹操手下的人都劝曹操赶快追过去，怕他们跟公孙康相处久了，就会加深感情，以后就难办了。

可曹操却不追，叫大家回柳城休息，大吃大喝等好消息。

等什么好消息？

有人会送袁尚和袁熙的脑袋过来。

谁送过来？

公孙康。

所有的人都不信。难道主公早就收买了公孙康？

其实，曹操此前跟公孙康什么约定也没有。但他知道公孙康肯定要杀这两个人。

公孙康虽然在辽东牛哄哄的，但他知道曹操要是真的带兵过来，他是打不过的，如果一接纳袁尚和袁熙，就等于跟曹操作对到底。因此，他必须杀这两个家伙，表示他对曹操是忠心的，谁跟曹操为敌，谁就是他的敌人。诛之就算立了大功。

于是，他做好了布置，然后请二袁进来。二袁很天真地认为，两人到了这里，生命安全系数已经很高了，于是一点儿不提防地走了进来。

两人直向座位走去。他们连续跑了几天的路，现在真的很累了，很想在座位上坐下来。

可他们的屁股离座位还有那么一点距离时，公孙康手一挥，刀斧手们从埋伏处冲了进来，把他们捉住，然后斩杀，以最快的速度把脑袋送给曹操。

大家一看，对曹操都服了，问他："为什么你知道公孙康一定会把二袁干掉？"

曹操说："公孙家在辽东多年，一直被袁家势力压着，老早就恨他们恨得要命。现在这两个家伙还要去投他们，而且还带着一千多兵过去。他能容得下么？如果我们用大军去逼，他们反而会联络起来，拼命抵抗，我们就难受了。现在我们什么都不用做，他们就有事做了。”

总而言之，曹操征乌桓实在是一着儿险棋。如果这时刘表突然清醒过来，曹操的事业到此就会止步。

曹操事后马上认识到这一点。

曹操返回时，正赶上冬天大旱，几百里内都找不到水，所有的粮食也都吃光了。曹操只得下令杀马。他一口气杀了几千匹，然后下令挖井取水。他们这一口井挖多深才看到水？告诉你，三十多丈——太夸张了吧？反正史书是这样写的。用人工挖这么深的水，确实是不可思议。曹操看得也有点儿后怕起来。班师回来之后，他把原来持反对意见的人都集中起来。

那些人一听，都怕了起来，以为曹操要来个秋后算账，要对他们来个批处理，心里都凉了大半截——多嘴果然没有好下场。

哪知，曹操却对他们宣布：“请你们来，是让你们领奖品的。”

这些人又晕了，主公是不是让他们拿这些东西之后，再砍他们。

曹操说：“我这次出兵，现在想起来，实在是太危险了。这次胜利也胜得太侥幸。能够获胜，全是上天保佑的结果。你们的意见才是最安全稳妥的。以后你们要多多提自己的意见，不要怕提反对意见。”曹操能够统一北方，成为三国最牛的人，气量确实不一般。

事实上，刘备就多次对刘表分析过形势，说现在不打许都，以后就没有机会了。他以为他不打许都，曹操就会感谢他？等曹操搞定乌桓回来时，第一个要搞定的就是刘表。

但刘表却不同意，认为不至于这样严重，都跟曹操当邻居这么多年了，他可没对自己野蛮过啊。

刘备一听，什么办法也没有了。

过了一段时间，刘表听说曹操已经凯旋，突然就想到曹操可不是一个能闲得住的人，现在北方和谐了，他会拿谁开刀呢？

拿孙权？这个肯定是要拿的。可现在他不会马上行动。因为孙权在江南，离许都还有一段距离，而荆州离许都最近，自己虽然没有跟曹操发生过很大的肢体冲突，但也没有建立过良好的外交关系——再说了，这个世界只有利益之争。

刘表越想越怕，忍不住对刘备说："没有听你的话，果然错过了大好时机。"

刘备一听，心里肯定超级生气，但刘备就是刘备，是不会让别人了解他的内心世界的，他还是安慰刘表说："现在天下大乱，形势将变来变去，机会会无穷无尽。错过了这次机会就算了，只要下次机会没有错过就好。"

对于刘备来说，可能没有错过以后的机会，但对于刘表而言，已没有下次机会了。

天丧郭奉孝

在这一年，发生了两件很有趣的事。

这两件事本来没有关联，但一想起来却很有趣。

其中一件事就是郭嘉死去。郭嘉在曹营中的地位虽然不如荀彧，但其核心智囊的地位，却是不可动摇的。郭嘉最大的成功，就是看透了天下所有的牛人。他看透了袁绍，看透了吕布，看透了刘表，看透了刘备，看透了孙策，同时更全面地了解他的老板曹操。因此，每次他都能出奇招，夺险胜。比如，他建议曹操攻吕布、战袁绍、伐四州、征乌桓，这些在别人看来是永远不敢做不可做的事，他都让曹操做到了。这些奇谋，使得曹操牢牢抓到历史性的机会，虽然计计惊险，但计计成功，终于一口气把北方摆平，从此成为天下第一牛人。假若曹操错过一次机会，那么曹操绝对不是今天的曹操。

曹操对郭嘉的建议几乎每计必从，即使在所有人都反对的情况下，曹操仍然相信，真理掌握在郭嘉的手中。

曹操对郭嘉的信任可以说绝对不在荀彧之下。可郭嘉的脑子很健全，但身体不健康；郭嘉的智商很高，但寿命却很短。

郭嘉身体差的原因不是先天素质太不过硬，而是平时玩儿得有点过头。平时脑子里除了帮曹操生产点金点子外，装的都是酒和色两个字。陈群最看他不顺眼，常在曹操面前告他的状，说他的行为太过出格，请曹操一定要严肃认真地对他进行一次批评和自我批评教育。可曹操却只是笑笑。他还怕如果郭嘉天天像陈群那样死板着天下最正经的脸，郭嘉的脑子也会跟着死板起来——郭嘉的脑子一死板，他的损失可就大了。当然，曹操并没有因此而恨陈群。他觉得他的集团里需要有陈群，更需要有郭嘉。郭嘉这类人可以帮他打天下，陈群那类人可以帮他治理天下——后来的九品中正制就是陈群搞出来的。

郭嘉是越玩儿越上瘾，天天快乐无穷，他的身体却终于受不了了。再加上长期加班，没日没夜地开展脑力劳动，他的身体很快就垮了下来。他跟曹操北征时，又碰上水土不服，半路就已经病得走不了路。他来到柳城后就不得不返回。可返回之后也没有用了。他回到易城就再也没有往回走了。当时，曹操知道他的这个头号智囊已经"疾笃"，心里着急得要命。不断派人快马跑回去看看郭嘉的病情，弄得"问疾者交错"——半路上问病者来来往往。不过，郭嘉仍然没能挺住，眼睛一闭，那个时代最聪明的人死了。那时他才三十八岁。曹操得知郭嘉死后，赶紧跑到易城，"临其丧，哀甚"。本来，曹操看到郭嘉还年轻，觉得他死后，后事可以托付给他了——到该死的时候就放心地死去。哪知，郭嘉却比他走得还要早。他曾对荀彧说："诸君年皆孤辈也，唯奉孝最少。天下事竟，欲以后事属之，而中年夭折，命也夫！"意思是说：你们的年纪都跟我同处于一个档次，只有郭嘉年轻，以后我可以把后事托付给他了。哪想到他竟然先死去。

如果郭嘉不死，肯定会成为魏国的首席大臣，那么司马懿还有多大作为，实在不好说了。郭嘉的死，确实是对历史产生重大影响的一件事。当然，最重要的是，他死了之后，诸葛亮才出场。于是，罗贯中的《三国演义》里，就把司马懿当成诸葛亮的头号敌人，也使得司马懿的形象被罗贯中全部破坏。郭嘉死在前，没跟诸葛亮有过交手，于是，罗贯中对郭嘉还是很有好感的。在《三国演义》里，他还借后人之名写了一首诗赞美郭嘉：

天生郭奉孝，豪杰冠群英；
腹内藏经史，胸中隐甲兵。
运谋如范蠡，决策似陈平，
可惜身先丧，中原梁栋倾。

这首诗把古代那几个玩儿阴谋的顶尖高手都罗列进来，当郭嘉的绿叶，说郭嘉是个可以跟陈平、范蠡相比的人。在曹操那么多的谋士中，只有郭嘉在罗贯中的笔下可享受这个待遇。

三顾茅庐

在曹操损失了郭嘉的时候，刘备却大有收获。

刘备就是在这一年收获了诸葛亮。

刘备到荆州之后，对自己及这些牛人的成败做了个全面的总结，立马知道，袁绍失败的根本原因并不是什么逆潮流而动，最后被历史的车轮碾碎的，而是手下的人才太菜，哪比得曹操手下的那几个死党？可以让曹操多次在生死关头大获全胜。所以说，争夺天下，表面上看，大家是在战场上你死我活，实际上是人才之间的大战。谁手下有人才，谁能重用人才，谁才能笑到最后。

刘备很快就知道刘表是成不了气候的，虽然霸占着天下最要紧的地盘，也有着非常好的内外部环境，但因为自己差，手下的人也差，就造成了现在的这个局面。他知道他再怎么向刘表提出什么建议，最后都等于零。

于是，他不再理刘表，只专心做自己的事。当然，现在他不能抢占刘表的地皮，更不能吞并刘表的部队，但他可以发展自己的死党，找几个像曹操手下那些谋士的人才。

他找人才的方式也跟人家一样，就是去跟那些名士聊天，从那里获得信息，然后再去招聘。

当时，司马徽是荆州头号名士，家里天天集中了一批读书人，在那里以天下事为话题聊天。

刘备就跑过去司马徽那里，表现出“求贤若渴”的神态，先是请司马徽出来帮他一把。但司马徽却不愿出来到处乱跑。于是，刘备说，他不出来也行，但要帮找几个人才来。

司马徽说：“现在很多读书人，看上去很有水平，其实什么都不懂。你请他们过去，他们除了会花你的钱之外，别的什么都不会做。只有卧龙、凤雏才算是真正的人才。”

刘备一听，卧龙、凤雏是什么人？这名字很另类，估计也是人才吧？他忙问，这不是他们的原名吧？

司马徽说："他们的名字叫诸葛亮、庞统。"

不久，徐庶看到刘备的招聘简章后也出来跟刘备混。

《三国演义》把徐庶与刘备的见面以及他与刘备初期的合作写得很隆重，还把刘备在叶县与夏侯惇的大战，说成是徐庶的妙计。但陈寿却没有记载，所以，那个情节估计也属于小说家言式的说法，当不得真。不过，关于徐庶的其他描写，还不算出格，如徐庶年轻时是个武侠迷，天天练着宝剑，最后还帮某个人报了仇。他杀人之后，马上就明白杀人要偿命的简单道理，于是就当场化装，到处跑路逃命。但还是被抓住。别人问他叫什么名字，他就装哑巴。于是就把他绑在车上游街，让人家来辨认，但谁也不敢过来指证。后来他的同伙就过来把他救出去。有了这个经历，他终于知道并不是每个人都适合当大侠。于是，弃武习文。很多人知道了他的底细，知道他是个杀人犯，就都不理他。他却一点儿不在乎，天天低调做人，起得很早，先把场地打扫得干干净净，为大家营造一个良好的环境。然后努力学习。他先跟石韬成为好朋友，然后又跑到荆州，与诸葛亮结交，一起加入司马徽论坛社区。刘表向来对名士很客气，就去请徐庶过去当官。

徐庶那时也很想当官。可一看刘表那个模样，并不是一个真正重视人才的老板，就坚决拒绝了。从这点上看，徐庶还是有点儿眼光的。他跟刘备后，觉得刘备还真够哥们儿，现在虽然资金薄弱，整个事业还处于起步阶段，但只要让他缓过气来，他肯定能把它做大做强。

徐庶到底当过江湖人士，自己的生活一改善，马上就觉得应该让老朋友也过来有福同享，于是，就把诸葛亮也隆重推出来："诸葛孔明，卧龙也，将军岂愿见之乎！"

刘备说："当然想见见啊。你马上去请他一起过来。"

徐庶一听，大概觉得刘备的口气有点儿牛，便说："此人可就见，不可屈致也，将军宜枉驾顾之。"意思是说：他是个大人才，不可能招手即来，而是要主公亲自去请啊。

刘备一听，有这么牛？但想想，徐庶和司马徽都这么隆重地推荐，肯定是有水平的，就跑一趟吧。反正近来也没有什么事做。

于是，诸葛亮就此隆重走上历史舞台。

《三国演义》里把刘备去请诸葛亮这段写得很精彩，还因此创造了那个“三顾茅庐”的成语，至今大家还在传颂。其实，史书里只是一句：“凡三往，乃见。”去了三次，才见得着。到底为什么去了三次才见到，陈寿没有说明，估计是孔明不在家。所以，刘备几次扑空也是情理之中。或者，徐庶早就跟诸葛亮串通，他硬是躲在门背后不出来，从门缝里偷看刘皇叔的表情，杀一杀他的牛气——当然，这也当不得真。真实情节如何，现在谁也说不清楚了。

总之，很多人都认为，诸葛亮是刘备厚着脸皮才请来的。而诸葛亮本身只是一个想“躬耕陇亩”到地老天荒的那么一个人。其实，真实情况是否如此？

我们先看一看诸葛亮此前的言行。

诸葛亮的祖籍是山东琅琊，据说是汉诸葛丰的后裔（那年头，你想有个好出路，都得有个好祖先，孙坚如此，袁绍如此，刘备如此，诸葛亮也是如此）。他的老爸叫诸葛珪，做过泰山郡丞，但死得早。老爸一死，家里的生活来源就有了问题。幸亏他的叔叔诸葛玄在当豫章太守，就把他和弟弟都带到那里。后来，诸葛玄因为跟刘表是好朋友，又跑到刘表这里混饭吃。于是，诸葛亮就成了荆州人。他“身长八尺”，不但长得帅，也很有远大理想，“每晨夜从容，常抱膝长啸”，而且年轻气盛，口气很牛——每自比如管仲、乐毅。所以，人家都认为他这是在吹牛。

但有人信。

徐庶、孟公威、石广元他们信。

他们都是天天在一起的聊友，知道他真的厉害。这三个人曾问他：“你说说，我们以后能做到哪种程度？”

诸葛亮说：“卿三人仕进可至刺史郡守也。”

再问：“你估计你能做到什么地步？”

亮但笑而不言。他笑着不回答，可以看出，他目光锁定的是更高的一个档次。

但三个人仍然“谓为信然”，说明他们对他已经服气到了顶点。

从他的这些表现来看，诸葛亮的出山是积极的，是做了大量的前期准备工作的——这些大量的包装是否是他的前期工作之一，我们不得而知，但他在见到刘备时，现场发表的《隆中对》，肯定是前期工作的硕果之一。那番话可是把刘备说得当场发呆，几秒钟目不转睛。刘备绝对不是《三国演义》里那个只会流泪的善良之辈，而是一个从最底层做起，在各大牛人之间求生存、直到那些原来比他牛的人都玩儿完了，他仍然还在生存，这样的人没有点儿水平，能活到今天么？能在这里听诸葛亮的《隆中对》么？诸葛亮能让这样的人发呆，确实很不容易。

于是，刘备“称之曰善”。再于是，“与亮情好日密”，弄得关羽和张飞很不爽，一见到他，马上就满脸横肉起来。刘备急忙出来和稀泥：“孤之有孔明，犹鱼之有水也。愿诸君勿复言。”这两个家伙才没话说。

关于诸葛亮与刘备的见面，有另一个版本，就更直接说明诸葛亮的出山主动得要命。

这个版本描写的情节是：

当时刘备在樊城驻扎。诸葛亮通过长期的考核，把刘表和刘备进行了一次全面深入的对比，认为现在曹操已经摆平北方，下一步就要面向荆州。刘表那个家伙迟钝得要命，对曹操的进攻基本没有什么应对的办法——你就是教他办法，他也不会听你的。刘备要比刘表强多了。于是就去找刘备。

诸葛亮找到刘备后，刘备并没有重用他。他看到诸葛亮年纪轻轻的，因此很不把他当一回事。

诸葛亮一见，心里就急了，知道自己再不表现一下，走在人家的前面，估计以后在这个集团里也混不出什么名堂来。于是，有一天，在大家都离开后，他没有离开。

刘备性格还是不错的，看到诸葛亮一个人还坐在那里，也没有说什么——显然也不把他当一回事。正巧有人给刘备送来一把牛尾毛。刘备以前的职业就是编草鞋的。他对这个编织业务还没有忘记，得到牛尾后，马上着手编织起来，手法还是很熟练。

诸葛亮一见，有话题了，直接问刘备：“主公，你是有远大理想的人啊，现在怎么只是编这个东西？”

刘备一听，就知道他不是一般人，马上把牛尾丢到一边，说："我只是无聊的时候玩玩而已。"

诸葛亮问他："你认为刘表能比得过曹操么？"

刘备说："当然没有办法比。"

诸葛亮说："你觉得自己比得过曹操么？"

"也比不上。"

你一看这个对话，就知道诸葛亮确实很牛，本来刘备根本不把他放在眼里，可被他这么一问之后，主动权就全抓在自己的手上了。

诸葛亮说："现在两位的水平都比不过曹操，而且主公只有几千部队，能跟曹操对抗么？"

刘备说："我也在为这个事郁闷啊。你说说该怎么办？"

诸葛亮说："你的部队人数不够，并不是因为荆州的群众太少而缺乏兵源。主公可以向刘表建议，让那些外来户都可以在这里登记户口。这样，人家就会安心在这里生活。主公就可以征兵了。"

刘备觉得很对头，按照这个计划去行动，果然征了不少人马。

刘备终于知道，诸葛亮真的不简单，对他越来越好。

当然，这一段传说，估计八卦的比例占了大半。因为，诸葛亮后来在《出师表》里说过："三顾臣于草庐之中，咨臣以当世之事。"刘备曾经三次来到他的茅草房里，向他请教过"当世之事"——如果没有这回事，他肯定不敢这么写。

总之，不管这个过程如何，诸葛亮就是在这个时候开始跟随刘备的。

刘备也是在这个时候，认可了诸葛亮关于"三分天下"的预言，开始把战略目光放在刘璋那块地皮上，为日后的工作奠定了理论基础。

按照《三国演义》的说法，刘备自此以后，靠诸葛亮那个神仙一样的水平，从此走上了事业发展的正常轨道。

事情真的如此么？刘备以后事业的全面发展，真的就靠诸葛亮么？

图书在版编目（CIP）数据

三国那些事儿. 壹, 群雄并起卷 / 昊天牧云著. —北京：中国工人出版社，2016.7
ISBN 978-7-5008-6443-1

Ⅰ.①三… Ⅱ.①昊… Ⅲ.①中国历史—三国时代—通俗读物 Ⅳ.①K236.09

中国版本图书馆CIP数据核字（2016）第121761号

三国那些事儿.壹 群雄并起卷

出 版 人 芮宗金
责任编辑 李 倩
责任校对 董春娜
责任印制 黄 丽
出版发行 中国工人出版社
地 址 北京市东城区鼓楼外大街45号 邮编：100120
网 址 http://www.wp-china.com
电 话 （010）62350006（总编室） （010）62005039（出版物流部）
（010）62379038（社科文艺分社）
发行热线 （010）62005049 （010）62005042（传真）
经 销 各地书店
印 刷 三河市国英印务有限公司
开 本 710毫米×1000毫米 1/16
印 张 17
字 数 267千字
版 次 2016年7月第1版 2021年10月第10次印刷
定 价 34.80元